|中|国|对|外|贸|易|发|展|系|列|报|告|

Research on the Construction of Trade Power Led by Innovation in the New Era

新时代创新引领
贸易强国建设研究

曲如晓　杨　修　刘　霞 / 著

中国财经出版传媒集团

前言

党的十八大以来，以习近平同志为核心的党中央高度重视对外开放，提出建设贸易强国的重要目标。党的十九大报告明确提出，要推动形成全面开放的新格局，推进贸易强国建设。当前，世界正经历一场百年未有之大变局，新冠肺炎疫情全球大流行正加速世界格局演变，中美贸易摩擦升级，欧美发达国家推动制造业回归本土意愿强烈，使得国际环境复杂多变，不确定性不稳定性明显增强，以国际循环为主的传统发展模式难以为继。为此，构建以国内大循环为主体、国内国际双循环相互促进的新发展格局，是基于国内发展形势、把握国际发展大趋势作出的重要战略选择。在此背景下，如何在国际合作与竞争中培育新优势、推进贸易高质量发展，对于构建国内国际双循环的新发展格局、建设贸易强国建设具有重要的理论和现实意义。

如今新一轮科技革命与产业变革正重塑全球经济格局，以人工智能、云计算、大数据等为代表的数字技术带来了颠覆性创新，催生了大批以数字技术为特征的贸易新业态，赋予了全球贸易发展新动能。2019年11月29日，《中共中央 国务院关于推进贸易高质量发展的指导意见》发布（以下简称《意见》），《意见》提出“加快创新驱动，培育贸易竞争新优势”。当前，中国正处于“贸易大国”向“贸易强国”转变的关键时期，中国对外贸易发展面临着外贸企业创新能力不足、品牌影响力不高、知识技术密集型产品质量有待提升等诸多问题，创新已成为影响中国对外贸易提质增效的关键因素。因此，如何通过创新驱动培育外贸发展新优势、推动中国对外贸易高质量发展，成为新时代贸易强国建设进程中的关键问题。本书在国内国际双循环的新发展格局背景下，以习近平新时代中国特色社会主义经济思想和习近平外交思想为指导，通过从贸易规模、贸易边际、贸易质量等层面对贸易强国建设目标进行分解，深入分析了新时代创新引领贸易强国建设的理论机制、事实特征、主要问题与影响效果，并选择了创新质量与贸易、创新国际合作与贸易、区域创新与贸易、外国专利与贸易等热点问题进行了理论和实证的研究，主要内容如下：

第一部分，总论，通过梳理创新与贸易的国内外文献，归纳总结出创新与贸易的理论关系。在此基础上，结合中国对外贸易发展实际，总结和梳理了近年来中国创新驱动对外贸易发展的主要政策，对中国创新与贸易发展的事实特征、存在问题进行了分析，提出了创新驱动中国外贸高质量发展的有关建议。

第二部分，创新质量与贸易篇，重点关注创新水平和质量对贸易的影响、贸易开放对创新质量的影响等热点问题。近年来，贸易开放与创新质量的相互关系得到了学术界的广泛关注。为此，本部分重点对上述问题进行研究。一方面，从创新质量的视角，通过测度中国企业专利申请质量，实证研究了创新质量对中国企业出口规模、出口二元边际等的影响。另一方面，从创新数量和质量角度描述了中国创新发展水平，并实证分析进出口贸易对中国企业创新数量和质量的影响。

第三部分，创新国际合作与贸易篇，重点关注国际创新合作对贸易的影响。在本部分，采用专利跨国合作数据来衡量国家间创新合作水平，采用全球和中国样本数据，重点就国际创新合作水平对出口多样化、出口规模、出口二元边际等主要贸易指标进行了实证分析，并从国际创新合作视角提出推动中国贸易高质量发展的有关建议。

第四部分，区域创新与贸易篇，重点分析出口对区域创新的影响。一方面，在对民族地区出口与创新水平分析的基础上，从竞争效应、政策效应与学习效应的角度实证分析了出口对民族地区城市创新能力的影响。另一方面，从高技术产品出口的角度，研究了高技术产品出口对城市创新能力的影响。特别需要指出的是，在城市创新力衡量上，本部分采用了专利价值而非专利数量，使用中国国家知识产权局的发明授权专利构建专利更新模型来估计其价值，将各专利的价值加总到城市层面，得到城市创新指数。

第五部分，外国专利与贸易篇，重点关注外国在华专利的技术外溢效应、外国在华专利与出口的关系。众所周知，外国在华专利作为一种创新资源，对于中国企业吸收学习再创新，推动企业出口高质量发展具有重要意义。本部分分析了外国在华专利申请影响企业创新的路径与效应，并在考虑企业异质性吸收能力的影响下，实证分析了外国在华专利对中国企业创新影响的效应。同时，本部分构建了外国在华专利申请技术外溢对企业出口决策影响的理论模型，进一步实证分析了外国在华专利申请对中国企业出口决策的影响。

贸易强国建设是中国实现“两个一百年”奋斗目标，实现中华民族伟大复兴中国梦的重要内容。贸易强国建设目标的实现，需要向创新去借动力。如何有效实现创新驱动贸易高质量发展则成为贸易强国建设的关键。那么，创新如何引领贸易强国建设？在贸易强国建设的过程中，如何有效释放中国外贸高质量发展的创新动能，培育外贸发展新优势？这些都成为亟待解决的问题。我们希望本书的出版可以对上述问题的回答提供一定参考。

目　录

Contents

总　论

创新质量与贸易篇

外国专利与贸易篇

总论

第1章

创新与贸易关系综述

改革开放以来，中国对外贸易取得了辉煌的成绩。这不仅得益于中国对外开放政策、营商环境的改善、全球产业链转移及国内人口红利，更离不开科技创新对外贸高质量发展的驱动作用。创新与贸易一直都是国际贸易研究的重点问题。随着国家创新驱动发展战略的稳步落实及贸易强国建设目标的提出，创新与贸易的研究得到了国内产学研界的广泛关注。本章将通过对以往创新与贸易文献的梳理，对创新与贸易的关系进行综述。

1.1 创新对贸易影响的理论综述

有关创新的研究最早源于 20 世纪 40 年代，熊彼特（Schumpeter，1942）提出“创造性破坏”理论，认为经济创新的过程是改变经济结构“创造性破坏”的过程。至此，创新对经济增长的影响得到了广泛的关注和共识。然而，关于创新对贸易关系的研究直到第二次世界大战结束后，才逐渐起步并得到广泛关注。

1.1.1 理论研究

在理论研究上，传统国际贸易理论认为，创新活动是国家贸易增长的驱动力。格鲁伯（Gruber，1967）研究发现，研发投入决定了产品国际竞争力水平，可以改变一个国家在国际分工中的比较优势。因此，一个国家越重视研发，其所生产产品的知识与技术密集度越高，越有利于国家贸易结构的改善和产品国际竞争力的提升。波斯纳（Posner，1961）提出了技术差距论，认为技术差距可以让技术领先国具备技术优势，从而出口技术密集型产品。韦农（Vernon，1966）提出了产品生命周期理论，认为不同国家在技术水平上的差距，反映了同一产品在不同国家的差异化竞争地位，新产品首先由创新国向其他国家出口，伴随着技术成熟和转移，贸易的格局随之发生改变。克鲁格曼（Krugman，1979）建立了南北贸易模型，通过将技术创新引入规范的贸易理论框架，指出技术的创新与扩散导致的技术差距是国家间贸易模式和贸易利益的决定性因素。格罗斯曼与赫尔普曼（Grossman and Helpman，1991）建立了第一个技术创新和技术模仿完全内生化的一般均衡的开放经济增长模型，来探讨技术创新对贸易的影响。伯仁斯坦等（Borensztein et al.，1996）研究发现，技术创新开始取代资本积累成为中国经济增长的决定性因素。因此，中国的政策应该是促进技术创新，扩大对外贸易。格拉斯（Glass，1997）研究发现，扩散效应和动态学习效应让发展中国家创新能力和模仿能力迅速提升，产品的创新和制造出现了从北向南的转移。

新新贸易理论强调企业异质性，即企业生产率差异，开拓了贸易增长理论的前沿，为创新与贸易的研究提供了全新的视角。梅利兹（Melitz，2003）在充分考虑企业异质性的基础上，建立了动态产业模型，研究了生产率不同的企业通过自我选择的方式进入国际市场。比斯托（Bustos，2011）和卡尔德拉（Caldera，2010）进一步扩展了梅利兹（2003）提出的企业异质性模型，引入企业投资、升级技术和降低边际生产成本的可能性，将企业的生产率差异内生化。研究指出，尽管面临同样的出口市场进入成本，但创新企业预期从出口中获得的利润更高，更愿意出口。此外，还有学者就创新对贸易政策引致的福利分配问题进行了理论研究，但并未得出一致性结论。如法尔维等（Falvey et al.，2011）认为国家间技术水平的差异会对贸易自由化的生产效率与行业内资源配置效应产生影响，从而导致技术领先国和技术落后国的福利效应差异。

1.1.2　实证研究

在实证研究上，最早的研究主要是解释技术差距理论。一个是道格拉斯（Douglas，1963）运用模仿时滞概念解释了美国电影产业出口模式。另一个是赫夫鲍尔（Hufbauer，1966）研究认为美国合成材料产业贸易模式可以用模仿时滞和市场规模来解释。随后，越来越多的学者采用研发强度或专利作为技术创新的代理变量，创新对贸易影响的实证研究得到广泛关注。

第一，关注创新对企业贸易规模和行为的影响。兰斯曼（Landsmann，1997）、尤尔根等（Jurgen et al. 1992）实证研究了技术创新对英国或美国的出口影响，均发现技术创新与出口存在正相关。卡思曼等（Cassiman et al.，2010）分析提出产品创新影响企业生产效率，促进企业进入出口国市场。拉申迈尔等（Lachenmaier et al.，2006）考察了德国 981 家企业的出口行为，发现创新与出口的关系支持了产品生命周期理论，创新提高企业的出口份额，且在技术密集型行业影响较大。张杰等（2010）提出技术创新对企业出口的影响取决于市场分割程度。市场分割程度越高的省（自治区、直辖市），创新能力低的本土企业越偏向出口。关与马（Guan and Ma，2003）研究发现，企业技术创新能力与企业出口能力具有正向作用。

第二，关注创新对企业出口增长边际的影响。艾利普等（Eilipescu et al.，2013）利用 1994～2005 年西班牙制造业 696 个企业的数据，研究了创新对企业出口二元边际的影响，研究表明研发强度和工艺创新对出口增长二元边际具有正向显著作用，产品创新对出口增长二元边际的影响不显著。艾格与科斯纳（Egger and Kesina，2014）研究发现，技术进步对扩展边际的影响不显著，对集约边际有负向且显著的影响。盛丹（2011）、张杰等（2013）、康志勇（2013）、王奇珍等（2016）也研究了创新对出口二元边际的影响。如盛丹（2011）研究发现，全要素生产率对出口二元边际具有促进作用，其中对集约边际影响较大。此外，还有部分研究关注创新对出口产品质量及出口复杂度等的影响，霍夫（Hove，2010）研究发现，欧盟成员国之间贸易产品多样性与产品质量提升主要来自技术创新和技术溢出效应。施炳展和邵文波（2014）使用研发支出与投入的比例衡量研发效率，发现研发效率显著提升了企业出口产品的质量。王正新等（2017）研究发现，创新效率对高技术产品出口复杂度存在非线性影响。

1.2 贸易对创新的影响关系综述

企业创新能促进贸易发展，贸易开放也会影响到企业创新。基于企业异质性贸易理论，贸易自由化会引致关税、非关税壁垒、可变贸易成本及市场准入成本的降低，促进市场的竞争和行业内资源的再配置，使得生产要素和资源向着高生产率企业转移，提升企业的全要素生产率（技术创新水平）。目前，贸易对创新的研究已经得到广泛关注。关于贸易对创新影响的研究主要集中在以下两个方面。

1.2.1 出口对创新的影响

克鲁格曼（Krugman，1979）指出，出口贸易能够增加企业规模，从而促进企业通过技术创新获得更多报酬。具体而言，在考虑规模报酬的情况下，出口贸易会减少单位产品成本，进一步激励企业通过技术创新来获取更多报酬。费德（Feder，1980）研究指出，出口部门的技术相对先进，在正外部经济效应的影响下，出口会增加非出口部门的技术创新行为。另外，还有学者从学习效应和竞争效应来分析出口对创新的影响。伯纳德等（Bernard et al.，1999）强调出口企业在与竞争对手和合作伙伴的贸易过程中，通过“干中学”获取知识。赫尔普曼（Helpman，2006）等认为出口对企业生产率具有“出口中学习”

效应。阿吉翁等（Aghion et al.，2005）在熊彼特研究框架下对出口贸易的竞争效应进行了研究，发现出口贸易会带来激烈的竞争，从而迫使企业通过技术创新保持利润和维持生存。斯弗森（Syverson，2010）认为出口会把企业暴露在更激烈的市场竞争中，一方面，竞争产生的优胜劣汰机制会将市场份额集中在生产率更高的企业；另一方面，竞争会使企业变得更有效率，减少企业创新产生的垄断租金。此外，大量实证研究也支持了上述理论。如李平（2010）研究表明，出口贸易的水平溢出效应对技术创新产生了积极的影响，在考虑行业竞争程度后，出口贸易技术溢出效应更显著。康志勇（2011）研究发现，企业出口行为会对自主创新产生复杂的影响，其中企业规模是主要影响因素。企业规模越大，出口对企业创新影响就越显著。

1.2.2　进口对创新的影响

关于进口对创新的影响主要体现在以下三个方面。（1）进口竞争影响企业创新。阿吉翁等（2005）研究发现，市场竞争与企业创新投入存在倒“U”型关系，即初始市场竞争较低的行业逃离竞争效应占主导，企业研发投入动力较强；初始竞争较高的行业熊彼特效应占主导，企业研发投入动力弱。（2）最终产品进口影响企业创新。布鲁等（Bloom et al.，2015）认为最终品的进口会使得大量国外相同或相近产品进入本国市场，给国内有关企业带来直接的竞争效应，促使国内部分企业为了生存和发展而增加创新投入。洪伯特（Hombert，2015）研究发现，中国最终产品进口会刺激美国研发企业的创新。（3）中间品进口影响企业创新。已有研究表明，中间品进口会通过技术溢出效应、降低成本效应和市场扩大效应来影响企业。在技术溢出效应上，高质量投入品的进口带来的技术溢出使得企业通过吸收溢出克服技术门槛，进而提升创新能力。圣克鲁斯（Santacreu，2015）构建了包括国内创新和贸易引致国外技术流入的多国增长模型，发现企业创新研发、中间品和资本品进口均能提高生产效率。在市场扩大效应上，企业进口高质量中间品和资本品会提升自身产品的质量，有助于提升企业在国内外市场中的份额，规模经济使得高技术的边际回报增加，从而促进企业创新。波拉（Perla，2015）通过异质性理论模型从市场扩大、利润增加角度研究了贸易开放对企业技术进步的影响。在成本下降效应上，中间品进口可以降低企业成本，提高企业利润，促进企业从事创新活动。

通过对创新与贸易关系的梳理与总结，可以发现创新与贸易二者间存在明显的互动关系。一方面，企业通过加大研发投入实现技术、产品和工艺流程等的创新，降低生产成本，获得技术差距上的比较优势，从而影响企业出口行为，促进更多新产品出口。另一方面，贸易开放会加剧市场竞争，产生竞争效应，激励企业创新行为；同时，贸易开放会带来技术外溢或扩散，产生学习效应促进企业创新，而这种学习效应主要体现在中间品进口企业上。

改革开放以来，中国对外贸易规模不断扩大，对外开放水平日益攀升，得益于对外开放的福利，华为、联想等一批批高技术企业脱颖而出，成为全球创新发展的“领头羊”。那么，创新与贸易在中国的发展现状如何？未来应如何进一步发展？下一章我们将基于本节的有关理论，总结和分析中国创新与贸易发展现状及问题，基于创新驱动视角提出创新驱动贸易高质量发展，引领贸易强国建设的对策与建议。

第2章

中国创新与贸易发展现状、问题及建议

在全球化、信息化和网络化快速发展的背景下，创新要素在全球的加速流动，科学技术在全球的迅速普及与扩散，推动着世界经济成为更加紧密的整体。当前，全球经济在曲折中前行，正处于新旧动能转换的关键时期，创新已成为各国产业、贸易、投资等发展的重要驱动力。对于中国而言，目前正处于贸易大国向贸易强国转型的关键阶段，发挥创新在外贸发展中的驱动作用，对于中国贸易强国建设、推动形成全面开放的对外开放新格局具有重要的现实意义。那么，中国创新与贸易发展的现状如何？如何实现创新驱动中国外贸高质量发展？本章将就上述问题进行分析。

2.1 中国创新与贸易发展的主要政策梳理

2.1.1 《科技兴贸行动计划》

1999年6月，科学技术部联合对外贸易经济合作部（现商务部）共同发起了《科技兴贸行动计划》（以下简称《兴贸计划》），旨在贯彻落实科教兴国战略，发挥科技及产业优势，扩大中国高技术产品出口，促进中国从外贸大国向外贸强国的转型，使外贸出口稳定、持续、快速增长。《兴贸计划》的出台标志着中国“科技兴贸”战略的实施，其主要内容包括以下七个方面。

（1）确定和培育高技术出口产品。率先在信息、生物医药、新材料（资源高附加值）、消费类电子及家电五个行业和领域各优选若干产品作为第一批重点出口产品，给予政策补贴或其他支持。

（2）培育和建立高技术产品出口基地。选择有条件的国家级高技术产业开发区，培育和建立国家高技术产品出口基地；选择一批技术开发能力强、出口前景好的高技术企业、科研机构，培育建立国家高技术产品出口产业基地。

（3）确定一批高技术产品出口城市。选择部分高技术产品出口基础好的城市作为高技术产品出口重点城市打造，创造有利的条件与环境，优化调整外贸出口结构，推动区域经济发展。

（4）建立高技术产品出口市场信息服务体系。该体系包括建立国家技术贸易信息中心、发展出口市场信息网络、发挥中国经贸和科技驻外机构作用、积极利用港澳国际市场渠道开拓高技术产品出口市场。

（5）建立高技术产品海外生产、加工与销售网络。鼓励有条件的企业和科研院所在海外建立高技术产品生产加工基地、销售网络和售后服务网；在重点出口国家和地区建立高技术产品出口代办处和服务中心等。

（6）加强高技术产品出口队伍建设。加快国际市场开拓队伍建设；举办各种类型的培训班；建立有效分配制度，提高市场信息搜索和分析人员、技术开发人员、市场推销人员、售后服务人员等在高技术产品出口收益中的比例，调动他们的积极性。

（7）组织高技术成果交易会。主要包括中国（深圳）国际高新技术成果交易会、北京高新技术产业国际周和中国高技术产品展销会。

2.1.2 《对外贸易发展“十二五”规划》

2012 年 4 月，商务部发布了《对外贸易发展“十二五”规划》（以下简称《规划》）。“十二五”期间，中国以加快转变外贸发展方式为主线，以“稳增长、调结构、促平衡”为重点，努力培育外贸竞争新优势，提高外贸发展的质量和效益。关于如何通过创新驱动贸易发展，《规划》提出了以下主要要求。

（1）在培育外贸竞争新优势中，《规划》强调要支持企业引进技术和自主创新相结合，提高产品技术含量。

（2）在优化出口产业和商品结构中，《规划》强调“深入实施科技兴贸战略，鼓励企业自主创新，促进先进技术向生产成果转化，推动传统产业升级”。

（3）在进一步扩大进口规模中，《规划》强调“推动发达国家放宽对我高技术产品出口管制，扩大先进技术设备、关键零部件进口，促进国内技术创新”。

（4）在推进基地、平台和网络建设中，《规划》重点强调“继续推进国家科技兴贸创新基地和国家汽车及零部件、船舶出口基地建设”“以产品创新、质量提升、品牌培育等为重点，支持基地建设研发设计、试验检测、国际营销等公共服务平台，提升基地内企业技术创新、质量管理和市场开拓水平，增强各类基地在国际市场上的竞争力和影响力”。

2.1.3 《国务院关于促进加工贸易创新发展的若干意见》

2016 年 1 月，《国务院关于促进加工贸易创新发展的若干意见》（以下简称《意见》）出台。加工贸易是中国对外贸易和开放型经济的重要组成部分，对于推动产业升级、稳定就业发挥了重要作用。面对全球产业深度调整，中国经济步入新常态、加工贸易承接国际产业转移放缓、传统外贸优势难以为继等事实，加强加工贸易创新发展对于提高中国外贸发展质量与效益具有重要意义。《意见》将“大力实施创新驱动”作为主要原则，提出“营造创新发展环境，增强企业创新能力，提升国际竞争力。创新发展方式，促进加工贸易企业与新型商业模式和贸易业态相融合，增强发展内生动力，加快培育竞争新优势”。《意见》指出，“延长产业链，提升加工贸易在全球价值链中的地位”，并提出要增强企业创新能力，其中包括“推动加工贸易企业由单纯的贴牌生产向委托设计、自有品牌方式发展。鼓励加大研发投入和技术改造力度，加强与高等院校、科研机构协同创新，提高生产自动化、智能化水平。支持企业创建和收购品牌，拓展营销渠道，从被动接单转向主动营销。顺应互联网发展带来的新机遇，实现价值链攀升”。

2.1.4 《对外贸易发展“十三五”规划》

2017 年 1 月，商务部出台了《对外贸易发展“十三五”规划》（以下简称《规划》）。《规划》将外贸发展动力加快转换作为主要目标之一，提出了要“推动出口由货物为主向货物、服务、技术、资本输出相结合转变；推动竞争优势由价格优势为主向技术、标准、品牌、质量、服务为核心的综合竞争优势转变；推动增长动力由要素驱动为主转向创新驱动转变”。在主要任务中，《规划》主要从“加快提升出口产品技术含量”“运用现代技术改造传统产业”“鼓励中小外贸企业发展”“鼓励先进技术设备和关键零部件进口”“加快外贸转型升级基地建设”等任务中对创新驱动贸易发展提出了具体要求，主要包括如下内容：

（1）加快提升出口产品技术含量。着力构建以企业为主体、市场为导向、产学研贸相结合的技术创新体系。加大科技创新投入，支持企业原始创新。鼓励企业以进口、境外并购、国际招标、招才引智等方式引进先进技术，促进消化吸收再创新。支持国内企业通过自建、合资、合作等方式设立海外研发中心。鼓励跨国公司和境外科研机构在中国设立研发机构。

（2）运用现代技术改造传统产业。加大科技创新投入，积极采用国际先进质量标准，提升检测和认证体系，提升轻工业、家电、建材、化工等出口产品质量、档次和技术含量。

（3）鼓励中小外贸企业发展。创造良好的发展环境，支持有创新能力的外向型民营企业国际化发展。

（4）鼓励先进技术设备和关键零部件进口。加大进口信贷支持力度，扩大先进技术、关键设备及零部件等进口，鼓励企业引进消化吸收再创新，促进国内产业结构调整与优化升级，提高国际竞争能力。

（5）加快外贸转型升级基地建设。培育一批综合型、专业型基地，加强公共服务和宣传引导，突出扶优扶强，增强基地创新发展能力，使之切实发挥示范带动作用。

2.1.5　《中共中央 国务院关于推进贸易高质量发展的指导意见》

2019 年 11 月，《中共中央 国务院关于推进贸易高质量发展的指导意见》出台（以下简称《意见》）。《意见》指出，“加快创新驱动，培育贸易竞争新优势”，具体包括如下内容：

（1）夯实贸易发展的产业基础。发挥市场机制作用，促进贸易与产业互动，推进产业国际化进程。加快发展和培育壮大新兴产业，推动重点领域率先突破。优化升级传统产业，提高竞争力。加快发展现代服务业，特别是生产性服务业，推进先进制造业与现代服务业深度融合。加快建设现代农业。培育具有全球影响力和竞争力的先进制造业集群。

（2）增强贸易创新能力。构建开放、协同、高效的共性技术研发平台，强化制造业创新对贸易的支撑作用。推动互联网、物联网、大数据、人工智能、区块链与贸易有机融合，加快培育新动能。加强原始创新、集成创新。充分利用多双边合作机制，加强技术交流与合作。着力扩大知识产权对外许可。积极融入全球创新网络。

（3）提高产品质量。加强质量管理，积极采用先进技术和标准，提高产品质量。推动一批重点行业产品质量整体达到国际先进水平。进一步完善认证认可制度，加快推进与重点市场认证和检测结果互认。完善检验检测体系，加强检验检测公共服务平台建设。健全重要产品追溯体系。

（4）加快品牌培育。大力培育行业性、区域性品牌。在重点市场举办品牌展览推介，推动品牌产品走向世界。加强商标、专利等知识产权保护和打击假冒伪劣工作，鼓励企业开展商标和专利境外注册。强化品牌研究、品牌设计、品牌定位和品牌交流，完善品牌管理体系。加强商标、地理标志品牌建设，提升中国品牌影响力。

2.2 中国创新与贸易发展的事实特征

2.2.1 高技术产品出口规模日益扩大，高技术产品竞争力不断提升

自2001年加入世界贸易组织以来，中国高技术产品出口规模不断增长，根据联合国商品贸易数据库统计的数据，2001年中国高技术产品出口规模达485.66亿美元，而2017年中国高技术产品出口规模迅速增长到5059.03亿美元，是2001年的10倍之多；中国对外开放水平的扩大和高技术产业的快速发展也扭转了中国高技术产品贸易逆差的局面，中国高技术产品实现了从贸易逆差向贸易顺差的转变，中国高技术产品贸易国际竞争力不断提升，2005年中国高技术产品出口首次超过进口，贸易顺差额89.26亿美元；之后中国高技术产品贸易顺差持续增长，2017年中国高技术产品贸易顺差额高达2699.16亿美元。从贸易结构来看，2001～2017年中国科研仪器、航空航天设备和电子设备贸易总额占比不断增加，2017年占比分别为16.27%、26.11%和43.20%，在国际市场上的竞争力逐年提升。

2.2.2 培育建设了一批创新型外贸类基地，搭建了展示与交易平台

为了深入实施科技兴贸战略，推动科技、产业与贸易发展有机结合，商务部和科技部于2006年、2007年、2009年和2012年联合认定了四批88个国家科技兴贸创新基地，它们成为创新驱动中国外贸转型升级的重要力量。2011年，为加快外贸转型升级，巩固贸易大国地位，推进贸易强国进程，提升外贸

发展质量和水平，商务部制定了《商务部外贸转型升级示范基地培育工作总体方案》，启动建设外贸转型升级基地，有力支撑对外贸易由大转强和持续稳定健康发展。例如，2019 年共认定 65 家国家外贸转型升级基地，涉及新材料、纺织、轻工业、农产品、机电、医药等多个领域。此外，自 1999 年起，中国政府开始搭建中国国际高新技术成果交易会、北京高新技术产业国际周等多个高科技会展平台。以第二十一届中国国际高新技术成果交易会（以下简称“高交会”）为例，共有 3315 家展商参展，展示的高新技术项目达 10216 项，涵盖了人工智能、智能家居、智能制造、物联网、智能驾驶、“智能+”、车联网、5G 商用、8K 超高清、区块链技术、新一代信息技术、大数据、云计算、应急安全等领域。44 个国家和国际组织，共 148 个团组参展该届高交会。北京、上海、广东等 32 个省份（含新疆生产建设兵团）及港澳台组团参展。展期各项活动、参观人气保持良好势头。共举办各种高层次论坛、专业技术论坛、行业沙龙、技术会议等活动 256 场。来自 108 个国家和地区的 57.6 万人次参观了大会，专业观众人气指数达到 246，即平均每个展位每天接待 246 位专业观众。[①]

2.2.3　创新驱动中国外贸企业高质量发展

创新在中国外贸企业发展中一直发挥着十分重要的作用。中国外贸企业已从代工贴牌生产转向自主知识产权、自主创新、自主品牌生产，从全球价值链的低端逐渐跃升到全球价值链的中高端。下面以华为、中国高铁和中国自主研发的网络游戏为例，来说明中国外贸企业的创新发展成效。

华为作为中国通信制造业的重要企业，重视研发创新，通过海外研发中心设立等集聚海外创新资源，培育和打造企业全球核心竞争优势。根据华为发布的报告——《尊重和保护知识产权是创新的必由之路》，创新和知识产权保护是华为在过去 30 多年成功的基础。截至 2018 年底，华为累计获得授权专利 87805 项；除了自身专利外，华为累计对外支付超过 60 亿美元的专利费用于合

① 中国国际高新技术成果交易会网站（http：//www. chtf. com/）。

法使用其他公司的专利；华为也是全球 PCT 专利申请最多的公司之一，2018 年华为向联合国下属的世界知识产权组织（World Intellectual Property Organization，WIPO）提交了 5405 份 PCT 申请。[①] 根据《2018 年欧盟工业研发投资排名》的统计，华为排名全球第五位，2018 年华为研发投入规模达到 113.34 亿欧元。

中国加强高铁有关技术的研发，积极促进中国高铁产品和技术标准“走出去”。2014 年，中国铁路标准“走出去”取得显著进展。中国铁建股份有限公司承建的尼日利亚阿布贾至卡杜纳铁路是首条按照中国铁路技术标准修建的现代化铁路。中国路桥工程有限责任公司承建的肯尼亚蒙内铁路、中国土木工程集团有限公司等承建的埃塞俄比亚至吉布提铁路，机车、设备、钢轨等完全使用中国铁路标准。目前，中国铁路在标准“走出去”带动下，正逐步从初期的设备供货和施工建设向设计引领、技术带动、运营维护的全产业链输出转变。当年，中国具有高技术含量和高附加值的 160 公里动车组、双层客车出口显著增长，高端整车产品出口也实现了较大突破，包括出口新西兰的窄轨内燃机车、白俄罗斯的大功率内燃机车、南非的新型电力机车、马来西亚的米轨动车组、新加坡的无人驾驶地铁车辆等。目前，中国电力及内燃机车等附加值较高的产品在铁路整车出口中所占比重均保持在 60%左右。[②]

中国网络游戏企业近年来加强角色转变，从最初的欧美和日本网络游戏“代理人”角色转变为持续性输出自主研发的网络游戏产品，不仅出口规模和范围数倍于影视、音乐等其他文化创意行业，而且通过深度参与游戏产业国际分工体系，逐渐占据全球价值链的高端位置。2005～2014 年中国自主研发游戏的出口销售收入连创新高，从 0.07 亿美元增至 30.76 亿美元，[③] 其中客户端游戏、网页游戏和移动网络游戏成为中国网络游戏出口的主要力量。同时，盛大、完美时空、金山、巨人等一些较早进入游戏行业的企业已转战海外市场，

---

① 高锦荣：《〈尊重和保护知识产权是创新的必由之路〉的白皮书 部分内容摘选》，搜狐网，2019 年 6 月 28 日。

② 商务部对外贸易司：《我国高附加值铁路产品出口实现较大突破》，商务部网站，2015 年 7 月 1 日。

③ 蒋多、杨矞：《中国自主研发游戏“走出去”价值链攀升研究》，载于《国际贸易》2015 年第 7 期。

拥有了较为稳定的海外用户群体和产品销售渠道。在海外市场分布上，中国自主研发的网络游戏市场主要集中在越南、马来西亚、泰国和新加坡等东南亚国家，巴西、俄罗斯、土耳其等新兴市场国家也逐渐成为中国自主研发的网络游戏的出口目的地。

2.2.4　数字技术推动的数字贸易成为中国对外贸易发展的新亮点

当前，数字技术正在深刻改变全球贸易与投资格局。人工智能、大数据、云计算等新一代技术的涌现催生了数字音乐、数字出版、数字电影等产业新业态。数字产业形成和发展进一步丰富了服务贸易内容，以数字技术为核心的数字贸易形态应运而生。中国数字技术具有全球领先优势，潜力巨大。近年来，中国加大了数字技术的研发创新，数字技术重塑了中国贸易优势，数字贸易成为中国对外贸易发展的新亮点。《全球服务贸易发展指数报告 2017》指出，中国数字贸易发展势头良好，2017 年中国网络游戏海外发行市场规模超过 60 亿美元，在线出境游、数字音乐、数字文学等数字产品出口规模也在持续扩大。《数字革命：中国如何在国内外吸引数字贸易机会》指出，2017 年中国数字贸易出口额约 1.6 万亿元，预计 2030 年中国数字贸易出口额将增至 5 万亿元。快速扩张的电商出口业务及数字应用程序出口将成为中国数字贸易增长的重要驱动力。[①]

2.3　中国创新与贸易发展中的问题

尽管创新在中国对外贸易发展中发挥了显著作用，但中国对外贸易发展仍然面临着本土企业自主创新不足、关键技术引进存在障碍、高技术领域的知识产权争端等诸多问题。

---

① 贾文婷、杨牧：《〈数字革命：中国如何在国内外吸引数字贸易机会〉报告发布会在京举行》，人民网，2019 年 3 月 21 日。

2.3.1 企业自主创新能力不足

尽管近年来中国涌现出一批具有国际竞争力的创新型企业，但总体来看，中国大多数外贸企业仍存在着关键技术缺失、自主创新能力不强、依靠资源消耗式的外延式扩张状态等问题，在全球价值链中仍处于中低端位置。根据《欧盟研发得分榜 2018》，中国共有 438 家企业进入全球 2500 名以内，其中华为、阿里、腾讯、中兴、百度、中建集团、中国铁路和中石油进入前 100 名。根据《福布斯》杂志发布的 2018 年全球最具创新力企业百强榜单，中国仅有 7 家公司上榜，分别是腾讯、携程、洛阳钼业、百度、恒瑞医药、海康威视以及中国重工，与中国全球经济总量第二和出口贸易第一的地位不相匹配；而美国共有 51 家公司上榜，占据了榜单的一半以上。从创新投入角度来看，与发达国家高技术行业相比，中国高技术行业的研究与试验发展活动（R&D）强度偏低，除了铁路、船舶、航空航天等装备制造业的 R&D 强度高于 2%以外，计算机、医药、通用设备、仪器仪表等行业的 R&D 强度均低于 2%。[①] 此外，在中美贸易摩擦中，中兴遭到美国“封杀”，也暴露出中国企业在关键技术领域自主创新能力较弱，对于国外高技术供给依赖度较高等诸多问题。

2.3.2 关键核心技术引进阻力重重

改革开放以来，中国积极扩大对外开放，通过对成套装备和技术引进的消化吸收再创新，实现了中国企业技术能力的跃升，有力推动了中国产业转型升级，实现了知识和技术密集型产品的出口。然而，随着中国科技创新实力的提升及经济规模的不断增加，中国对外国关键技术引进的难度也随之加大，特别是在关键核心技术领域面临着来自美国等发达国家的各种阻碍。例如，美国政府在军事武器装备、尖端技术等高技术领域一直对中国实行严厉的技术出口管

① 吕薇：《为强化企业创新主体地位 营造更优环境》，中国共产党新闻网，2019 年 2 月 13 日。

制措施。同时，高技术贸易也仍然是中欧贸易的“短板”，军民两用技术和涉及国家安全的技术，包括航空、深海研发、高技术的计算机等都列入了欧盟对华高技术出口管制的清单之中。[①] 此外，欧美国家的再工业化战略也势必对中国吸引外资造成负面影响，而引进外资是中国技术引进的一条重要渠道，一定程度上增加了中国技术引进的难度。

2.3.3　高技术领域的贸易争端不断

当前，以高技术为核心的国际竞争日益激烈。中国在高技术领域与欧美等发达国家的贸易摩擦不断，已逐渐从低端产品向着以知识产权为核心的高技术产品扩展和延伸。例如，近年来美国对中国企业开展的“337 调查”中，大部分案件集中在以知识产权为特征的技术和知识密集型产品专利上，涉及 3G 和 4G 无线通信设备、医疗器械、集成电路、计算机技术、医药化工、图像显示等诸多高技术领域，对中国高技术产品出口造成威胁。2020 年 2 月，美国康宁光通信有限责任公司（Corning Optical Communications LLC）依据《美国 1930 年关税法》第 337 节规定，向美国国际贸易委员会（United States International Trade Commission，ITC）提出“337 调查”申请，指控对美出口、在美进口和在美销售的高密度光纤设备及其组件（High－Density Fiber Optic Equipment and Components Thereof）侵犯其专利，请求 ITC 发布普遍排除令和禁止令。上海态路通信技术有限公司、深圳市宝睿光通信有限公司和深圳 Bonelinks 公司为列名被申请人。[②] 此外，华为公司、中兴通讯、海尔集团等中国“走出去”中的高技术领军企业，也时常遭遇美国等发达国家以侵犯知识产权等为由的高技术贸易争端。例如，2018 年美国商务部下令拒绝了中兴通讯的出口特权，禁止美国公司向中兴通讯出口零部件，期限设定为 7 年。美国以威胁国家安全的名义限制美国企业向华为等多家企业供应核心部件。

---

① 屠晨昕：《总理提到的欧洲对华高科技出口限制是咋回事？先要知道“巴统组织”和“瓦森纳协议”》，浙江在线，2017 年 3 月 15 日。

② 商务部贸易救济调查局：《美国企业对高密度光纤设备及其组件提起 337 调查申请》，商务部贸易救济调查局网站，2020 年 2 月 25 日。

2.3.4 创新环境营造需进一步加强

尽管中国企业创新能力不断加强，专利、论文、高技术产品出口等创新指标规模不断提升，但创新驱动中国贸易发展中仍存在着诸多问题，如创新基础设施、监管环境、科技型企业融资等创新环境营造方面。根据《全球创新力报告 2019》统计数据，2019 年中国在监管环境（100 位）、微观金融贷款（69 位）、国内研发海外融资（93 位）等创新外部环境得分较低，排名靠后。此外，与创新息息相关的知识产权保护和税收激励政策也对企业创新发挥着十分重要的作用。目前，中国关于知识产权保护的制度日趋完善，但上述政策对企业创新的溢出效应仍需进一步加强。根据全国企业创新调查数据，按照政策效果的明显度排序，60.4%的企业认为创造和保护知识产权的政策效果比较明显，其余依次为吸引和培养人才、R&D 经费加计扣除、高技术企业减免税等。同时，创新型企业普遍呼吁加强知识产权保护。根据使用率排序，制造企业保护知识产权的方式依次为技术秘密、商标注册和申请专利。①

2.4 关于创新驱动中国外贸发展的几点建议

结合中国创新与贸易发展的事实特征，本节将重点就如何有效发挥创新在中国外贸发展中的作用，实现中国外贸高质量发展提出几点建议。

2.4.1 深入把握创新与贸易二者关系，明确创新驱动外贸发展的内涵与原则

应深入把握创新与贸易的理论关系，创新驱动外贸发展应以外贸高质量发

① 吕薇：《为强化企业创新主体地位 营造更优环境》，中国社会科学网，2019 年 2 月 13 日。

展作为出发点和立足点，把创新驱动摆在中国外贸高质量发展的核心位置，通过各类创新型人才的培养和引进，统筹推进进口和出口、内贸和外贸、货物和服务、东部和中西部、内资与外资之间的关系，促进各类企业发挥自身创新优势，促进中国外贸高质量发展。具体来看，要明确创新驱动外贸发展的基本内涵，将科技创新作为外贸高质量发展的第一驱动力，将货物贸易和服务贸易创新作为基本内容，以市场机制作为资源配置的基本手段，以企业为主体，由政府引导，以技术创新和知识产权为支撑，形成以技术、品牌、服务、质量为核心的创新驱动外贸高质量发展的总体机制框架。坚持创新驱动外贸发展的基本原则，即中国创新与外贸发展的具体实际。这就要求我们探索出一条符合中国创新与外贸发展实际的外贸高质量发展模式。目前，中国企业应加强在关键技术领域的创新，积极引进吸收再创新国外先进技术，加大创新成果的转移转化，推动创新成果的产业化应用，以创新驱动中国外贸产品质量和提高中国企业在全球价值链中的位置。

2.4.2　加强贸易与创新政策的协调，实现贸易与创新的双轮驱动

贸易高质量发展和创新驱动发展是中国经济发展的两大重要战略，二者之间存在密切的联系。一方面，创新为中国外贸高质量发展注入原动力；另一方面，贸易开放通过学习效应、竞争效应、技术溢出等机制来推动中国企业创新。在推动中国经济发展过程中，二者相互配合，缺一不可。要加强有关部门的沟通协调，建立部际间合作机制，加强贸易与创新政策的协调，最大化有关政策的正外部溢出效应。要加强外贸政策中创新战略的制定和实施，通过鼓励支持外贸企业研发创新、销售渠道创新等多途径提升中国外贸企业的创新能力，促进外贸高质量发展。要深入推动更多中国外向型企业融入全球创新网络，鼓励更多国内企业通过建立海外研发中心、国际联合研究等方式来加强自身创新资源的集聚能力，实现为我所用，弥补关键技术等关键领域的短板，促进创新成果产业化应用，提升出口产品的质量和国际竞争力。

2.4.3 加快信息技术、数字经济与服务贸易融合，推动数字贸易快速发展

数字技术创新，让产业呈现数字化、网络化、智能化，以数字技术为代表的云计算、大数据、物联网、VR等正广泛应用于国民经济的各个领域，引起了生产组织方式的深度变革，推动传统贸易向着数字贸易转型升级。数字贸易以互联网、大数据等数字技术为依托，为供需双方提供交互式的数字化信息，与传统货物贸易相比，在成本、速度等方面都具有独特的优势。中国数字贸易发展起步较早，但仍存在着数字化基础设施建设薄弱、数字贸易监管滞后等诸多问题。未来应加快以人工智能、互联网、大数据等为主的数字技术研发创新，加强数字基础设施建设，稳步推进城市和农村网络提速、升级；加强数字贸易的立法和技术监督管理，为数字化产品出口提供更加便利的条件；通过财政、金融等优惠政策，培育和扶持一批数字贸易的龙头企业，推动中国数字贸易快速发展。

2.4.4 全面加强创新能力开放合作，积极融入全球创新网络

鼓励和支持国内外向型企业加强国际联合研究，与国外知名企业、科研院所在关键核心技术领域开展创新合作；支持跨国企业在海外设立研发中心或机构，聘用海外技术创新人才，实现海外创新资源的集聚和利用，切实提升企业创新资源的整合能力；积极引进海外高端人才，结合企业发展需求，为企业关键技术领域研发创新服务；鼓励技术引进和合作研发，支持国内企业与跨国公司联合研发关键性技术；鼓励外贸企业参与国际技术标准的制定，推动技术标准的国际互认；加强高技术领域的产业合作，促进高技术领域的国际合作交流，推动高技术产品贸易发展；加强对“一带一路”沿线国家的国际技术援助，通过开展培训、项目合作、人才交流等方式，加强与发展中国家的联合研究，解决发展中国家的技术难题，在推动中国技术标准“走出去”的同时也有效服务“一带一路”建设。

2.4.5　加强知识产权保护与国际合作，减少知识产权贸易争端

进一步加强国内知识产权保护力度，特别是在新型业态领域，如文化娱乐体育赛事转播、数字音乐、数字版权等，研究加强上述行业专利、商标、设计和集成电路等的保护；研究建立跨境电商的知识产权保护制度，研究制定电商平台知识产权保护标准；编制发布企业知识产权保护指南，积极努力营造企业创新创业保护环境，吸引更多外国发明人来华申请专利。加强知识产权国际合作，积极开展与世界各国的知识产权合作与交流，综合利用各类国际型平台，宣传中国知识产权成果；充分利用各类双多边对话机制，加强国家间知识产权保护交流与磋商；特别要加强与“一带一路”沿线国家知识产权合作，支持和帮助“一带一路”沿线国家在知识产权领域的能力建设。建立知识产权有关贸易摩擦预警体系，完善海外知识产权纠纷预警防范机制，加大重大案件跟踪研究，及时发布风险预警；加强海外知识产权信息服务平台建设，为有关企业提供知识产权相关培训和指导，构建海外知识产权纠纷协商解决机制，切实维护中国企业的海外利益。

创新质量与贸易篇

第3章

创新质量对企业出口影响的实证研究

在国际竞争不断加剧，贸易保护主义势力逐渐抬头的背景下，部分发达国家为了保持领先的技术优势，维护其产品在世界市场上的垄断利益，越来越多地从知识产权保护的角度入手，在诸多领域以专利侵权调查、专利诉讼以及技术性贸易壁垒等形式来保护其利益，这就对其他国家进入该国市场造成了阻碍，从而形成了以专利为基础的特殊贸易壁垒。中国作为出口大国，在对外贸易的过程中也不可避免地遇到了各种与知识产权相关的障碍，并为此付出了极高的代价，从而也使得中国真正开始正视自主创新的重要性。中国自2006年提出建设创新型国家以来，不断提高创新在国民经济发展中的地位，党的十七大将提高自主创新能力、建设创新型国家作为国家发展战略的核心，党的十八大明确提出实施创新驱动发展战略，中共十八届五中全会又将创新列为“五大发展理念”之首，摆在国家发展全局的核心位置。因此，中国以专利申请量为代表的创新水平有了极大提升。世界知识产权组织（World Intellectual Property Organization，WIPO）发布的《2018年全球知识产权报告》中指出，中国通过世界知识产权组织提交的国际专利申请数量居全球第二位，其中，中国科技巨头华为的专利申请量高达5405件，居公司申请人全球第一位。事实上，自20世纪80年代中期以来，中国专利数量一直呈现指数级增长趋势。然而，这种专利申请量的大幅度提高是否意味着中国自主创新能力同等幅度的增强呢？众多学者给出了否定的答案。近年来专利的快速增长更多来源于政策激励而非市场动力，专利的创新含量并没有得到与之相称的提高（龙小宁和王俊，2015）。部分学者研究专利申请量对出口影响时发现，申请专利数量的增加并不能显著促进出口的扩张（陈健和陈昭，2006；高华，2016）。这是因为，虽然专利作为企业拥有的一种具有稀缺性和难以模仿性的特殊资源，能够在一定程度上代表企业的创新能力，并且具有形成企业竞争力、促进企业出口的基本条件，但是并非所有的专利都能为企业创造有吸引力的产品，帮助打破国际专利贸易壁垒并且形成持续的竞争优势。部分专利缺乏市场价值和战略价值，不仅商品化能力较差，也很容易被更为先进的技术所淘汰，因而很难成为企业获得持续竞争优势的资源，对企业出口能力的提高也不存在显著的促进作用。因此，我们在探究专利对出口的推动效应之时，不应仅关注于专利数量的变化，同时应该从质量的角度着手，深入分析不同价值的专利对企业出口的影响效应，从而为中国自主创新和出口能力的进一步提升与转型升级提供更为明确的思路。

基于此，本章首先梳理了创新与出口、创新质量评估和专利价值判定的相关文献，从中国技术创新和出口现状出发，建立专利价值度综合评价指标，深入分析不同价值专利申请对企业出口产生影响的理论机制，并采用固定效应回归模型对理论假设进行实证研究，随后进一步对结论进行了异质性分析和稳健性检验，得到最终结论。

3.1 文献综述

3.1.1 关于创新与出口的相关文献

自熊彼特（1911）首次将创新作为驱动经济增长的关键生产要素之后，国内外学者对创新和出口的关系展开了广泛研究，大致集中在两个方面。

（1）出口对技术创新的影响效应。岳文和韩剑（2017）一方面通过理论模型刻画了出口强度影响企业技术升级的作用机理；另一方面通过系统广义矩估计实证发现出口强度对中国企业技术升级的影响呈倒“U”型，且其对不同地区、不同所有制类型企业技术升级的影响存在差异。史青等（2017）利用 2005～2007 年中国工业企业数据，采用空间自回归 Tobit 模型进行实证研究，结果发现出口增大了新产品开发的研发投入力度，其中对高科技行业研发创新的促进作用更加明显。李兵等（2016）利用双重差分法（differences-in-differences，DID）识别企业出口对企业自主技术创新的影响，发现出口促进了企业的自主创新，尤其对技术含量相对较高的发明专利和实用新型专利有显著促进作用，但是对外观设计专利的作用不显著。

（2）技术创新对出口的影响效应。黄静波和刘淑琳（2015）利用 2001～2006 年通用设备制造业等六个行业的数据，以技术进步指数度量技术创新，并采用逻辑回归分析发现，技术创新会显著提高企业持续出口、间断出口和新出口的概率。王俊和黄先海（2012）运用浙江省制造业企业调查问卷数据，实证检验了技术创新的出口效应。研究发现，技术创新对企业出口行为存在显著促进作用，跨国外包不仅直接推动了中国出口扩张，而且还通过促进技术创新间接地激励企业出口。胡馨月等（2017）研究发现，技术创新是促进中国多产品企业出口进入、抑制退出、转换出口产品集的重要途径。邢斐等（2016）对研发与贸易政策的研究发现，研发补贴与出口补贴的政策组合可以共同促进中国核心技术水平的提升和出口贸易结构的转型升级，也有利于支撑下游产业的国际竞争力。安志等（2018）利用江苏省苏州市 1408 家企业的微观调研数据研究发现，本土企业的技术创新和出口参与之间呈现较为显著且稳定的“U”型非线性相关关系，技术创新对本土企业出口参与的影响存在“拐点”，只有突破“拐点”，才能实现创新对出口的促进效应。

3.1.2 创新质量评估相关文献

国内外学者对于创新质量的衡量和判定主要集中在专利价值和创新绩效两

个方面。唐和弗雷姆（Tong and Frame，1994）首先提出专利中的权利要求数量能体现技术创新的能力。张古鹏等（2011）认为专利的数量、专利授权量、授权率和付费期长度能体现创新质量。孙早和宋炜（2012）指出人均专利产出能衡量产业的创新绩效。王崇锋等（2014）以专利授权率和专利存续期作为专利质量的衡量指标，实证考察了中国东、中、西部地区的创新质量差异。王晓红和陈范红（2015）通过产业创新过程的技术开发阶段和技术成果转化阶段对创新效率进行分析。郝项超等（2018）以专利他引次数作为创新质量的代理变量，实证研究发现融券促进了创新数量与质量的同步增加，而融资却导致创新数量与质量同步下降。勒纳（Lerner，1994）利用国际专利分类号（International Patent Classification，IPC）数量（仅使用前 4 位数）反映专利价值，并实证发现它能显著促进生物科技公司的价值。接着哈霍夫和舍雷尔（Harhoff and Scherer，2003）使用相同的方法对德国专利数据进行研究，但发现 IPC 分类号的数量与专利价值之间无显著正相关关系。此后，部分中国学者也利用 IPC 分类号信息对创新质量进行了研究。高林等（2014）利用知识宽度法测度专利内含知识的复杂程度，实证研究发现专利知识宽度是反映创新能力更好的指标，是企业专利知识宽度而非专利数量促进了企业利润增长。张杰等（2018）同样使用知识宽度法测算专利质量，并实证研究了中国专利资助奖励政策对专利质量的影响。

3.1.3 专利价值评估相关文献

从经济学意义上讲，专利价值是指专利预期可以给其所有者或使用者带来的利益在现实市场条件下的表现，它对于专利的商业化和市场化起着举足轻重的作用，是一切专利活动能够实现的前提和基础。根据上节的分析我们可以发现，经济学学术领域中大多利用专利价值来代表创新质量，但其对于专利价值的衡量和判定通常只利用专利的某一项特征指标。总的来看，以往学者的评估方法主要围绕着专利的法律价值、技术价值和市场价值三个层面来进行。

专利的法律价值主要是其技术稳定性的体现，更确切地说是指专利是否符合法定授权标准以及是否具有法律效力的稳定性。首先，法律效力是专利为企业形成竞争力的基本条件，是竞争力视角下的专利质量的最低标准。在此基础上，优质专利是那些确实能被法院执行的、一贯被认为能战胜无效挑战的、能可信赖地用作技术转移工具的有效专利。同时，专利价值越高，专利侵权的概率越高，双方当事人选择通过诉讼而不是达成和解的概率也越高，因此，专利诉讼情况被认为是专利价值的合理体现。

专利的技术价值也就是我们通常所理解的专利的技术先进性，其测度指标主要包括专利引用情况、专利许可和转让情况、专利所包含的 IPC 分类情况以及研发人员投入情况等。巴克（Bakker，2017）对专利被引次数的研究发现，专利被引次数与专利价值之间存在对数线性关系。帕克等（Park et al.，2017）将专利被引次数分为申请人印证和审查员引证两类，分别研究了两者与专利价值之间的关系。勒纳（Lerner，1994）利用专利的 IPC 分类号数量（仅使用前 4 位数）反应专利价值，并实证发现它能显著促进生物科技公司的价值。郝项超等（2018）以专利他引次数作为创新质量的代理变量，实证研究发现融券促进了创新数量与质量的同步增加，而融资却导致创新数量与质量同步下降。

专利的市场价值主要体现在其保护范围的广度，包括专利的权利要求数量、有效期长度以及全球布局强度等。克伦佩勒（Klemperer，1990）认为专利的长度（即寿命）和宽度（即覆盖范围）都会对专利的价值产生影响，对于不同类型的专利两者的影响存在差异；唐和弗雷姆（Tong and Frame，1994）认为专利中的权利要求数量能体现其技术创新水平，反应专利的价值；王宗锋等（2014）以专利授权率和专利存续期作为专利质量的衡量指标，实证考察了中国东、中、西部地区的创新质量差异。

近年来，部分学者开始将影响专利价值的众多指标结合起来，赋予合理的权重后形成一个新的综合指标，在很大程度上克服了单个指标代表性不足的问题。万小丽和朱雪忠（2008）将专利价值分为技术价值、市场价值和权利价值三个层面，建立了包括专利应用范围、市场化能力、保护范围、专利族规模等一系列指标在内的专利价值评估指标体系。薛明皋和刘璘琳（2013）研究表明，专利在质押状态下的专利被引数、专利 IPC 分类、权利要求数、专利族数、专利有效期、质押专利数、专利类型等因素仍是影响专利价值的重要因素，并论证了每个影响因素与专利价值的相关性。蒂莫·费舍尔和扬·莱丁格（Timo Fischer and Jan Leidinger，2014）建立了包括专利前向引证、同族专利数量、IPC 分类号数量在内的多指标专利价值评估模型，并实证发现其对专利价值具有很强的解释力度。格里马尔迪等（M Grimaldi et al.，2015）利用专利的权利要求数量、专利引证数量、专利市场覆盖范围以及战略相关性对专利价值进行评价。此外，也有一些专门的专利研究机构建立了完整的专利价值测度体系。例如，丹麦专利局与哥本哈根商学院教授合作开发并被欧洲专利局官方认定的专利分数（IPscore）评估系统，Incopat 专利数据库中提供的利用自主研发的专利价值模型所计算的合享价值度指标等。

虽然创新与出口的研究已经形成了诸多理论和文献，但是以专利作为创新代理变量的研究相对较少，进一步深入研究专利价值代表的创新质量对企业出口能力影响的文献更是凤毛麟角。本章对专利价值的判定采用了最新的综合指标测算方法，根据测算出的专利综合价值将专利分为高价值专利和低价值专利两类，对比研究专利价值的不同对企业出口能力是否存在不同的影响效应，为中国自主创新和出口能力的进一步提升与转型升级提供了更为明确的方向。

3.2 理论机制与模型设定

3.2.1 理论机制

在以往的文献研究中，通常将企业专利申请量作为企业自主创新能力的代理变量研究创新与出口之间的关系，但研究结论并不明确。有的研究发现，创新有利于提高企业生产率，进而促进出口（Krugman，1979；Greenhalgh，1990；官建成和马宁，2002；黄先海等，2015）；也有学者实证分析发现，国内专利申请对增加出口的影响不明显（陈健和陈昭，2006；高华，2016）。这种现象的出现可能与中国专利申请的质量有着密不可分的关系。由于中国政府创新激励政策的引导，再加上部分企业自主创新能力的限制，日益增长的专利申请中越来越多地包含了为获取政府补贴而开发的“策略性创新”专利，以及创新附加值有限、无法成功商品化的无用专利。这些专利一方面对企业出口不存在正向促进作用；另一方面其研发行为对资源造成的占用和浪费，反而会不利于企业出口能力的进一步提升。因此，这些低价值专利的存在可能会使得企业申请专利数量的提升对出口难以产生显著的正向影响。为此，我们将专利分为高价值专利和低价值专利两类，分别探究其对企业出口能力的影响效应。

1. 高价值专利申请对企业出口的影响

根据马天旗《高价值专利筛选》（2018）一书，我们将高价值专利定义为高市场价值专利和高战略价值专利的并集。高市场价值专利是指同时具备技术价值和法律价值，当下或预期未来能在市场上应用并因此获得主导地位、竞争优势和（或）巨额收益的专利。高战略价值专利主要是某领域的基本专利和核心专利，或者是为了应对竞争对手而在核心专利周围布置的具备组合价值或战略价值的钳制专利。对于企业而言，这些专利要么能较强地攻击和威胁竞争对手，要么能构筑牢固的技术壁垒，要么能作为重要的谈判筹码，或者兼而有之，因此能够对企业出口产生十分显著的促进作用。

高价值专利对企业出口的影响效应主要包括以下三方面。

（1）提高竞争优势效应。在经济全球化时代，企业只有不断创造价值，才能提高竞争力，在激烈的市场竞争中生存。高价值专利作为创新成果的具体表现，能够为企业带来创新产品，这些创新产品又能为企业带来超额利润、增加市场价值，从而使得企业抗风险能力提高，非出口企业可以凭借高价值专利进驻国际市场，出口企业也可以以此巩固市场占有率。同时，自主创新的最终目的是提供战略性资源，形成企业的核心竞争优势并得到独一无二的出口竞争力。高价值专利可以为企业带来具有价值性、稀缺性和长期性的战略资源。出口企业一旦具备了满足条件的战略性资源，就拥有了在国际市场上难以被替代的核心竞争力，出口能力因此得到大幅度提高。

（2）开拓蓝海市场效应。在国内和国际中都存在着众多已经被大量商家挤占的红海市场，竞争激烈、利润微薄等特点决定了这些行业中企业的出口难以在短时间内获得跨越性的提升。而高价值专利通常具备的原创性和开拓性的特点使得其有条件帮助企业找到一片新的蓝海市场，这样一来，首先发现蓝海市场的企业具备的决定性贸易优势可以为外贸出口带来里程碑式的发展。进一步来说，这些新的蓝海市场可以通过扩散联动效应催生更多的待开发产业，由点及面促进整个外贸结构的优化。

（3）改善贸易环境效应。长期以来，各国为保护国内相关产业，对进口产品设置了很多障碍，又由于贸易规则的限制，越来越多的国家选择使用以知识产权保护为基础的技术性贸易壁垒。企业发明高价值专利后，首先可以通过提高企业的资源利用率和生产效率，使既定的资源生产出更多的产品来降低单位产品的成本，从而抵消一部分由技术性贸易壁垒带来的成本的提高；其次可以通过产品的更新换代，使原先因达不到国外技术标准或者容易侵犯他国知识产权而只能“望洋兴叹”的产品变得可以出口，从而开拓了产品的国际市场。更为重要的是可以通过高价值专利的产生使得本国产品在国际中的认可度提高，进而在国际标准制定中获得更多的话语权，使得我们成为产品标准的制定者而非追赶者，技术贸易壁垒的主动出击者而非被动接受者。

综上所述，我们认为高价值专利申请数量的提升可以促进出口产品的技术升级，帮助企业建立核心竞争优势，开拓竞争少、利润高的蓝海市场，并且有利于克服当前世界不断增加的技术性贸易壁垒，改善贸易环境，因此对企业出口产生正向促进作用。

2. 低价值专利申请对企业出口的影响

低价值专利就是高价值专利以外的，既不具有高市场价值也不具有高战略价值的专利。这部分专利可能在申请专利时没有赋予其明确的战略考量，只是对研发项目中细微创新点的一般性保护，有些专利在申请之初就不是为了进行商业化应用和防止自有技术被模仿（张亚峰，2018），而只是为了提升专利权人的自身影响力、破坏竞争者研发或者获得政府对创新活动的补贴，因而其在一般情况下无法完成商品化或者商业价值极低。从专利价值评价指标来看，低价值专利不存在市场化价值，技术先进性十分有限或基本为零，企业也不会为这种专利续缴年费，导致专利寿命很短，因此对企业核心竞争力的建设完全没有用处，甚至在一定程度上还阻碍了技术进步。同时，因为对低价值专利的投入占用了企业资金而对企业的出口行为产生负向影响。

低价值专利对企业出口的影响效应主要包括以下两方面。

(1) 补贴效应。部分企业为了迎合政府的创新激励政策，获取创新补贴，会选择进行低成本的专利发明活动。这种以获取补贴为目的而产出的专利成果往往价值不高，难以形成企业在国际贸易中赖以生存的竞争力，也不能成为企业突破技术贸易壁垒的利剑，但是企业由此获得的政府补贴可能会为企业的进一步发展带来新的动力，从而获得克服出口固定成本的能力，有利于企业出口规模的扩大。

(2) 成本效应。低价值专利的成本可以分为低成本和高成本两种。一方面，如果企业的创新活动仅仅是为了获取政府补贴或提升专利权人的自身影响力，就不会为创新活动投入过多的成本，而是以其期望能够获得的回报为限进行创新并申请低价值专利；另一方面，如果企业是以获取先进创新成果为目的，那么其自主研发活动是一个高风险伴随高收益的投资活动，它通常会要求相对较高的前期投入。如果企业的研发成功，产出高价值的专利，则企业能够以此获得在国际竞争中的核心优势，出口额迅速扩大；与此相反，如果企业的研发失败，只能得到低价值的专利，则不仅无法促进企业核心竞争力的建设，反而会因为其研发行为对企业资金的大量耗用遏制企业的进一步发展，企业的抗风险能力也因此降低，无法很好地应对国际贸易中的各种政治、经济、汇率等风险，可能会选择减少出口活动甚至退出出口市场。

综上所述，我们认为低价值专利申请数量的提升对企业出口的影响存在正反两个方面：一方面可能由于补贴效应促进出口规模扩大；另一方面可能因为成本效应降低企业出口规模。如果补贴效应大于成本效应，则低价值专利申请有利于企业出口；如果补贴效应小于成本效应，则低价值专利申请不利于企业出口；如果补贴效应与成本效应正好相抵，则低价值专利申请对企业出口没有显著影响。

3.2.2 模型设定

1. 数据来源

本章的数据来源于 2011～2013 年中国工业企业微观数据库和国家知识产权局数据库。中国工业企业数据库包括中国大陆地区全部销售额 2000 万元以上的工业企业数据，统计变量包括企业基本情况、财务情况和生产销售情况。但由于该数据库统计数据存在遗漏、错误等现象，我们将样本数据进行了一定筛选：（1）删除关键变量（企业出口交货值、企业财务状况、企业就业人数等）缺失的数据；（2）删除异常值（固定资产大于总资产、流动资产大于总资产、出口额大于销售额、工业增加值小于等于 0、从业人员小于 8 人、开业月份大于 12 小于 1 的数据）。

国家知识产权局数据库中包括所有中国企业申请专利的数据。本章利用国家知识产权局数据，采用爬虫软件对专利有效性、专利诉讼情况、专利质押情况、海外同族专利审查和授权情况、专利及其同族专利在全球的被引证数量、专利投入的研发人员数量、专利技术涉及的技术领域、专利寿命、专利的权利要求数量、专利的转让或许可情况、简单同族专利的布局国家数量、剩余有效期等关键信息进行提炼和归纳，然后根据企业名称将专利进行归集，得到 2011～2013 年中国企业申请专利的详细信息数据。得到企业层面的专利数据后，我们根据企业名称将专利数据与工企数据相匹配，并将三年内均不存在创新的企业删除，最终得到 2011～2013 年包含中国工业企业专利和出口信息的面板数据，样本量为 61477 个。

2. 关键指标测算

为了区分企业申请发明专利价值的高低，本章借鉴马天旗（2018）提出的中国专利价值评价模型构建专利价值度指标，该模型的主要构建流程如图 3－1 所示。

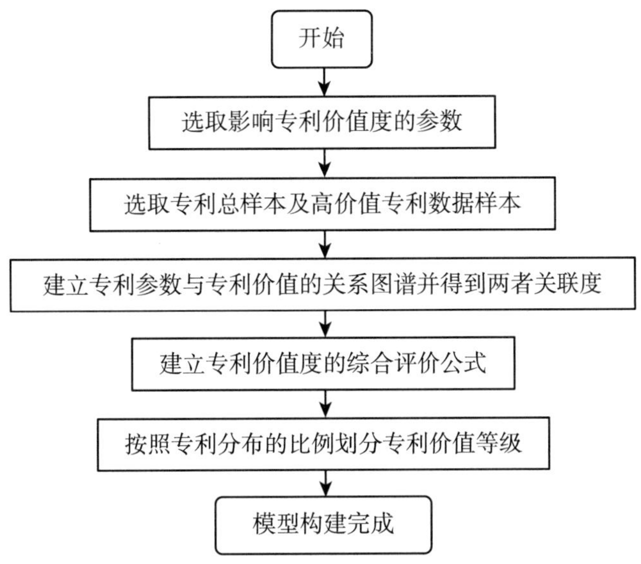

图3—1 中国专利价值评价模型构建流程

资料来源：马天旗，《高价值专利筛选》，知识产权出版社2018年版，第154页。

（1）选取影响专利价值度的参数。从文献梳理中我们可以发现，专利价值评估主要集中在法律（技术稳定性）、技术（技术先进性）和市场（保护范围）三个维度，每个维度下又有若干具体的评价指标。虽然从理论上来讲，模型中所包含的相关指标越多，对专利价值的解释效果越强，评价结果越准确，但由于部分指标与专利价值的关系十分复杂，有些指标数据难以获得等，因此本章从三个维度分别选取了三个指标组成模型的参数。一是法律层面（技术稳定性）：专利有效性（专利是否经过实质性审查并获得授权或维持有效）、专利诉讼情况、专利质押情况、海外同族专利审查和授权情况（是否存在授权的海外同族专利）；二是技术层面（技术先进性）：专利及其同族专利在全球的被引证数量、专利投入的研发人员数量、专利技术涉及的技术领域（IPC分类数量）、专利寿命；三是市场维度（保护范围）：专利的权利要求数量、专利的转让或许可情况、简单同族专利的布局国家数量、剩余有效期。

（2）选取专利总样本及高价值专利数据样本。专利价值评价的基本思路是通过对大数据样本的研究找出各指标与专利价值之间的客观规律，从而科学地建立专利指标与专利价值之间的关联关系，对专利的价值进行客观合理的评价。本章根据马天旗（2018）提出的中国专利数据库中发生无效但判决维持专利权有效的发明专利作为简化的高价值专利样本依据。之所以选择这个指标，是因为被提起无效的专利必然在产业中已经形成了一定影响，是专利价值度高的体现，而公司花费财力物力进行维权并且最终判决维持专利权有效则进一步证明了该专利的重要性。基于此，本章以2011～2013年公司申请的中国发明专利为总样本，以其中发生无效但判决维持专利权有效的366条发明专利作为高价值专利数据样本。

（3）建立专利参数与专利价值的关系图谱并得到两者关联度。因为本章篇幅有限，我们以专利有效性为例说明专利参数与专利价值的关联度获取过程。

首先，针对专利的有效性情况建立高价值专利和普通专利的对比关系，分别计算高价值专利样本和普通专利样本中有效专利与无效/审中专利的数量，以及该专利数量分别在高价值专利和普通专利中出现的概率。如图3－2所示，图中（a）为有效与无效/审中的高价值专利在高价值专利样本中出现的概率，（b）为有效与无效/审中的普通专利在总专利样本中出现的概率。从图3－2中可以看到，高价值专利中有效专利出现的概率要远高于普通专利。

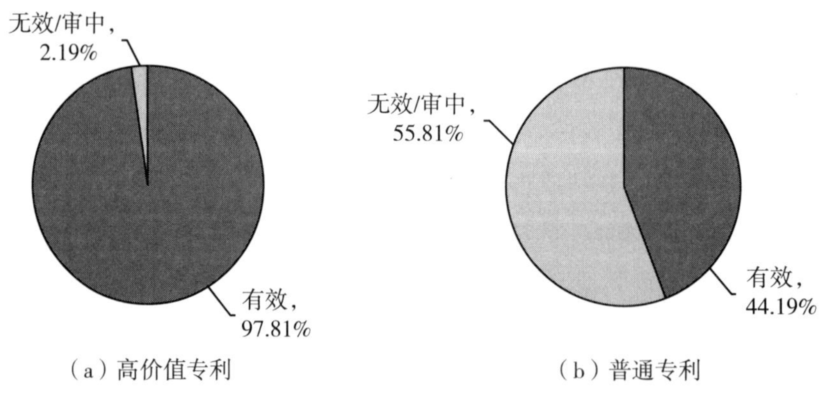

图3－2 有效与无效/审中专利在样本中出现的概率

接下来，我们以专利有效性为横轴（有效＝1，无效/审中＝0），高价值专利在高价值专利样本中出现的概率与普通专利在普通专利样本中出现的概率之比为纵轴，建立专利有效性与专利价值的相关图。如图3－3所示，我们可以得到专利有效性和专利价值的简单拟合方程：$y=2.2172x+0.0392$，其斜率2.2172代表了专利有效性对专利价值的关联度。

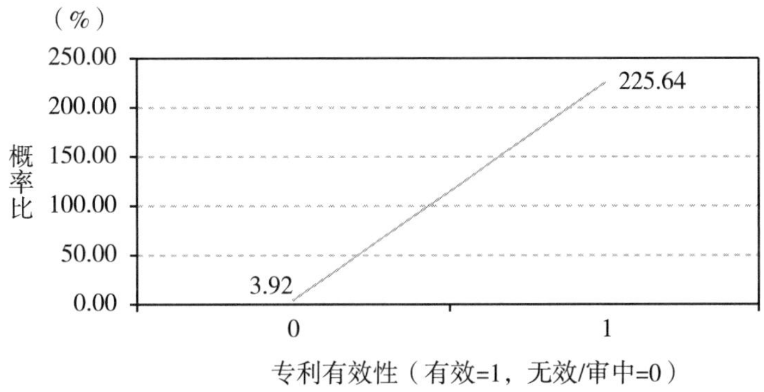

图3—3　中国高价值专利与普通专利有效性分布情况比较

（4）建立专利价值度的综合评价公式。以上面提出的方法算出的各项指标参数与专利价值的关联度为权重，我们可以得到各专利指标对专利价值的贡献：

$$V_i = \beta_i p_i \tag{3.1}$$

其中，V_i 表示专利指标 i 对专利价值的贡献，β_i 表示权重，p_i 表示指标值。则专利的综合价值 V 可以表示为：

$$V = \sum_{i=1}^{n_1} V_i + \sum_{i=n1+1}^{n_2} V_i + \sum_{i=n2+1}^{n} V_i \tag{3.2}$$

其中，当 i 取值范围分别在［1，$n1$］、［$n1+1$，$n2$］、［$n2+1$，n］时，V_i 分别表示法律（技术稳定性）、技术（技术先进性）、市场（保护范围）三个维度下的专利指标对专利价值的影响力贡献。为了实现对专利价值的筛选和统计，我们对计算出的综合评价分值进一步进行分级处理，即将专利价值综合评价等级分为1～10级，每级对应的专利价值度依次递增。

根据计算得到的专利价值度指标，我们可以将所有专利分为高价值专利（专利价值度为6～10）和低价值专利（专利价值度为1～5）两类，最后归整得到各个企业在不同年份所申请的高价值和低价值水平专利的数量。

3.2.3 计量模型

本部分利用中国工业企业2011～2013年的面板数据，以企业出口额为被解释变量，实证研究发明专利申请数量对企业出口强度的影响，具体模型如下：

$$\ln ex_{ijkt} = \alpha + \beta_1 \ln patent_{ijkt} + \beta_3 control_{ijkt} + \lambda_i + \gamma_j + \chi_k + \delta_t + \varepsilon_{ijkt} \tag{3.3}$$

$$\ln ex_{ijkt} = \alpha + \beta_1 \ln patent\_high_{ijkt} + \beta_3 control_{ijkt} + \lambda_i + \gamma_j + \chi_k + \delta_t + \varepsilon_{ijkt} \tag{3.4}$$

$$\ln ex_{ijkt} = \alpha + \beta_1 \ln patent\_low_{ijkt} + \beta_3 control_{ijkt} + \lambda_i + \gamma_j + \chi_k + \delta_t + \varepsilon_{ijkt} \tag{3.5}$$

其中，i表示企业，j表示行业，k表示省份，t表示时期；ex_{ijkt}表示i企业第t年的出口额，$patent_{ijkt}$表示i企业第t年的发明专利申请总量，$patent_high_{ijkt}$表示i企业第t年的高价值发明专利申请数量，$patent_low_{ijkt}$表示i企业第t年的低价值发明专利申请数量，$control_{ijkt}$表示其他控制变量，λ_i表示个体固定效应，γ_j表示行业固定效应，χ_k表示省份固定效应，δ_t表示时间固定效应，ε_{ijkt}为误差项。

3.2.4 变量说明

1. 被解释变量

本章被解释变量为企业出口规模，利用中国工业企业数据库中企业出口交货值加一取对数（$\ln ex_{ijkt}$）来表示。

2. 主要解释变量

本章的主要解释变量为企业发明专利申请数量（$\ln patent_{ijkt}$）。为了进一步区分不同价值度的专利申请对企业出口的不同影响，我们另外选取企业的高价值发明专利申请数量（$\ln patent\_high_{ijkt}$）和低价值发明专利申请数量（$\ln patent\_low_{ijkt}$）作为回归的主要解释变量。[①]

3. 控制变量

本章的控制变量为企业其他影响出口的特征变量。①企业规模（$\ln size_{ijkt}$）。库格勒和维豪根（Kugler and Verhoogen，2012）发现当行业内部质量提升空间足够大时，越大规模的企业越有可能生产越高质量的产品，本章利用企业内部员工数取对数来衡量企业规模。②企业员工平均工资（$\ln wage_{ijkt}$）。员工平均工资对企业出口的影响存在不确定性，因为较高的员工工资一方面意味着较大的企业生产成本，不利于企业出口活动的展开；另一方面企业员工平均工资较高也有可能是因为企业大量吸引高质量人才，从而为企业的出口活动提供优质的人力资源，有利于企业出口规模的扩张。本章利用企业平均工资加一取对数来表示。③融资约束（FC_{ijkt}）。部分研究证明，融资约束的缓解有助于降低产品价格、提高出口（陈旭等，2015），本章使用各企业利息支出与固定资产的比值来衡量融资约束，该值越大则表明企业面临的融资约束程度越小。④物质资本密集度（$capital_{ijkt}$）。企业的资本密度越大，意味着该企业用越多更先进的生产设备，这可能会提高出口产品的技术含量，进而提高该企业的出口。本章采用各企业固定资产与总资产的比值来度量物质资本密度。⑤企业生产率（$\ln produc_{ijkt}$）。维豪根（Verhoogen，2008）、巴斯托斯和席尔瓦（Bastos and Silva，2010）等研究发现，生产率较高的企业倾向于出口高质量产品，出口额因此更高。本章利用劳动生产率（工业总产值/劳动人数取对数）来表示企业生产率（王雅琦等，2018）。⑥企业年龄（$\ln age_{ijkt}$）。企业存续时间越长，企业的成熟度越高，生产经验越丰富，因而可能为企业的出口行为提供有力的铺垫。本章采用各企业观测年份与开业年份之差代表企业年龄。⑦企业利润（$\ln profit_{ijkt}$）。企业利润越高，资本积累越快，企业

① 为了不损失样本，本章的主要解释变量采用（高/低价值）发明专利申请量加一取对数的形式表示。

扩张的能力和可能性越大，因此对出口规模的扩张可能存在促进作用。⑧企业财务状况（$lever_{ijkt}$）。邓等（Deng et al.，2013）研究发现，企业财务状况对出口有较大的影响，因此本章利用企业资产负债率（企业总负债/总资产）来表示企业的财务状况。

4. 固定效应

本章控制的固定效应包括年份固定效应、行业固定效应和省份固定效应。表 3—1 给出了各变量的统计描述，从表中可以看到，各企业申请高价值专利和低价值专利的平均值、最小值和最大值基本相同，说明企业高价值专利和低价值专利的申请量存在显著差异，从而导致其对出口的影响存在显著差异。

表 3—1　　变量描述性统计

变量	平均值	标准差	最小值	最大值
ln*ex*	3.706	5.041	0	18.870
ln*patent*	0.900	0.894	0	8.993
ln*patent_high*	0.526	0.743	0	8.414
ln*patent_low*	0.537	0.768	0	8.174
ln*size*	5.789	1.094	0	12.320
ln*wage*	3.130	1.391	0.0360	14.300
FC	0.162	5.965	−11.56	1259.000
capital	0.370	0.778	0	14.330
ln*produc*	6.220	1.192	0.0650	17.440
ln*age*	2.262	0.696	0	6.023
ln*profit*	8.895	2.010	0	18.430
lever	0.764	1.347	0	23.800

3.3 实证研究

3.3.1 基准回归结果

本章利用中国工业企业数据库与中国专利数据库匹配得到的2011～2013年的面板数据，以企业出口交货值为被解释变量，企业发明专利申请量为主要解释变量，加入一系列控制变量以及年份、行业和省份固定效应后，采用面板固定效应回归的方法实证检验了不同价值度的发明专利申请量对企业出口额的影响，检验结果如表3－2所示。其中，第（1）列以企业发明专利申请总量作为主要被解释变量，回归结果发现发明专利申请总量的提升可以促进企业出口额的增加，专利申请量每增加1％，企业出口额会提高0.033％，但该结果只在10％的显著性水平上显著；第（2）列和第（3）列分别以企业申请高价值专利的数量和低价值专利的数量为主要被解释变量，回归结果发现企业申请高价值专利对其出口额存在正向促进作用，而申请低价值专利则没有显著影响，即在1％的显著性水平下，高价值专利申请量每增加1％，企业出口额会提高0.072％。

表3－2　　基准回归结果

变量	(1) ln*ex*	(2) ln*ex*	(3) ln*ex*
ln*patent*	0.0329* (0.0191)		
ln*patent_high*		0.0720*** (0.0249)	
ln*patent_low*			0.00723 (0.0221)
ln*size*	0.459*** (0.0426)	0.457*** (0.0426)	0.460*** (0.0425)

续表

变量	(1) ln*ex*	(2) ln*ex*	(3) ln*ex*
ln*wage*	0.476*** (0.0253)	0.475*** (0.0253)	0.477*** (0.0253)
FC	−0.00904 (0.0186)	−0.00878 (0.0185)	−0.00919 (0.0186)
capital	0.0459* (0.0240)	0.0458* (0.0240)	0.0454* (0.0240)
ln*produc*	0.000654 (0.0293)	−0.000363 (0.0293)	0.00152 (0.0293)
ln*age*	0.266*** (0.0724)	0.266*** (0.0723)	0.263*** (0.0723)
ln*profit*	0.00249 (0.0158)	0.00260 (0.0158)	0.00219 (0.0158)
lever	−0.0668*** (0.0150)	−0.0668*** (0.0150)	−0.0667*** (0.0150)
Constant	5.316* (2.725)	5.347** (2.725)	5.298* (2.725)
年度固定效应	YES	YES	YES
行业固定效应	YES	YES	YES
省份固定效应	YES	YES	YES
Observations	61472	61472	61472
R^2	0.104	0.105	0.104

注：括号内数值表示 *t* 值，*、**、*** 分别表示在10%、5%、1%的水平上显著。

各个控制变量对企业出口的影响效应大部分与以往的研究一致。企业规模、员工平均工资、企业年龄和企业物质资本密集度的提升都能够对企业出口规模的提高产生显著的促进作用。企业规模越大，企业所需要的生存空间越大，导致其在扩张的过程中不得不寻求新的市场和发展机会，再加上大企业中人力资源丰富、管理制度完善，进行出口并不断扩大海外市场就成为一种必然趋势。员工平均工资对企业出口可能存在两方面截然不同的影响，一方面，员工工资越高意味着企业生产成本越高，生产成本的提升不利于企业生产率的提高，从而不利于企业出口的进一步扩张。另一方面，企业员工平均工资较高也有可能是因为企业大量吸引高质量人才，高质量人才必然意味着较高的劳动力成本，但同时也会为企业的发展提供优质的人力资源，从而能够更好的建立企业核心竞争力。从回归结果来看，企业员工平均工资的提高有利于出口额的提升，高质量人才的作用大于其成本；就企业年龄来说，企业存续期越长，资本和技术的积累越丰富，产品成熟度也会更高，开拓新市场的积极性相对也就更大，同时也更能够在激烈的国际竞争中保持优势；企业的物质资本密度越大，意味着该企业投入越多更先进的生产设备，这可能会提高出口产品的技术含量，进而提高该企业的出口额。与之相反，企业高负债的财务状况会不利于企业出口规模的扩大，它会限制企业对新技术的开发和对新市场的开拓，从而不利于企业出口规模的扩张。

基准回归的结果与本章的预期一致，即企业发明专利申请量的提高有利于企业出口规模的扩张，但并非所有专利申请数量的增加都会有利于企业出口能力的增强，只有高价值的专利才会对企业出口产生有利影响，低价值的专利则并无促进企业出口的效用。

3.3.2　异质性检验

1. 分区域回归

区域间经济发展不平衡是当前中国经济发展存在的主要问题之一，而发展出口贸易和鼓励企业创新对缩小地区经济水平差距都具有重要作用。从出口贸易情况看，出口企业主要聚集在经济发达的东部地区，其出口量占全国贸易额的 90%以上，这一地区企业同时也承担了大部分创新活动。因此，研究不同地区出口与创新之间的关系，对于解决区域经济发展差距问题具有很强的现实意义。为此，本部分将样本省（自治区、直辖市）[①] 划分为东、中、西三个部分

① 由于本书涉及大量省级数据，为行文及阅读方便，以下“省（自治区、直辖市）”简称“省份”。

进行实证检验。其中，东部地区包括北京、天津、河北、辽宁、吉林、黑龙江、上海、江苏、浙江、福建、山东、广东和海南13个省份；中部地区包括山西、安徽、江西、河南、湖北、湖南6个省份；西部地区包括内蒙古、广西、重庆、四川、贵州、云南、陕西、甘肃、宁夏、新疆10个省份。企业创新质量和数量对出口的影响分地区检验的结果如表3—3所示。

表3—3　　　　分区域回归结果

变量	东部			中部			西部		
	(1)	(2)	(3)	(4)	(5)	(6)	(7)	(8)	(9)
ln*patent*	0.0498** (0.0219)			0.0248 (0.0492)			−0.0718 (0.0671)		
ln*patent*_*high*		0.0810*** (0.0287)			0.0744 (0.0648)			0.0495 (0.0819)	
ln*patent*_*low*			0.0281 (0.0252)			−0.00989 (0.0568)			−0.137* (0.0818)
ln*size*	0.574*** (0.0512)	0.572*** (0.0512)	0.576*** (0.0512)	0.120 (0.111)	0.121 (0.111)	0.119 (0.111)	0.335*** (0.128)	0.332*** (0.128)	0.331*** (0.128)
ln*wage*	0.514*** (0.0303)	0.513*** (0.0303)	0.516*** (0.0303)	0.262*** (0.0685)	0.262*** (0.0685)	0.262*** (0.0685)	0.262*** (0.0921)	0.262*** (0.0921)	0.261*** (0.0921)
FC	−0.0118 (0.0190)	−0.0116 (0.0190)	−0.0120 (0.0190)	0.0335 (0.113)	0.0339 (0.113)	0.0326 (0.113)	0.220 (0.254)	0.223 (0.254)	0.226 (0.254)
capital	−0.0523 (0.0400)	−0.0519 (0.0399)	−0.0536 (0.0400)	−0.354 (0.219)	−0.355 (0.219)	−0.356 (0.219)	0.0780** (0.0348)	0.0747** (0.0349)	0.0765** (0.0348)
ln*produc*	0.0891** (0.0365)	0.0880** (0.0365)	0.0899** (0.0365)	−0.133* (0.0743)	−0.132* (0.0742)	−0.133* (0.0743)	0.0138 (0.113)	0.00746 (0.113)	0.00946 (0.113)
ln*age*	0.225*** (0.0866)	0.225*** (0.0866)	0.222** (0.0866)	0.119 (0.174)	0.119 (0.174)	0.116 (0.174)	0.434** (0.205)	0.432** (0.205)	0.443** (0.205)
ln*profit*	−0.0335* (0.0189)	−0.0334* (0.0189)	−0.0337* (0.0189)	0.130*** (0.0379)	0.131*** (0.0379)	0.129*** (0.0379)	0.0474 (0.0475)	0.0477 (0.0476)	0.0485 (0.0475)
lever	−0.101*** (0.0210)	−0.101*** (0.0210)	−0.100*** (0.0210)	−0.0254 (0.160)	−0.0257 (0.160)	−0.0243 (0.160)	−0.0374 (0.0294)	−0.0374 (0.0295)	−0.0381 (0.0294)
Constant	−1.124 (2.235)	−1.069 (2.234)	−1.107 (2.235)	2.043 (4.938)	2.003 (4.935)	2.172 (4.936)	−2.086 (4.153)	−0.624 (4.353)	−0.445 (4.348)

续表

变量	东部			中部			西部		
	(1)	(2)	(3)	(4)	(5)	(6)	(7)	(8)	(9)
年度固定效应	YES	YES	YES	YES	YES	YES	YES	YES	YES
行业固定效应	YES	YES	YES	YES	YES	YES	YES	YES	YES
省份固定效应	YES	YES	YES	YES	YES	YES	YES	YES	YES
Observations	46437	46437	46437	9441	9441	9441	5471	5471	5471
R^2	0.123	0.123	0.123	0.066	0.067	0.066	0.028	0.028	0.029

注：括号内数值表示 *t* 值，*、**、*** 分别表示在 10%、5%、1%的水平上显著。

从表 3—3 可以看到，东、中、西部地区企业专利申请量对出口的影响存在很大差异。东部企业专利申请总量的提升有利于其出口规模的扩大，而对中西部地区均不存在显著影响，企业发明专利申请总量每增加 1%，东部地区出口额将提高 0.050%，中西部地区无明显变动。为了进一步分析这种情况出现的原因，我们又利用高价值专利和低价值专利的申请量为被解释变量进行回归，结果发现高价值专利申请量的提升显著促进了东部地区企业出口额的增加，而低价值专利的申请会抑制西部地区企业出口额的增加。之所以出现这种情况，很大程度上是由于东、中、西部地区出口贸易结构存在差异。东部地区由于经济最为发达，各种高新技术企业林立，高技术专利的发明对于其出口能力的提升有着不可或缺的作用。而对于西部地区而言，其发展很大程度上依赖于“西部大开发”等国家扶持政策，依赖其地缘、语言、风俗、资源等优势大量从事初级产品出口贸易，这些行业本身科技含量低，创新对其难以产生显著影响，因而其发明专利的申请很多是出于迎合政府创新政策、获取创新补贴的目的。因此，在西部地区的创新水平相对落后的情况下，我们应当首先在完成其工业化产业结构改造后，再促进其创新活动的进一步发展。

2. 分行业回归

企业创新对出口影响的效果可能会因行业而异。本章根据 OECD 标准将企业划分为高技术行业企业（医药制造业；计算机、通信和其他电子设备制造业；仪器仪表制造业）、中技术行业企业（化学原料及化学制品制造业；化学纤维制造业；通用设备制造业；专用设备制造业；汽车制造业；铁路、船舶、航空航天和其他运输设备制造业；电气机械及器材制造业；煤炭开采和洗选业；石油加工、炼焦和核燃料加工业；橡胶和塑料制品业；非金属矿物制品业；黑色金属冶炼及压延加工业；有色金属冶炼及压延加工业；金属制品业）和低技术行业企业（农副食品加工业；食品制造业；酒、饮料和精制茶制造业；烟草制品业；纺织业；纺织服装、服饰业；皮革、毛皮、羽毛及其制品和制鞋业；木材加工及木、竹、藤、棕、草制品业；家具制造业；造纸及纸制品业；印刷和记录媒介复制业；文教、工美、体育和娱乐用品制造业）三类，分别检验企业专利申请数量对其出口影响的差异性，检验结果如表 3—4 所示。

表 3—4　　分行业回归结果

变量	高技术			中技术			低技术		
	(1)	(2)	(3)	(4)	(5)	(6)	(7)	(8)	(9)
ln*patent*	0.0819* (0.0484)			0.0280 (0.0264)			0.0217 (0.0527)		
ln*patent*_*high*		0.132** (0.0579)			0.0702** (0.0349)			0.0159 (0.0743)	
ln*patent*_*low*			0.0549 (0.0574)			−0.00422 (0.0304)			0.0412 (0.0601)
ln*size*	0.551*** (0.0952)	0.548*** (0.0952)	0.555*** (0.0952)	0.460*** (0.0605)	0.458*** (0.0605)	0.460*** (0.0605)	0.209* (0.120)	0.210* (0.120)	0.208* (0.120)
ln*wage*	0.447*** (0.0542)	0.445*** (0.0542)	0.449*** (0.0542)	0.536*** (0.0362)	0.536*** (0.0362)	0.537*** (0.0362)	0.379*** (0.0740)	0.379*** (0.0740)	0.378*** (0.0740)
FC	−0.178* (0.0949)	−0.175* (0.0949)	−0.182* (0.0949)	−0.0160 (0.0263)	−0.0155 (0.0263)	−0.0161 (0.0263)	0.0166 (0.0287)	0.0166 (0.0287)	0.0167 (0.0287)
capital	0.0761 (0.0507)	0.0752 (0.0507)	0.0764 (0.0507)	0.0187 (0.0356)	0.0186 (0.0356)	0.0180 (0.0356)	0.0951 (0.0648)	0.0949 (0.0648)	0.0950 (0.0648)

续表

变量	高技术			中技术			低技术		
	(1)	(2)	(3)	(4)	(5)	(6)	(7)	(8)	(9)
ln*produc*	0.103 (0.0673)	0.101 (0.0673)	0.105 (0.0673)	−0.0957** (0.0412)	−0.0969** (0.0412)	−0.0952** (0.0412)	−0.00755 (0.0829)	−0.00623 (0.0828)	−0.00841 (0.0829)
ln*age*	0.758*** (0.168)	0.756*** (0.168)	0.758*** (0.168)	0.0973 (0.0956)	0.0995 (0.0955)	0.0944 (0.0955)	0.132 (0.232)	0.130 (0.232)	0.133 (0.232)
ln*profit*	−0.0371 (0.0365)	−0.0368 (0.0365)	−0.0369 (0.0365)	0.0242 (0.0218)	0.0243 (0.0218)	0.0239 (0.0218)	−0.0252 (0.0458)	−0.0255 (0.0458)	−0.0249 (0.0458)
lever	−0.0872*** (0.0300)	−0.0872*** (0.0300)	−0.0872*** (0.0300)	−0.0678*** (0.0219)	−0.0675*** (0.0219)	−0.0677*** (0.0219)	−0.0725* (0.0425)	−0.0726* (0.0425)	−0.0722* (0.0425)
Constant	−1.124 (1.038)	−1.087 (1.038)	−1.115 (1.039)	0.150 (0.962)	0.159 (0.961)	0.173 (0.962)	−1.750 (1.858)	−1.745 (1.858)	−1.746 (1.857)
年度固定效应	YES	YES	YES	YES	YES	YES	YES	YES	YES
行业固定效应	YES	YES	YES	YES	YES	YES	YES	YES	YES
省份固定效应	YES	YES	YES	YES	YES	YES	YES	YES	YES
Observations	13329	13329	13329	37046	37046	37046	8619	8619	8619
R^2	0.129	0.129	0.129	0.111	0.111	0.111	0.087	0.087	0.087

注：括号内数值表示 *t* 值，*、**、*** 分别表示在 10%、5%、1%的水平上显著。

从表 3—4 中可以看到，高价值专利申请量的提高对高技术企业和中技术企业的出口均存在显著的促进效应，并且对高技术企业的正向影响从经济意义和统计意义上都要大于对中技术企业的影响，对低技术企业则不存在显著影响。高价值专利申请量每增加 1%，高技术企业出口额会提高 0.132%，中技术企业出口额会提高 0.070%。此外，低价值专利的申请对所有企业的出口都没有显著影响。显然，对于技术水平较高的行业而言，创新是企业发展的第一生产力，高价值专利申请量的提高会对企业的出口产生有利的影响。而对于低技术水平的行业而言，一方面企业本身缺乏创新意识和能力，专利申请的水平和质量通常不会太高；另一方面行业性质导致创新的难度相对较大且专利难以向创新产品转化，因此企业专利申请对出口的影响并不显著。

3.3.3 内生性检验

本章的实证研究可能会出现内生性问题，进而导致回归结果的有偏性和非一致性。一方面，众多学者的研究发现，来自海外消费者的需求通过知识积累促进技术增长，进而加速本国出口企业创新速率，产生“出口中学”的效应（Keiko，2011；史青等，2017），从而出现出口与创新的双向因果关系；另一方面，出口和专利质量可能会受到一些共同因素的影响，变量遗漏也是导致内生性的原因之一。为解决此类问题，本章根据张杰和郑文平（2018）测度中国各省份政府专利资助政策的方法，通过将2011～2013年中国各省份政府对其内部企业发明专利申请和实质性审查方面的资助情况分为全部资助、部分资助和无资助三类，[①] 设立专利资助变量（*patent _funding*）作为企业专利申请量的工具变量，其中全部资助赋值为2，部分资助赋值为1，无资助赋值为0。之所以选择政府专利资助情况作为企业专利申请量的工具变量，一方面是因为政府的专利资助政策会显著影响企业的专利申请情况，补助力度越大，企业申请专利的积极性越高，专利申请量也会相应提高；另一方面其对企业出口规模不存在直接影响，符合工具变量选择的两个条件。

工具变量回归的检验结果如表3－5所示。从回归结果我们可以看出，高价值专利申请对企业出口的促进作用更为显著，高价值专利申请量每提升1%，企业出口额会提高1.724%；而低价值专利对企业出口额呈现负面抑制作用，低价值专利申请量每提升1%，企业出口额会降低1.853%。由于高价值专利和低价值专利对企业出口额影响方向相反，企业总专利申请量对出口的影响不显著。

---

① 我们对全额资助和部分资助金额的划分是依据国家知识产权局在本章样本期内发布的专利收费标准——国内部分（发明专利申请费加印刷费950元，发明专利申请审查费2500元）确认。而且，考虑到某些省份对发明专利实施的是奖励政策，我们将各省份对不同类型专利的奖励金额，也按照《国家知识产权局收费公示》做了相应划分。

表 3—5　　　　　　　　工具变量回归结果

变量	(1) ln*ex*	(2) ln*ex*	(3) ln*ex*
ln*patent*	−10.60 (9.044)		
ln*patent_high*		1.724*** (0.634)	
ln*patent_low*			−1.853** (0.731)
ln*size*	3.705** (1.580)	1.509*** (0.108)	2.057*** (0.0834)
ln*wage*	2.612** (1.112)	1.031*** (0.0910)	1.383*** (0.0361)
FC	−0.00520 (0.0127)	0.00777** (0.00349)	0.00527 (0.00373)
capital	−1.073** (0.525)	−0.314*** (0.0464)	−0.513*** (0.0392)
ln*produc*	0.694 (0.533)	0.0300 (0.0319)	0.181*** (0.0497)
ln*age*	−0.166 (0.556)	0.582*** (0.0388)	0.402*** (0.0433)
ln*profit*	−0.0119 (0.157)	−0.216*** (0.0195)	−0.193*** (0.0156)
lever	−0.274*** (0.0960)	−0.159*** (0.0204)	−0.191*** (0.0223)
Constant	−25.59*** (8.482)	−13.18*** (0.994)	−16.52*** (0.562)
年度固定效应	YES	YES	YES
行业固定效应	YES	YES	YES
Observations	61477	61477	61477
Number of qycode	33533	33533	33533

注：括号内数值表示 *t* 值，** 、*** 分别表示在 5%、1%的水平上显著。

3.3.4 稳健性检验

1. 出口二元边际

在前面的回归检验中，我们所使用的被解释变量均为企业的出口交货值，即出口二元边际中集约边际的范畴。为了进一步证实回归结果的稳健性，本部分首先将被解释变量更换为企业是否出口（企业出口交货值为0，取值0；不为0，取值1），即出口二元边际中的扩展边际后，利用probit模型重新进行回归，回归结果如表3—6所示。表3—6中所展示的是企业专利申请数量影响企业出口可能性的边际效应，我们可以发现，企业专利申请总量的提高会对企业出口可能性产生正向促进作用，但影响程度微弱，申请总量每增加1%，企业出口可能性提高0.004%；而高价值专利申请对企业出口的可能性则存在更为显著的正向促进效应，高价值专利申请量每增加1%，企业出口的可能性会提高0.015%；低价值专利对企业出口可能性不存在显著影响。这一结论与本章的假设以及基准回归结果是一致的，证明了本章结论的稳健性。

表3—6　　专利申请对企业出口概率影响回归结果

变量	ex_p		
	(1)	(2)	(3)
ln*patent*	0.00387* (0.00204)		
ln*patent_high*		0.0153*** (0.00252)	
ln*patent_low*			−0.00286 (0.00234)
ln*size*	0.139*** (0.00232)	0.137*** (0.00233)	0.140*** (0.00230)
ln*wage*	0.106*** (0.00213)	0.105*** (0.00214)	0.107*** (0.00211)

续表

变量	ex_p		
	(1)	(2)	(3)
FC	0.000453** (0.000205)	0.000462** (0.000204)	0.000447** (0.000205)
capital	−0.0317*** (0.00351)	−0.0310*** (0.00348)	−0.0320*** (0.00351)
ln*produc*	−0.00403* (0.00233)	−0.00429* (0.00233)	−0.00376 (0.00233)
ln*age*	0.0478*** (0.00280)	0.0482*** (0.00280)	0.0474*** (0.00280)
ln*profit*	−0.0146*** (0.00143)	−0.0150*** (0.00143)	−0.0145*** (0.00143)
lever	−0.0179*** (0.00204)	−0.0178*** (0.00203)	−0.0179*** (0.00204)
年度固定效应	YES	YES	YES
行业固定效应	YES	YES	YES
省份固定效应	YES	YES	YES
Observations	61372	61372	61372

注：括号内数值表示 *t* 值，*、**、*** 分别表示在 10%、5%、1%的水平上显著。

2. 更换主要解释变量的代理变量

在检验不同价值专利申请数量对企业出口二元边际的影响之外，本章进一步将主要解释变量的指标进行更换，更为清晰地体现企业申请专利的价值对其出口的影响。在本部分的检验中，我们以某企业申请的所有发明专利价值度的平均数或者中位数作为该企业申请专利的价值，并将其作为模型的主要解释变量对企业出口二元边际进行回归，检验结果如表 3−7 所示。表中第（1）列、第（2）列展示的是企业申请专利价值度对企业出口额的影响，第（3）列、第（4）列展示的是企业申请专利价值度对企业出口可能性的影响。我们可以看到，不论是以企业申请专利价值的平均数还是中位数作为主要解释变量，其对企业出口二元边际均存在显著的正向影响。也就是说，企业申请专利的价值度越高，企业出口的可能性以及出口的规模也会越高，这从另一个角度进一步证实了企业申请专利的价值越高，其创新行为对出口的促进作用越为显著这一结论。

表 3—7　　　　专利价值度对企业出口影响回归结果

变量	ln*ex*		*ex_p*	
	(1)	(2)	(3)	(4)
ln*value_mean*	0.0308* (0.0160)		0.00593*** (0.00205)	
ln*value_median*		0.0316** (0.0159)		0.00598*** (0.00202)
ln*size*	0.459*** (0.0425)	0.459*** (0.0425)	0.139*** (0.00230)	0.139*** (0.00230)
ln*wage*	0.476*** (0.0253)	0.476*** (0.0253)	0.106*** (0.00212)	0.106*** (0.00212)
FC	−0.00893 (0.0186)	−0.00890 (0.0186)	0.000457** (0.000204)	0.000457** (0.000204)
capital	0.0454* (0.0240)	0.0454* (0.0240)	−0.0316*** (0.00350)	−0.0316*** (0.00350)
ln*produc*	0.000832 (0.0293)	0.000828 (0.0293)	−0.00393* (0.00233)	−0.00394* (0.00233)
ln*age*	0.264*** (0.0723)	0.264*** (0.0723)	0.0478*** (0.00280)	0.0478*** (0.00280)
ln*profit*	0.00261 (0.0158)	0.00261 (0.0158)	−0.0146*** (0.00143)	−0.0147*** (0.00143)
lever	−0.0668*** (0.0150)	−0.0668*** (0.0150)	−0.0179*** (0.00204)	−0.0179*** (0.00204)
Constant	5.260* (2.725)	5.257* (2.725)		
年度固定效应	YES	YES	YES	YES
行业固定效应	YES	YES	YES	YES
省份固定效应	YES	YES	YES	YES
Observations	61472	61472	61372	61372

注：括号内数值表示 *t* 值，*、**、*** 分别表示在 10%、5%、1%的水平上显著。

3. 更换计量方法

如表 3—8 所示，采用截尾回归模型的结果与本章基准回归结果基本一致，唯一不同的是低价值专利对企业出口强度存在负向抑制效应，而这一结论也与本章的假设相符，即低价值专利无法促进企业出口额的增加，反而可能会对企业出口产生不利影响。

表 3—8　　截尾回归模型结果

变量	(1) ln*ex*	(2) ln*ex*	(3) ln*ex*
ln*patent*	0.0303 (0.0512)		
ln*patent_high*		0.296*** (0.0609)	
ln*patent_low*			−0.149** (0.0594)
ln*size*	4.002*** (0.0624)	3.953*** (0.0625)	4.028*** (0.0621)
ln*wage*	3.062*** (0.0569)	3.021*** (0.0571)	3.077*** (0.0566)
FC	0.0129* (0.00729)	0.0131* (0.00728)	0.0127* (0.00729)
capital	−0.802*** (0.0896)	−0.785*** (0.0895)	−0.810*** (0.0896)
ln*produc*	0.112* (0.0602)	0.101* (0.0602)	0.121** (0.0602)
ln*age*	1.294*** (0.0735)	1.306*** (0.0735)	1.286*** (0.0735)
ln*profit*	−0.401*** (0.0373)	−0.409*** (0.0373)	−0.401*** (0.0373)

续表

变量	(1) ln*ex*	(2) ln*ex*	(3) ln*ex*
lever	−0.425*** (0.0519)	−0.422*** (0.0519)	−0.426*** (0.0520)
Constant	−49.68*** (1.492)	−49.27*** (1.494)	−49.82*** (1.492)
年度固定效应	YES	YES	YES
行业固定效应	YES	YES	YES
省份固定效应	YES	YES	YES
Observations	61472	61472	61472

注：括号内数值表示 *t* 值，*、**、*** 分别表示在 10%、5%、1%的水平上显著。

4. 改变高价值专利范围

如前所述，我们将高价值专利设定为专利价值度在 6～10 的专利，低价值专利为专利价值度在 1～5 的专利，这种分法较为平均地将所有专利分为两类。然而，部分学者认为专利价值遵循“二八定律”，即 20%的专利贡献了 80%的专利价值，因此我们进一步将高价值专利的范围缩小，定义为专利价值度为 9 或 10 的专利，剩余专利价值度在 1～8 的专利均归为低价值专利，在此情况下重新进行回归，回归结果如表 3−9 所示。我们可以看到，与基准回归结果一致，企业专利申请总量和高价值专利申请量对企业出口额均存在显著为正的影响，而低价值专利则没有显著影响。同时，高价值专利申请量的提升对企业出口额的促进作用要大于专利申请总量。

表 3−9　　　　缩小高价值专利范围后回归结果

变量	(1) ln*ex*	(2) ln*ex*	(3) ln*ex*
ln*patent*	0.0329* (0.0191)		

续表

变量	(1) ln*ex*	(2) ln*ex*	(3) ln*ex*
ln*patent_high*		0.0519* (0.0308)	
ln*patent_low*			0.0320 (0.0201)
ln*size*	0.455*** (0.0425)	0.455*** (0.0424)	0.455*** (0.0424)
ln*wage*	0.472*** (0.0252)	0.472*** (0.0252)	0.472*** (0.0252)
FC	−0.00970 (0.0186)	−0.00961 (0.0186)	−0.00979 (0.0186)
capital	0.0444* (0.0240)	0.0439* (0.0240)	0.0445* (0.0240)
ln*produc*	−0.000169 (0.0293)	−0.000175 (0.0293)	−1.11e−05 (0.0293)
ln*age*	0.273*** (0.0724)	0.271*** (0.0724)	0.273*** (0.0724)
ln*profit*	0.00279 (0.0158)	0.00268 (0.0158)	0.00270 (0.0158)
lever	−0.0657*** (0.0150)	−0.0656*** (0.0150)	−0.0657*** (0.0150)
Constant	5.270* (2.724)	5.283* (2.724)	5.269* (2.724)
年度固定效应	YES	YES	YES
行业固定效应	YES	YES	YES
省份固定效应	YES	YES	YES
Observations	61472	61472	61472
R^2	0.105	0.105	0.105

注：括号内数值表示 *t* 值，*、*** 分别表示在 10%、1%的水平上显著。

3.3.5 进一步的研究

专利作为企业创新成果的典型代表，不仅应对企业当期的出口行为产生影响，还应该在较长一段时期产生持续性作用。为此，本部分将滞后一期和滞后二期的不同价值专利申请量①同时放入回归方程，深入研究其对企业出口产生的影响随时间变动的趋势，检验结果如表3—10所示。表3—10中，第（1）列到第（3）列展示的是以专利价值度为6～10的专利作为高价值专利时的回归结果，第（4）列到第（6）列展示的是以专利价值度为9～10的专利作为高价值专利时的回归结果。根据第（2）列和第（5）列我们可以发现，高价值专利申请对企业出口存在长期持续的影响效应，并且对于高价值的专利而言，专利申请在长期对企业出口的影响比当期更为强大。从第（3）列和第（6）列我们可以看到，低价值专利（专利价值度为1～5）对企业出口始终不存在显著影响，但如果将低价值专利范围扩大（价值度为1～8），则其存在一定的当期影响而不存在长期影响，这可能是因为在低价值专利中存在一部分战略价值和市场价值都不高，但异质性较强，可以在短期内为企业带来一定利益进而促进企业出口。

表3—10　　不同价值专利对出口长期影响回归结果

变量	(1) ln*ex*	(2) ln*ex*	(3) ln*ex*	(4) ln*ex*	(5) ln*ex*	(6) ln*ex*
ln*patent*	0.0444** (0.0207)			0.0538** (0.0215)		
*l*ln*patent*	0.0213 (0.0220)			0.0398* (0.0214)		
*l2*ln*patent*	0.0799*** (0.0251)			0.0711*** (0.0238)		
ln*patent_high*		0.110*** (0.0274)			0.0914*** (0.0339)	

① 为了保持样本数量的完整性，笔者进一步整理了2009年和2010年的企业创新数据，作为滞后期手动匹配到已有样本中。

续表

变量	(1) lnex	(2) lnex	(3) lnex	(4) lnex	(5) lnex	(6) lnex
*l*ln*patent_high*		0.0713*** (0.0276)			0.0649* (0.0343)	
*l2*ln*patent_high*		0.119*** (0.0294)			0.141*** (0.0359)	
ln*patent_low*			0.00972 (0.0250)			0.0446** (0.0226)
*l*ln*patent_low*			0.00181 (0.0256)			0.0236 (0.0232)
*l2*ln*patent_low*			0.0217 (0.0300)			0.0421 (0.0264)
ln*size*	0.453*** (0.0426)	0.448*** (0.0426)	0.459*** (0.0426)	0.448*** (0.0425)	0.448*** (0.0425)	0.451*** (0.0425)
ln*wage*	0.473*** (0.0253)	0.470*** (0.0253)	0.477*** (0.0253)	0.468*** (0.0252)	0.469*** (0.0252)	0.470*** (0.0252)
FC	−0.00892 (0.0185)	−0.00895 (0.0185)	−0.00916 (0.0186)	−0.00955 (0.0186)	−0.00979 (0.0186)	−0.00968 (0.0186)
capital	0.0457* (0.0240)	0.0471** (0.0240)	0.0453* (0.0240)	0.0450* (0.0240)	0.0447* (0.0240)	0.0447* (0.0240)
ln*produc*	−0.00335 (0.0293)	−0.00714 (0.0293)	0.000895 (0.0293)	−0.00528 (0.0293)	−0.00597 (0.0293)	−0.00258 (0.0293)
ln*age*	0.265*** (0.0724)	0.266*** (0.0723)	0.263*** (0.0724)	0.272*** (0.0724)	0.270*** (0.0724)	0.273*** (0.0724)
ln*profit*	0.00247 (0.0158)	0.00255 (0.0158)	0.00216 (0.0158)	0.00235 (0.0158)	0.00291 (0.0158)	0.00262 (0.0158)
lever	−0.0660*** (0.0150)	−0.0655*** (0.0150)	−0.0666*** (0.0150)	−0.0647*** (0.0150)	−0.0646*** (0.0150)	−0.0652*** (0.0150)
Constant	5.362** (2.725)	5.353** (2.724)	5.327* (2.726)	5.300* (2.724)	5.293* (2.724)	5.295* (2.724)
年度固定效应	YES	YES	YES	YES	YES	YES
行业固定效应	YES	YES	YES	YES	YES	YES
省份固定效应	YES	YES	YES	YES	YES	YES
Observations	61472	61472	61472	61472	61472	61472
R^2	0.105	0.105	0.104	0.105	0.105	0.105

注：括号内数值表示 *t* 值，*、**、*** 分别表示在 10%、5%、1%的水平上显著。

3.4 结论与建议

在以专利为载体的贸易壁垒不断增多的情况下，以创新促出口成为中国外贸进一步发展的最优路径，但创新最重要的载体之一——专利数量的大幅度提高对出口的影响在以往的研究中出现了一定的不确定性，同时，部分学者开始对中国专利申请数量“爆发式”增长所带来的创新效应产生了质疑。基于此，本章提出企业专利申请是否能够促进企业出口增加取决于企业所申请专利价值高低的假设，深入分析了不同价值的专利申请数量对中国企业出口绩效的影响效应，回答了中国经济“三驾马车”之一的出口是否与专利申请存在影响关系，其发展究竟是完全依赖于专利申请量的提升还是取决于所申请专利的价值。

3.4.1 主要结论

根据创新与出口关系的研究以及对专利价值的测度和作用研究，本章首先提出了企业不同价值专利申请影响出口绩效的理论机制，接着利用 2011～2013 年中国工业企业数据库的制造业企业微观数据，结合国家知识产权局数据库的中国企业专利数据，实证考察了不同价值专利申请数量对企业出口强度的影响效应。基准回归之外，本章还分别检验了处于不同地区和从事不同行业的企业出口受不同价值度专利申请数量影响的差异性，并且检验了回归结果的稳健性，最后进一步探究了不同价值专利申请影响企业出口的持久性。本章的主要结论如下：

从总样本来看，企业申请高价值专利对其出口额存在正向促进作用，而申请低价值专利则没有显著影响：在 1％的显著性水平下，高价值专利申请量每增加 1％，企业出口额会提高 0.072％。也就是说，企业专利申请是否能够促进企业出口增加取决于企业所申请专利价值的高低，创新质量是创新数量能否影响企业出口的前提条件。

分区域回归结果发现，东、中、西部地区企业专利申请对出口的影响存在很大差异。东部地区企业专利申请总量的提升有利于其出口规模的扩大，而中西部地区不存在显著影响。进一步探究不同价值度专利的影响发现，高价值专利申请量的提升显著促进了东部地区企业出口额的增加，而低价值专利的申请则是抑制西部地区企业出口增加的罪魁祸首。从中我们可以得出结论，东部地区需要高价值专利的研发从而对出口产生激励，而西部地区的企业由于自主创新能力的欠缺很难形成高价值专利，而低价值专利的研发不仅无益于出口扩张，反而会产生抑制效应。

处于不同行业的企业，由于其本身所需的技术水平不同，专利申请对其出口行为的影响也有所不同。高价值专利申请量的提高对高技术企业和中技术企业的出口均存在显著的促进效应，并且对高技术企业的正向影响要大于对中技术企业的影响，对低技术企业则不存在显著影响。此外，低价值专利的申请对所有企业的出口都没有显著影响。

高价值专利申请对企业出口存在长期持续的影响效应，并且对于最高价值的专利而言，专利申请在长期内对企业出口的影响比当期更为强大，这可能是由于专利全面布局所带来的核心竞争优势效应的发挥。

3.4.2　建议

根据理论分析和实证检验的结论我们可以发现，中国出口贸易的进一步发展在很大程度上受到企业高价值发明专利申请的影响，而低价值专利则没有任何作用甚至会抑制企业出口增加。为了促使中国在世界经济形势整体下滑、国际贸易增速放缓、中美贸易关系不断恶化的严峻外部环境下完成出口转型，提升出口规模，政府应当以提升企业自主创新水平为基本方针，在促进企业创新数量增加的同时进一步关注创新质量的提高，针对不同地区和不同行业的企业进行分类政策引导。企业也应当自觉提高创新意识，为中国出口贸易的长远发展提供有效保障。

1. 进一步优化国内技术创新环境，提高创新水平

随着全球范围内贸易保护主义势力的崛起，世界形势不容乐观，国际贸易特别是出口贸易面临着前所未有的困难和阻力。在此情况下，一方面，中国的出口在劳动力成本优势逐渐消失的情况下难免动力不足；另一方面，中国难以像以往一样凭借与发达国家的经济往来获得技术溢出，提高技术水平。因此，提高自主创新能力就成为打破当前国际形势困境，建立核心竞争能力的长远之计。政府应当进一步推进创新型国家建设，不仅在政策补助方面对创新企业有所倾斜，同时从教育制度入手，提高创新人才储备，从九年义务教育开始培养学生的创新型思维，才能从根本上提高国家的整体创新水平。

2. 合理化创新激励政策，助力不同地区精准创新

由于不同地区政府的财政能力和发展战略不同，企业本身的技术创新能力也存在较大差异，因此中国的创新激励政策在不同省市层面表现极为不同。部分政府以企业申请专利数量为评价指标，向申请专利的企业提供财政补贴或其他扶持政策。这在短时间内能够迅速提高整个地区的专利申请数量水平，但由于企业更多是策略性创新而非实质性创新，专利的质量及其能够带来的应用价值难以保证。也有部分政府意识到“注水”专利的存在，因而在专利质量方面严格把关，激励政策更具有针对性，相对而言能为创新质量的提高带来更多保障。根据本章实证分析的结论我们可以发现，只有高价值的专利才对企业出口的进一步发展存在促进效应，政府的创新激励政策应当从只注重“量”转变为推进“质”“量”共同发展，特别是对于经济发达地区和高技术产业而言更是如此。

3. 提高实质创新意识，把握国际竞争新脉络

对于出口企业而言，掌握最新科技成果是其在国际竞争中获得核心竞争优势的最优选择。在以往的研究中，我们总是将所有专利作为创新成果的体现一概而论，认为所有专利，特别是发明专利的生产对于企业参与国际竞争总会发

生或多或少的作用，因而部分企业为了减少研发成本并且获取创新补贴而进行了一系列低质量的创新研发活动，以期以最小的付出得到出口竞争力提升的巨大回报。然而本章的研究结论证明，低价值的发明专利不仅对企业出口难以产生积极的促进作用，反而在部分地区会出现负面抑制影响，它们无益于企业竞争力的提高，大多只能是一纸空谈，白白耗费了企业的人力、物力、财力。因此，出口企业应当端正自身创新意识，放弃策略性的取巧行为，真正根据国际科技发展趋势进行创新研发，以此在激烈的国际竞争和严峻的世界贸易形势中立于不败之地。

第4章

进口对中国企业创新质量的实证研究

根据国家统计局公布的数据，2017年中国成为世界第一贸易大国，货物贸易进出口总值4.105万亿美元，其中，出口2.264万亿美元，进口1.841万亿美元。进口商品中占比最大的是工业制成品，占中国进口商品比例的67.13%，其中运输及机械设备占比为39.33%。同时为了加快实施创新驱动发展战略，在稳定出口的同时，主动扩大进口，促进国内供给体系质量提升，满足人民群众消费升级需求，实现优进优出，促进对外贸易平衡发展。中国采取了一系列的“促进口”政策，如鼓励进口先进设备和关键零部件及举办国际进口博览会等，主动扩大进口。中国进口运输及机械设备从2010年的5494亿美元增加到2018年的8396亿美元，高技术产品的进口规模从2001年的641.07亿美元增加到2018年的6655.21亿美元，增长近9倍。高技术产品占商品进口贸易总额比重从2000年的23.3%增长至2018年的31.2%。

世界银行数据库显示，近年来中国研发投入和专利申请数量呈“井喷式”增长，研发投入经费从2007年的3710.2亿元增加到2018年的1.96万亿元，占全年GDP的2.18%，仅次于美国居世界第二位。2018年，中国专利申请数和授权数分别为432.3万件和244.8万件，其中发明专利申请量为154.2万件，超过美国和日本，居世界第一位。国家统计局公布的数据显示，中国通用设备制造业和计算机、通信和其他电子设备制造业，分别占当年发明专利申请量的 15.74%和 14.11%。通用设备制造业申请占比从 2010 年的 2.5 万件增加到 2018 年的 17.97 万件，计算机、通信和其他电子设备制造业从 2010 年的 2.73 万件增加到 2018 年的 17.35 万件。这两者之间是否有一定联系呢？研发投入和专利申请数量位居世界前列，是否意味着中国已成为创新大国、创新强国呢？这一问题引起国内外学者和媒体的广泛关注，英国《金融时报》在 2013 年曾指出中国专利数量的暴增可能反映的是专利的“创新假象”；中国社会科学院 2017 年的《法治蓝皮书》中也指出中国创新能力似乎位居世界首位，但从专利质量来看并非如此。因此在中国研发投入经费和专利申请量暴增的现实背景下，有必要研究目前中国是否存在“创新假象”，中国的创新质量究竟如何？进口是否是提升中国创新质量的渠道之一呢？

基于以上问题，本章将研究 2011～2013 年一般贸易进口对企业创新质量的影响，进一步将进口细分为资本品、中间品和消费品，实证研究三种不同类型进口产品对企业创新质量影响的差异性。然后进一步基于进口来源国、竞争效应和吸收能力异质性角度探究进口对企业创新质量影响的差异性及其影响机制。提出如何通过进口这一渠道进一步提升企业的创新质量，对中国加速构建创新型国家有重要的意义。

4.1　文献综述

关于进口对创新能力的研究，主要分为进口对企业创新投入和进口对创新产出的影响两大类。国外学者研究认为，进口关税的下降会促进企业进行产品创新（Goldberg et al.，2010）；进口会产生技术外溢，从而倾向于提高企业的研发投入强度（Chen et al.，2017；Boler et al.，2015），通过进口学习效应促进企业的产品创新和过程创新（Damijan and Kostevc，2015；Seker et al.，2015）；企业也可以通过进口中间品降低生产成本（Amiti et al.，2007），从而获得更多的资源用于研发和创新。也有学者从全球价值链角度进行研究，发现发展中国家进口先进的投入品会形成进口依赖，抑制企业创新（Gereffi et al.，2005）。关于中国的贸易和创新的国外研究主要有以中国为进口来源国，研究美国本土企业在面对来自中国的竞争冲击时，高技术企业的研发创新能力有所增加（Hombert et al.，2015）。欧洲国家专利申请和研发投入由于竞争效应对专利被引数有促进作用，但不明显（Bloom et al.，2016）。进口通过竞争效应促进了中国接近世界前沿水平的行业企业的创新，但抑制了远离世界前沿水平的行业企业的创新（Ding et al.，2016）。从发达国家的进口渗透率每上升 1 个标准差，中国企业渐进式创新投入的概率要增加 4.48%，其中进口带来的竞争压力是创新投入的主要动力（Lu and Ng，2012）。进口贸易自由化对中国的发明专利和实用新型专利造成显著抑制效应，对外观设计专利造成促进效应（Liu and Qiu，2016）。

国内学者的研究大多集中在进口规模、进口多样性和进口贸易自由化，会促进企业研发投入和新产品产值的增加以及专利申请量两大方面。邢孝兵和徐洁香等（2018）利用跨国面板数据研究发现，高技术水平产品的进口规模对于研发投入经费有着显著的负向影响，而低技术水平产品的进口规模则相反。田巍和余淼杰（2014）研究发现，中间品贸易自由化会使中间品成本下降从而使得研发投入增加。张杰（2015）利用微观数据研究发现，中间品进口规模对企业的研发投入造成显著的抑制效应，而资本品的进口规模对出口企业研发投入造成显著的抑制作用。康志勇（2015）研究发现，资本品进口与中国进口企业研发投入之间存在显著的正相关关系，而中间品进口对企业研发投入具有显著抑制效应，这可能与大量中国企业通过代工模式进入国际市场有关。魏浩和巫俊（2018）研究表明，知识产权保护水平的提高能够显著提升民营企业、专利密集型行业企业的进口规模和进口产品种类，进而促进创新研发投入。杨晓云（2013）研究发现，进口学习效应和互补效应两种渠道的相互交织同时提升企业产品创新能力，进口中间产品的可替代性越低，作用效果越明显，而企业自身研发强度的提高对以上促进机制起强化作用。刘晅之和李晓娟（2018）研究发现，中间品进口正向影响制造业企业创新的扩展边际和集约边际，中间品的国际溢出显著提高了中国制造业的创新能力。李丽丽（2019）研究发现，中间品进口多样化对企业创新的扩展边际和集约边际均有显著的正向影响，进口中间品种类越多样化的企业越倾向于参与创新并生产更多的新产品。

魏浩和林薛栋（2017）研究表明，进口产品质量与企业创新数量有明显的正相关关系。耿晔强和郑超群（2018）研究发现，中间品贸易自由化对企业新产品产值有积极作用，尤其是在中间品进口多样性水平提升后对企业创新的促进作用更强。林薛栋等（2017）将进口贸易自由化进一步分为进口中间品、资本品和最终品，研究发现进口资本品和中间品促进企业新产品产值，最终品的进口对企业新产品产值有抑制作用。赵建春和毛其淋（2015）研究发现，进口自由化总体上促进了企业创新，且主要体现在中间品贸易自由化上，而最终品贸易自由化对企业创新的影响较小。李平和姜丽（2015）利用省级面板数据研究发现，中间品进口规模和中间品进口贸易自由化均会促进中国专利申请数的提升。张杰（2018）研究发现资本品和中间品进口均对从事一般贸易类型进口企业的专利申请数量造成不同程度的促进效应。魏浩等（2019）实证研究发现，来自美国的进口竞争整体上优化了企业的专利申请结构，对企业发明专利申请量具有显著促进作用，对企业实用新型专利和外观设计专利申请量无显著影响。罗勇和曾涛（2017）利用2000～2014年省级面板数据研究发现，农业资源型制成品和低技术工业制成品的中间品进口显著地抑制了中国技术创新水平的提升；而其他类初级产品、其他资源型制成品以及高技术工业制成品的中间品进口显著促进了中国技术创新水平的提升。

综上所述，已有文献关于进口活动和创新能力的研究大多集中在进口活动对企业创新数量的研究，关于质量角度的探讨较少。关于创新质量的研究，国外学者主要聚焦在创新质量的影响因素，研究发现合作创新（Ponchek，2016）、金融市场发展（Hsu et al.，2014）、进口冲击（Bloom et al.，2016）、对外直接投资（Panagiotis et al.，2018）等是影响一国创新质量的重要因素，也有学者研究发现创新质量也是影响收入不平等的重要因素之一（Aghion et al.，2015）。国内学者大多基于宏观层面研究中国的区域创新质量不平等问题（张古鹏等，2011；马永红等，2014；卢胜峰和刘潘，2015）。企业微观层面的研究主要集中在创新质量对企业规模（张震，2018）和企业效益（蔡绍洪和俞立平，

2017）的影响，以及政府政策（张杰，2018；张志勇，2018）、垂直薪酬差距（傅沂和姚倩文，2018）和融资融券（郝项超等，2018）对创新质量的影响这两方面。对于贸易与创新质量的研究国内较少。因此，基于以上研究成果，本章将研究分析进口对企业创新质量的影响，丰富贸易与创新的研究文献，也为企业提高创新能力、中国构建创新型国家提出一定的建议。

4.2 影响机制

创新质量这个概念是由哈纳（Haner，2002）首次提出，他将创新质量定义为创新绩效在潜能—过程—结果这三个维度的总合，包括产品和服务的质量、过程质量以及企业管理质量。创新质量表示通过创造新的产品、工艺或管理模式，是否可以满足各方利益，若可以，则意味着创新确实有“质量”。杨幽红（2013）将创新质量定义为创新所提供的产品、服务、过程，市场或是经营管理的组织、方法的特征满足顾客要求的程度及所含不良的免除程度。马永红（2014）将创新质量定义为创新绩效在过程—产出—经济效益三个维度的总和，即创新质量包含创新过程质量、创新产出质量和创新经济效益质量。周冠华等（2014）在创新、质量及影响因素的基础上，将创新的概念内涵与质量的概念内涵进行了系统整合，在创新与质量的共同影响因素基础上提出了创新质量框架。蔡绍洪等（2017）总结了创新质量的五个特点，认为创新质量不仅关注正输出、顾客和内部创新质量管理，也关注负输出、相关方、外部信息交换与资源利用，并认为创新质量是一种大质量观念，不仅关注质量创新，更关注创新质量。通过对创新质量现有文献的梳理，我们发现其内涵界定没有形成统一的认识，但经济学的研究中大多用创新产出的质量来衡量企业创新质量（Hsu et al.，2014；Aghion et al.，2015；Aghion et al.，2018；蔡绍洪和俞立平，2017；郝项超等，2018），本章也从这一创新产出价值维度来衡量企业创新质量。

已有研究表明，进口对企业创新能力的影响分为促进和抑制两个方向：一方面，企业可以通过技术溢出效应（Damijan and Kostevc，2015）、逃离竞争效应（Aghion et al.，2013）和市场规模效应促进企业创新能力提升；另外，企业的创新能力也可能由于受到进口的熊彼特效应（Aghion et al.，2013）和依赖效应（Gereffi，2005），从而受到抑制。

4.2.1　技术溢出效应

进口品蕴含着国外先进的技术，进口企业通过对这些技术的消化、吸收可以提高企业生产的质量和技术条件，进而为企业创新提供先进的技术支撑，从而提升企业的创新能力。相比于最终品而言，由于技术溢出效应，进口中间品和资本品更能促进企业的创新。进口品的技术溢出能不能较好地被模仿、消化、再创造，从而提高企业的创新质量，还取决于进口企业的吸收能力。一般而言，吸收能力强的企业能够消化吸收外部知识，使外部知识内部化，调整外部知识和技术使之与内部特有的流程相适应，进而使企业提升创新能力。但往往创新数量的提升要比创新质量的提升更容易，高质量的创新不仅依靠的是学习吸收能力，还需要在此基础上进行自主创新和破坏性的创造。因此可以假设，在这个渠道下进口会促进创新数量和质量，但对数量的促进作用会大于质量的促进作用，吸收能力对于创新质量的影响更明显。

4.2.2　竞争效应

进口加剧了国内竞争，由于竞争和创新之间存在倒“U”型关系（Aghion et al.，2013），表现为“逃离竞争效应”和“熊彼特效应”。当竞争程度较低时，进口会引发“逃离竞争效应”，即企业为持续获得高额垄断利润而增加研发投入、重视创新来抢占竞争优势，在这样的情形下企业创新数量会显著提升，但创新质量却不一定，甚至是下降的。但随着竞争程度的不断加深，进口会引发“熊彼特效应”，即由于激烈的竞争导致行业利润下降，使得行业内企业没有更多的资源用于创新，抑制了企业创新数量。同时，由于高质量创新的高要求和高标准，创新质量受到的抑制作用会强于创新数量。相比于进口中间品和资本品而言，进口的最终品直接在国内消费市场竞争，加剧了国内市场竞争，最终品的“熊彼特效应”会更加明显。

4.2.3 依赖效应

由于进口品蕴含着国外的先进技术，短期来看，企业直接进口国外的产品或只做简单改良，比企业从事创新的成本更低，但企业可能会对进口品产生依赖作用。因此，在这样的情况下会促进创新数量的提升，但却会抑制创新质量，产生的都是低质量的创新。长此以往，企业会丧失创新的动力和能力，更不用说高质量的创新。因此，进口活动从依赖效应来看对企业的创新质量存在抑制效应，对创新数量的影响不一定。相比于最终品而言，中间品和资本品更容易让企业产生依赖效应，尤其是先进的机器设备等技术。

4.2.4 市场规模效应

企业进口中间品和资本品提升了自身产成品的质量，有助于提升企业在国内外市场中的份额，规模经济使得高技术的边际回报增加，进而促进企业创新。根据需求引致创新的理论假说，企业的创新投入需要通过足够的市场规模及消费者购买来实现创新活动的经济价值，而高质量的创新具有更强的垄断性和更高的经济价值，因此在市场规模扩大的情况下，企业进行高质量创新的动力越足。

综上，本章认为进口对企业创新能力的作用效应，可能受到促进效应和抑制效应两方面的综合因素作用。进口对创新质量的促进效应包括技术溢出效应和市场规模效应；进口对创新质量的抑制效应包括竞争效应和依赖效应。进口对于创新数量的促进效应主要包括技术溢出效应、依赖效应、逃离竞争效应和市场规模效应；进口对创新数量的抑制效应主要包括依赖效应和熊彼特效应。相比于创新数量而言，创新质量需要更多的资金、技术以及破坏性创造能力，因此进口对企业创新能力的复杂效应具体表现为：进口对创新数量的促进效应占优；对创新质量的效应可能促进效应占优，可能抑制效应占优，但在促进效应占优的情况下应当是小于进口对创新数量的促进效应的。

4.3　估计方程建立、指标选取与数据来源

4.3.1　估计方程的构建

本部分从实证方面说明进口对企业创新质量的影响，为了更具有说服力，进一步与进口对创新数量的影响进行对比研究。相比于研发投入而言，专利产出更能衡量企业的创新能力，因此本章用专利质量来衡量企业的创新质量。中国存在一定数量的加工贸易企业，但由于加工贸易过程中不涉及自主创新，因此本章的样本仅包括从事一般贸易的企业。为验证进口与企业创新能力的影响，构建如下模型：

$$inq_{it} = \beta_0 + \beta_1 imp_{it} + \beta_2 Z_{it} + \lambda_i + \delta_t + \gamma_j + \varepsilon_{it} \tag{4.1}$$

其中，i 表示企业；t 表示各时期；j 表示省份；inq_{it}表示企业 i 第 t 年的创新质量；imp_{it}表示企业 i 第 t 年的进口数量；Z_{it}表示其他控制变量，包括表示企业规模（$size_{it}$）、政府补贴（sub_{it}）、资本密集度（cap_{it}）、人力资本（$humcap_{it}$）和研发投入（rd_{it}）；δ_t 表示时间固定效应；λ_i 表示个体固定效应；γ_j 表示省份固定效应；ε_{it} 表示误差项。

1. 创新质量

中国的专利申请有实用新型专利、发明专利和外观设计专利，由于依照《中华人民共和国专利法》的规定，实用新型、外观设计专利不用经过实质性审查，不能代表企业的创新能力，因此要研究中国的创新能力问题还应研究中国发明专利的质量。企业的创新质量本章借鉴专利知识宽度法（Aghion et al.，

2015；Akcigit et al.，2016），对 2011～2013 年中国企业的创新质量进行测度，使用发明申请专利的质量表示企业 i 第 t 年的创新质量，用 inq_{it} 表示。为了进一步比较分析进口对创新质量的影响，也研究进口对企业创新数量的影响，本章使用 2011～2013 年企业申请的发明专利数量表示企业 i 第 t 年的创新数量，用 inn_{it} 表示。

2. 进口数量

由于技术溢出效应和市场规模效应进口对创新质量期望有促进效应，同时由于依赖效应和竞争效应可能对企业创新质量存在抑制作用。进口对创新数量也有促进效应和抑制效应。为了消除自身规模化的影响，本章使用进口额的对数值表示，$imp_{i,t}$ 表示企业 i 第 t 年进口。进一步分析不同进口商品类别对创新质量的影响，进口中间品用进口中间品总额对数表示，以 $inter_{i,t}$ 表示；进口资本品用进口资本品总额对数表示，以 $cap_{i,t}$ 表示；进口消费品用进口消费品总额的对数表示，以 $consum_{i,t}$ 表示。

3. 其他控制变量

（1）企业规模。企业的规模越大，就有更多的资源和能力进行更多的创新，但不一定是更高质量的创新。本章采用企业员工人数的对数值表示，使用 $size_{i,t}$ 表示企业 i 第 t 年的规模。

（2）企业年龄。关于企业年龄对创新的影响，目前的文献对这一问题并未达成一致。一方面，年轻企业易于接受新的思想和方法，愿意尝试创新，更有可能进行高质量的创新。而年龄大的企业可能相对保守，不愿意承担风险，创新活动变化较小，质量较低。另一方面，年龄大的企业资源积累比较丰富，有足够的能力和资源去进行高质量的创新活动（Yuriy and Monika，2013）。本章使用当年加 1 减去企业成立或注册年份年限的对数值表示，用 $age_{i,t}$ 表示。

（3）资本密集度。资本密集度越高的企业，越有可能进行更多的创新及高质量的创新，因为高质量的创新能力对于资金要求更高，而资本密集度高的企业意味着有更雄厚的资金进行高质量的创新。本章借鉴魏浩（2018）的做法，采用企业资产总额与企业当年员工人数之比来衡量，用 $cap_{i,t}$ 表示。

（4）人力资本。企业的人力资本水平对企业创新能力的影响是模糊的。一方面人力资本水平越高，说明其吸收能力越强，模仿改进的能力越强，企业越可能进行更多创新能力。另一方面，吸收能力越强，越可能产生依赖心理，越不想创新或者产生低质量的创新。同时，人力资本水平越高，企业越需要更多的生产成本来运营，挤占了企业资金，削弱企业的创新能力和动力。本章用企业的人均工资水平来表示，即应付工资总额与应付福利总额之和比全部职工人数的对数，用 $human_{i,t}$ 表示。

（5）政府补贴。一方面，政府补贴为企业提供资金支持，促使企业进行高质量的创新；另一方面，政府补贴扭曲了企业专利申请的动机，导致大量低质量的专利产生（张杰，2018）。因此，本章使用政府补贴额和企业总资产的比重来控制政府干预对企业创新质量的影响，该变量用 $sub_{i,t}$ 表示。

（6）研发经费投入。研发投入是体现企业自主研发和创新能力的重要指标，也是影响企业创新产出的关键因素，因此本章选择企业研发经费投入来衡量企业的自主创新能力（Laursen and Salter，2006；张杰等，2018）。但是考虑到 2012～2013 年的工业企业数据库中缺少企业研发经费投入指标，因此，本章选取了企业 n 所在细分行业 i 的研发经费数据，数据来源于《中国统计年鉴》。在回归过程中，用该研发经费数据的对数表示。

（7）融资能力。企业的创新活动具有高风险性和回报周期长的特性，资金是企业创新活动的重要来源，当企业融资能力越强时，企业收到的资金约束越弱，企业有更多的资金进行高质量的创新活动。本章用流动资产与流动负债之差与总资产比值表示企业的融资能力，用 $fc_{i,t}$ 表示。

4.3.2　创新质量的测量方法

哈纳（2002）首次提出创新质量的概念，但经济学的研究中大多用创新产出的质量来衡量企业创新质量（Hsu et al.，2014；Aghion et al.，2015；Aghion et al.，2018；蔡绍洪和俞立平，2017；郝项超等，2018），因此本章从创新产出这一维度来定义企业的创新质量。创新产出主要采用专利质量来衡量，衡量方法主要有专利被引次数（Hsu et al.，2014；Ponchek，2016）、专利授权率（张古鹏等，2011；郝项超等，2018）、知识宽度法（Lerner，1994；Aghion et al.，2015；Akcigit et al.，2016）、发明专利申请量（郝项超等，2018）以及同族专利（Aghion et al.，2018）。但由于专利授权率和专利被引次数都存在严重的滞后性问题，而同族专利目前使用较多的是“三方专利族”，但其不能较好地反映中国的创新质量且时效性不强。因此本文借鉴专利知识宽度法从专利所含知识的复杂性和广泛性角度来反映企业创新能力的质量。一方面，专利是具有重大经济价值的创新性知识的重要载体，其所含知识越复杂，知识广度越大，代表企业创新能力的质量越高；另一方面，专利内含的知识越复杂，模仿和改进该专利产品的难度越大，相关替代产品越少，这也必然会影响企业依靠专利保护制度获得的创新产品垄断力量，进而深刻影响企业绩效。因此，专利知识宽度是衡量企业专利质量以及创新能力质量的合理重要代理指标之一。为了测度企业创新质量，本章使用中国国家知识产权局企业专利文件中 IPC 分类号的数量信息来测算发明专利的质量。在发明专利中，IPC 专利分类号格式一般采取“部—大类—小类—大组—小组”的格式，如“H04L29/06”。具体而言，分类号的第一个字母取值范围为 A～H，以表示八个大部，第二至第三个数字表示大类，第四个字母表示小类，大组和小组之间用“/”号隔开。为了充分利用每一个专利的分类号信息，本章定义了专利知识宽度以反映专利质量，借鉴产业集中度的测算思路，采取赫芬达尔—赫希曼指数（Herfindahl－Hirschman Index，HHI）的逻辑思路对分类号中包含的大组信息进行加权得到专利的知识宽度，具体测算方法如下：

$$patent\_quality_{ni} = 1 - \sum \beta^2 \tag{4.2}$$

其中，n 表示企业，i 表示专利，β 表示专利分类号中各大组分类所占比重。可以看出 $patent\_quality_{ni}$ 越大，各个大组层面的专利分类号之间的差异越大，即表明企业创造专利所运用的知识宽度越大，其专利质量可能越高。在测算完专利层面的知识宽度之后，由于本章关注的是企业的创新质量，因此需要计算到企业层面的专利知识宽度。由于企业创新能力的长周期和高风险等特质，企业可能很长时间才产出一个高质量的专利或者企业仅拥有少数高质量专利，也说明该企业是一个创新质量较高的企业，若是采用中位数的方法进行加总可能会低估企业的创新质量，因此本章采用最大值代表企业的创新质量。

4.3.3　数据来源

本章数据主要来源于 2011～2013 年中国工业企业数据库、国家知识产权局数据库和海关数据库等微观数据库，并且涉及相互之间的匹配问题。首先对工业企业数据库进行处理，为了降低数据误报产生的干扰性，对工业企业数据库的处理方法参照杰弗逊（Jefferson，2000）和芬斯特拉（Feenstra，2010）的方法对样本进行了异常值剔除：剔除关键指标（总资产、职工人数、应付工资总额、固定资产净值、销售额）缺失的企业样本；剔除职工人数不足 8 人的企业样本；剔除总资产小于流动资产、总资产小于固定资产、总资产小于固定资产净值的观测值。自 2011 年之后工业企业数据的统计口径发生改变，企业规模以上变为 2000 万元及以上。为了消除统计口径变化所产生的影响，参考聂辉华等（2012）和陈林（2018）的做法，将对样本中主营业务收入小于 2000 万元的样本进行剔除。对海关数据库的处理方法是将海关数据库中的月度数据汇总为年度数据，将企业进口额加总到企业层面。按照联合国发布的广义经济分类规则（Broad Economic Classification，BEC）标准中的中间品、消费品和资本品对应的 BEC 编码和 BEC 编码与 HS6 分位产品编码的对应表，将海关数据中的产品对应的 HS 编码转换成 BEC 编码，再根据 BEC 编码分离出企业进口的中间品、资本品和消费品。先将工业企业数据库与海关数据库中企业名称相同的企业进行匹配，得到各个企业的进口信息，再将带有进口信息的工业企业数据库与专利数据库按照企业名称这个关键识别信息进行合并，并计算出每个企业的专利质量。最后匹配得到 10692 个企业样本。以上各主要变量的描述性统计结果如表 4－1 所示。

表 4—1　　　　主要变量的描述性统计结果

变量	样本量	均值	标准差	最小值	最大值
inn	10692	1.185	1.12	0	8.654
inq	10692	0.395	0.201	0	0.661
imp	10692	12.879	2.941	1.609	22.546
sub	10692	0.413	1.195	0	38.436
humcap	10692	0.147	1.385	0	62.069
cap	10692	2.695	29.624	0.003	2452.729
rd	10692	15.156	0.914	9.815	16.343
size	10692	6.241	1.166	2.079	12.316
age	10692	2.471	0.597	0	5.088
fc	10692	−0.011	0.574	−3.944	1.024

4.4　模型估计

本章利用2011～2013年匹配之后的海关数据库数据、工业企业数据和国家知识产权局数据对式（4.1）进行估计。为了克服个体效应所产生的内生性问题，本章采用固定效应模型进行估计，为了对比研究，同时引入进口对创新数量的方程研究，具体估计结果如表4—2所示。第（1）列、第（3）列、第（5）列和第（7）列表示企业进口活动对企业创新数量的影响，第（2）列、第（4）列、第（6）列和第（8）列表示企业进口活动对企业创新质量的影响。第（1）列和第（2）列结果显示进口活动的估计系数显著为正，初步表明进口对企业创新数量和质量均有显著的促进作用，进一步分析两者的估计系数发现进口活动对企业创新数量的影响系数为0.0820，明显大于进口活动对企业创新质量的影响系数0.00985。从第（3）列和第（4）列可以看到，在控制了企业规模、年龄、研发投入、资本密集度、人力资本、融资约束和政府补贴之后，进口对创新质量依旧有显著为正的影响，且依旧是小于对创新数量的影响。第（5）

列和第（6）列、第（7）列和第（8）列是分别控制时间固定效应和省份固定效应之后的实证结果，结果依旧稳健。政府补贴对企业创新能力数量有显著的促进作用，对企业创新质量没有显著的影响，这很大程度说明了中国创新数量的提升其部分原因来自政府补贴催生的低质量创新。企业研发投入越多越能有创新产出，但对创新的质量却是负向影响，说明企业创新研发投入产出的大多是低质量的创新，研发投入增加会提高创新数量，却不一定能提高质量。企业规模对企业创新数量有显著的促进作用，规模越大的企业创新数量越多，但不意味着企业的创新质量越高，创新数量的增加仅仅是因为企业的规模效应。企业资本密集度对企业的创新数量和质量均有显著的促进作用，说明企业有雄厚的资金实力是企业高质量创新的前提。企业人力资本对企业创新数量和质量的影响均为负，对创新数量的影响更为显著。虽然人力资本越高说明企业吸收能力越好，越可能促进创新；但人力资本水平越高，企业生产成本就越高，挤占企业的资金，从而使企业缺乏资金进行创新。

表 4—2 进口对企业创新数量和质量影响的基本估计结果

变量	(1) *inn*	(2) *inq*	(3) *inn*	(4) *inq*	(5) *inn*	(6) *inq*	(7) *inn*	(8) *inq*
imp	0.0820*** (0.0149)	0.00985*** (0.00281)	0.0506*** (0.0171)	0.00875** (0.00339)	0.0481*** (0.0173)	0.00890** (0.00345)	0.0464*** (0.0175)	0.00938*** (0.00356)
sub			0.110* (0.0585)	0.00860 (0.0116)	0.108* (0.0582)	0.00863 (0.0116)	0.143** (0.0605)	0.0113 (0.0123)
humcap			−0.0936* (0.0567)	−0.0128 (0.0112)	−0.0949* (0.0564)	−0.0129 (0.0112)	−0.102* (0.0566)	−0.0132 (0.0115)
cap			0.0130*** (0.00339)	0.00122* (0.000672)	0.0127*** (0.00338)	0.00121* (0.000674)	0.0130*** (0.00343)	0.00121* (0.000697)
rd			0.0950* (0.0485)	−0.0188* (0.00959)	0.0916* (0.0483)	−0.0190** (0.00962)	0.0880* (0.0482)	−0.0188* (0.00981)
size			0.178*** (0.0425)	0.00287 (0.00842)	0.192*** (0.0438)	0.00243 (0.00874)	0.201*** (0.0443)	0.00146 (0.00900)
age			−0.0532 (0.0845)	−0.000714 (0.0167)	−0.0398 (0.0857)	0.000600 (0.0171)	−0.0276 (0.0875)	0.00361 (0.0178)

续表

变量	(1) *inn*	(2) *inq*	(3) *inn*	(4) *inq*	(5) *inn*	(6) *inq*	(7) *inn*	(8) *inq*
fc			−0.0842 (0.0666)	0.000595 (0.0132)	−0.00434 (0.111)	−0.00372 (0.0221)	0.00858 (0.119)	−0.000242 (0.0243)
Constant	0.104 (0.192)	0.266*** (0.0361)	−1.950** (0.811)	0.546*** (0.160)	−1.844** (0.814)	0.541*** (0.162)	−1.348 (0.852)	0.584*** (0.173)
个体固定效应	YES	YES	YES	YES	YES	YES	YES	YES
时间固定效应	NO	NO	NO	NO	YES	YES	YES	YES
省份固定效应	NO	NO	NO	NO	NO	NO	YES	YES
Observations	10692	10692	10692	10692	10692	10692	10692	10692
R^2	0.042	0.018	0.107	0.033	0.121	0.033	0.196	0.081

注：括号内数值表示 *t* 值，*、**、*** 分别表示在10%、5%、1%的水平上显著。

进一步将进口品分为中间品、资本品和消费品研究进口影响企业创新质量路径，调整进口商品结构是否可以作为提高创新质量的有效途径，具体结果如表4—3所示。第（1）列和第（2）列表示进口中间品对企业创新能力的影响，对创新数量和创新质量的影响均显著为正，但对创新质量的影响远低于创新数量的影响。说明进口中间品对于创新数量和创新质量的促进效应占优，对于中间品来说，中间品蕴含着先进的技术，有较强的技术溢出效应，进口企业通过模仿学习，吸收改良进行创新。第（3）列和第（4）列表示进口资本品对企业创新能力的影响，可以看到进口资本品对创新数量的影响显著为正，对创新数量没有显著的影响，说明进口资本品可以提升创新数量，却对创新质量没有显著影响，主要是由于企业对进口资本品产生依赖效应，只进行简单的创新，很难有进行高质量创新的动力。第（5）列和第（6）列表示进口消费品对企业创新能力的影响，可以看到进口消费品对创新数量和质量的影响均为负，但不显著。主要是由于进口的消费品与国内市场竞争激烈，产生熊彼特效应，企业没有足够精力和资金来进行创新，更不用说提升创新能力的质量。

表 4—3　　不同进口活动对企业创新能力数量和质量影响的估计结果

变量	(1) *inn*	(2) *inq*	(3) *inn*	(4) *inq*	(5) *inn*	(6) *inq*
imp	0.0410** (0.0179)	0.00993*** (0.00372)	0.0481* (0.0274)	0.00410 (0.00565)	−0.0233 (0.103)	−0.0238 (0.0207)
sub	0.205** (0.0888)	0.0162 (0.0184)	0.392*** (0.131)	0.0560** (0.0270)	0.933 (0.640)	0.252* (0.129)
humcap	−0.112** (0.0569)	−0.0141 (0.0118)	−0.131** (0.0591)	−0.00958 (0.0122)	−4.093 (5.700)	1.065 (1.146)
cap	0.0144*** (0.00344)	0.00140* (0.000715)	0.0139*** (0.00364)	0.000842 (0.000748)	0.212 (0.330)	−0.0478 (0.0664)
rd	0.113** (0.0531)	−0.0206* (0.0110)	0.129 (0.0890)	−0.00686 (0.0183)	0.282 (0.279)	−0.0618 (0.0560)
size	0.209*** (0.0490)	0.00773 (0.0102)	0.312*** (0.0744)	0.0183 (0.0153)	0.351 (0.281)	0.149** (0.0565)
age	−0.0694 (0.0974)	−0.00586 (0.0202)	−0.108 (0.146)	0.0250 (0.0300)	0.117 (0.409)	−0.0713 (0.0822)
fc	0.117 (0.133)	0.0128 (0.0276)	0.127 (0.189)	0.00375 (0.0388)	0.951 (0.823)	0.148 (0.165)
Constant	−1.344 (0.938)	0.599*** (0.195)	−2.747* (1.576)	0.326 (0.325)	−3.081 (4.251)	0.872 (0.855)
企业固定效应	YES	YES	YES	YES	YES	YES
时间固定效应	YES	YES	YES	YES	YES	YES
省份固定效应	YES	YES	YES	YES	YES	YES
Observations	9539	9539	6541	6541	3061	3061
R^2	0.228	0.104	0.381	0.161	0.671	0.544

注：括号内数值表示 t 值，*、**、*** 分别表示在 10%、5%、1%的水平上显著。

4.5 稳健性检验

4.5.1 内生性检验

本章的实证研究可能会由于逆向因果关系和遗漏变量问题导致出现内生性问题，严重的内生性问题可以导致回归结果的有偏性和非一致性。为解决此类问题，本章选取企业层面进口关税作为工具变量（耿晔强、盛斌和毛其淋，2014）处理内生性问题。进口关税的变化一般是外生的，且企业的进口决策与数量必然会受到进口关税的影响，但进口关税的变化不会直接影响企业创新质量，因此企业层面的进口关税是一个良好的工具变量。具体的测算方法如下：

$$tariff_{i,t} = \sum \alpha_{0,m} \times tariff \tag{4.3}$$

其中，$tariff_{i,t}$表示企业 i 在 t 年的关税水平，$\alpha_{0,m}$表示企业 i 在海关编码（Harmonized System Code，HS）6 位码产品层面各产品占进口总额的比重，$tariff_{i,t}$表示海关 HS 6 位码产品层面的关税。参照张杰（2016）的做法，这里$\alpha_{0,m}$的取值是本章研究样本的期初值 2011 年的比重权重数值，这种做法的好处在于避免或消除由于企业在不同年份进口额的变化，造成企业的进口关税变化和企业资本品或中间品进口额之间的联动效应，提高工具变量的外生性效应。关税水平数据来源于世界贸易组织关税数据库（Tariff Download Facility）。处理内生性之后的回归结果如表 4—4 第（1）列和第（2）列所示，可以看到结果依旧稳健，进口对创新数量和创新质量有显著的促进作用，且对创新数量的影响大于创新质量。

表 4—4　　　　　内生性检验和稳健性检验结果（一）

变量	(1) *inn*	(2) *inq*	(3) *inn*	(4) *inq*
imp	0.173*** (0.0332)	0.0137** (0.00546)	0.0594*** (0.00502)	0.00843*** (0.000850)
sub	0.108*** (0.0127)	0.00520** (0.00213)	0.0469*** (0.00842)	0.00195 (0.00146)
humcap	0.0931*** (0.0157)	0.00444* (0.00266)	0.110*** (0.0150)	0.00560** (0.00261)
cap	−0.000124 (0.000744)	4.06e−05 (0.000126)	0.000363 (0.000695)	4.73e−05 (0.000121)
rd	0.120*** (0.0174)	−0.00845*** (0.00286)	0.119*** (0.0155)	−0.00860*** (0.00261)
age	−0.00542 (0.0288)	0.00467 (0.00478)	−0.0326 (0.0246)	−1.64e−05 (0.00418)
fc	0.0204 (0.0446)	−0.00243 (0.00735)	0.0924** (0.0386)	0.00147 (0.00654)
size	0.251*** (0.0275)	0.0139*** (0.00453)	0.307*** (0.0134)	0.0152*** (0.00228)
Constant	−4.478*** (0.424)	0.229*** (0.0697)	−3.117*** (0.264)	0.308*** (0.0447)
企业固定效应	YES	YES	NO	NO
时间固定效应	YES	YES	YES	YES
省份固定效应	YES	YES	YES	YES
Observations	8926	8926	10692	10692

注：括号内数值表示 t 值，*、**、*** 分别表示在 10%、5%、1%的水平上显著。

4.5.2 稳健性检验

为了进一步验证进口对企业创新能力的影响，本章通过替代表示关键被解释变量创新质量和改变回归模型的方法来进行稳健性检验。由于样本数据中创新数量的取值为大于等于0，创新质量的取值范围为0～1，存在大量0值的样本，因此利用*Tobit*模型进行回归分析，结果如表4－4第（3）列和第（4）列所示，结果与基础回归相差不大，结果稳健。在基础回归中企业的创新质量是根据知识宽度法计算专利质量后以最大值加总到企业层面，在稳健性检验中首先将创新质量替代为以中位数加总到企业层面的专利质量，看在不同的加总方法下进口对创新质量的影响是否稳健。具体估计结果如表4－5第（1）列所示，进口对创新能力质量的影响依旧显著为正，且系数与表4－2中第（8）列进口对创新质量的影响系数0.00938相差不大。企业创新质量的衡量指标还可以用专利被引量、权利要求数量、简单同族专利数量等表示，专利被引用量越高、简单同族专利数量越多表示专利被广泛学习，说明专利的质量越高，企业的创新能力越高；权利要求数量越大，说明专利包含的被保护信息越多，专利质量越高，企业的创新能力越高。分别用这些指标替代创新质量来检验进口是否确实对创新能力有影响，具体分析结果如表4－5第（2）列至第（4）列所示。结果表明，在不同衡量指标下，进口活动对企业创新质量均有显著的正向影响，且其他控制变量系数与基础回归相似，结果较稳健。

表4—5　　稳健性检验结果（二）

变量	(1) q	(2) citation	(3) right	(4) spfamily
imp	0.0115*** (0.00377)	0.0340* (0.0178)	0.0279*** (0.00932)	0.0142** (0.00626)
sub	−0.0155 (0.0130)	−0.0381 (0.0557)	0.0543* (0.0322)	0.00962 (0.0217)

续表

变量	(1) q	(2) citation	(3) right	(4) spfamily
humcap	0.00512 (0.0122)	0.00987 (0.146)	0.00443 (0.0301)	0.0176 (0.0202)
cap	−0.000487 (0.000739)	0.00471 (0.0108)	0.000925 (0.00182)	−0.000821 (0.00122)
rd	−0.0262** (0.0104)	0.0180 (0.0475)	0.0792*** (0.0256)	0.00561 (0.0172)
size	−0.00844 (0.00953)	0.0812* (0.0440)	0.0284 (0.0235)	0.000392 (0.0159)
age	−0.000199 (0.0188)	0.0591 (0.0865)	0.0246 (0.0465)	0.0371 (0.0313)
fc	0.0229 (0.0257)	0.209* (0.116)	0.0552 (0.0635)	−0.00564 (0.0426)
Constant	0.638*** (0.183)	1.009 (0.847)	0.680 (0.454)	0.110 (0.304)
企业固定效应	YES	YES	YES	YES
时间固定效应	YES	YES	YES	YES
省份固定效应	YES	YES	YES	YES
Observations	10692	8741	10689	10650
R^2	0.096	0.193	0.139	0.110

注：括号内数值表示 t 值，*、**、*** 分别表示在 10%、5%、1%的水平上显著。

4.6　异质性分析

4.6.1　进口来源国

格里克瓦等（Golikova et al.，2013）指出，一方面，发展中国家从高收入国家进口的产品蕴含着更高的技术含量，导致对发展中国家企业的“进口中学习”或正向技术溢出效应更显著；另一方面，高收入国家与发展中国家之间的技术差距较大，这种溢出效应可能会受到抑制。因此本章按照2017年世界银行的标准将进口来源国分为高收入国家（人均国民收入高于12235美元）、中等收入国家（人均国民收入介于3956～12235美元之间）和低收入国家（人均国民收入低于3955美元）三种类型，用以检验不同来源国产品进口对中国企业创新质量的影响，估计结果如表4—6所示。在表4—6中，第（1）列和第（2）列表示从高收入国家进口产品对企业创新能力数量和质量的影响，第（3）列和第（4）列表示从中等收入国家进口产品对企业创新的影响，第（5）列和第（6）列表示从中等收入国家进口产品对企业创新的影响，第（7）列和第（8）列表示从低收入国家进口产品对企业创新的影响。结果表明，从高收入国家进口产品对企业创新质量有显著的正向影响。这主要是因为从高收入国家进口对企业创新能力的影响是促进效应占优，从高收入国家进口的产品含有先进的技术，存在明显的技术外溢效应；同时，中国作为发展中国家，同高收入国家之间的差距逐渐缩小，因此由于技术差距过大而导致创新被抑制的这一机制在中国的国情下不显著。企业直接进口国外的产品或只做简单改良，成本可能比企业从事创新的成本更低，企业会对进口产品产生依赖。在这样的情况下会促进创新数量的提升，但会抑制创新质量，而且依赖效应不如技术外溢效应明显，整体表现为技术外溢效应占优。而从中等收入或低收入国家进口对企业创新能力质量有负向影响，但不显著，且低收入国家的进口影响大于中等收入国家。在这样的情景下进口对创新质量是抑制效应占优，主要是因为从中低收入国家进口产品的价格较低，既给国内同类产品带来竞争，又使得国内厂商依赖低价进口而忽视通过自主创新来降低生产成本。

表4—6　　不同进口来源国产品对企业创新的影响

变量	（1） *inn*	（2） *inq*	（3） *inn*	（4） *inq*	（5） *inn*	（6） *inq*
imp	0.0542*** （0.0187）	0.00746* （0.00392）	0.0103 （0.0464）	−0.000953 （0.00924）	0.127 （0.0822）	−0.00449 （0.0111）

续表

变量	(1) *inn*	(2) *inq*	(3) *inn*	(4) *inq*	(5) *inn*	(6) *inq*
sub	0.114* (0.0621)	0.0147 (0.0130)	0.433 (0.307)	−0.00345 (0.0612)	−0.944 (0.611)	−0.105 (0.0828)
humcap	−0.0873 (0.0552)	−0.0122 (0.0116)	−0.0685 (0.613)	0.155 (0.122)	7.688 (5.946)	0.163 (0.806)
cap	0.0123*** (0.00331)	0.00124* (0.000695)	0.00872 (0.0458)	−0.0114 (0.00914)	−0.135 (0.0916)	−0.0116 (0.0124)
rd	0.0780 (0.0503)	−0.0197* (0.0106)	0.147 (0.120)	−0.0225 (0.0239)	−0.157 (0.242)	0.00995 (0.0328)
size	0.190*** (0.0457)	0.00606 (0.00959)	0.228* (0.117)	0.00885 (0.0234)	0.704** (0.299)	0.142*** (0.0405)
Age	−0.157* (0.0920)	−0.0131 (0.0193)	−0.0330 (0.250)	0.0171 (0.0498)	−0.920 (0.626)	−0.0286 (0.0848)
fc	−0.0118 (0.117)	−0.0102 (0.0245)	0.395 (0.266)	0.0458 (0.0529)	0.902 (0.629)	−0.0454 (0.0852)
Constant	−1.353 (0.855)	0.583*** (0.180)	−2.394 (2.085)	0.676 (0.416)	0.362 (4.192)	−0.548 (0.568)
企业固定效应	YES	YES	YES	YES	YES	YES
时间固定效应	YES	YES	YES	YES	YES	YES
省份固定效应	YES	YES	YES	YES	YES	YES
Observations	9684	9684	4326	4326	2038	2038
R^2	0.133	0.033	0.134	0.070	0.656	0.665

注：括号内数值表示 *t* 值，*、**、*** 分别表示在 10%、5%、1%的水平上显著。

4.6.2　竞争效应

当企业本身面临的竞争环境不激烈时，随着竞争程度的增加有利于刺激企业进行高质量的创新；但当企业本身面临的竞争环境很激烈时，企业生存就很艰难，而进口加剧了竞争，企业没有足够的资金和实力进行高质量的创新，对企业的创新产生抑制效应。本章研究不同竞争程度下进口对企业创新数量和质量的影响，具体估计结果如表4—7所示。表4—7第（1）列和第（2）列分别表示竞争性行业下进口对企业创新数量和质量的影响，表4—7第（3）列和第（4）列分别表示垄断性行业下进口对企业创新数量和质量的影响。可以看到，竞争性行业下企业进口对企业创新能力数量的影响系数为0.0440，高于垄断性行业的0.0363；而创新质量的影响系数为0.00696，低于垄断性行业的0.0106。说明中国工业企业的进口对企业创新的影响表现为“逃离竞争效应”占优，企业为持续获得高额垄断利润而增加研发投入、重视创新来抢占竞争优势，在这样的情形下企业创新数量会显著提升，但对创新质量有显著的抑制作用。虽然竞争对企业创新质量有削弱效应，但依旧整体影响为正，说明进口对创新能力的影响依旧是促进效应占优，但竞争效应会有削弱作用，该结论的发现有利于改善我国的进口结构以进一步提升企业创新能力和国家整体创新水平。

表4—7　　不同竞争程度下进口对企业创新的影响

变量	(1) *inn*	(2) *inq*	(3) *inn*	(4) *inq*
imp	0.0440*** (0.00377)	0.00696*** (0.000717)	0.0363*** (0.0134)	0.0106*** (0.00287)
sub	0.0392*** (0.00635)	0.00159 (0.00121)	0.0417 (0.0495)	1.60*e*—05 (0.0106)
humcap	0.125*** (0.0123)	0.00566** (0.00234)	—0.0493* (0.0260)	0.000868 (0.00558)
cap	—0.000846 (0.000552)	1.80*e*—05 (0.000105)	0.00744*** (0.00162)	—0.000186 (0.000347)
rd	0.0976*** (0.0115)	—0.00769*** (0.00219)	0.0283 (0.0509)	—0.00753 (0.0109)
size	0.261*** (0.0101)	0.0140*** (0.00193)	0.134*** (0.0331)	—0.00309 (0.00709)
ag	—0.0388** (0.0183)	—0.00201 (0.00349)	0.210*** (0.0747)	0.0393** (0.0160)

续表

变量	(1) *inn*	(2) *inq*	(3) *inn*	(4) *inq*
fc	0.0738*** (0.0286)	0.00271 (0.00546)	−0.0493 (0.123)	−0.00996 (0.0263)
Constant	−2.095*** (0.198)	0.343*** (0.0376)	−0.744 (0.757)	0.330** (0.162)
时间固定效应	YES	YES	YES	YES
省份固定效应	YES	YES	YES	YES
Observations	10228	10228	572	572
R^2	0.141	0.028	0.257	0.096

注：括号内数值表示 t 值，*、**、*** 分别表示在 10%、5%、1%的水平上显著。

4.6.3　吸收能力

根据进口学习效应可知，进口品蕴含着国外的先进技术，进口企业通过对这些技术的消化、吸收从而进行创新，但企业创新的质量是大不相同的。对于吸收能力较强的企业，能够将外部知识内部化，并在此基础上进行二次创新；而对于吸收能力较弱的企业，则只能进行简单的模仿创造，进行低质量的创新。因此本章将考察进口对不同吸收能力企业创新质量的影响，探究吸收能力是否是进口影响创新质量的渠道之一。在政府的宏观调控下，中国的区域经济格局出现新的特点，东、中、西部经济差距趋于收敛的同时，近年来北方部分地区 GDP 增速、工业增加值增速等指标出现一定回落，经济发展出现较大困难，而南方地区不少省份积极利用新一轮科技革命，大力推动人工智能、互联网、智能制造发展，成功实现了产业转型升级和提质增效，特别是在高端制造业和生产性服务业，进而形成产业的良性循环。同时，南方地区依托靠海的地理优势，贸易产业蓬勃发展，可以看到南北地区在经济、人才和创新方面存在较大差异。因此，本章借鉴盛来运等（2018）的方法从经济地理视角进行南北划分，北部地区有 13 个省份，分别是黑龙江、吉林、辽宁、内蒙古、河北、北京、天津、山西、陕西、宁夏、甘肃、新疆、青海，其余18个省份（不包含香港、澳门和台湾）为南部地区，将企业分为南部和北部两个子样本来检验吸收能力下进口对企业创新能力的影响机制。由于企业数据的不可获得，本章以各企业所在地区的人均受教育年限衡量企业吸收能力，具体估计结果如表4—8所示。表4—8中，第（1）列和第（2）列表示南部地区进口对企业创新能力的影响，第（3）列和第（4）列表示北部地区进口对企业创新能力的影响。可以看到，南部地区进口对创新质量的影响均高于北部地区，而南部地区的创新产业发展生机勃勃，相比于北部地区有更强的吸收能力，说明吸收能力越强的企业越能够通过进口这一渠道提高企业的创新能力。同时，可以看到南北部地区进口对企业创新质量的影响系数差异大于创新数量的差异，说明吸收能力对于创新质量的提升效果高于创新数量。因此吸收能力是企业提升创新质量的关键要素之一。

表4—8　　不同吸收能力下进口对企业创新的影响

变量	(1) *inn*	(2) *inq*	(3) *inn*	(4) *inq*
imp	0.0457*** (0.00382)	0.00745*** (0.000747)	0.0378*** (0.0117)	0.00485** (0.00197)
sub	0.0329*** (0.00652)	0.00127 (0.00127)	0.107*** (0.0216)	0.00604* (0.00366)
humcap	0.101*** (0.0114)	0.00449** (0.00224)	0.0717 (0.0506)	0.0120 (0.00857)
cap	−0.000476 (0.000532)	1.84*e*−05 (0.000104)	0.00949*** (0.00226)	0.000385 (0.000382)
rd	0.0968*** (0.0116)	−0.00779*** (0.00228)	0.0774** (0.0372)	−0.00553 (0.00630)
size	0.237*** (0.0104)	0.0116*** (0.00203)	0.345*** (0.0291)	0.0245*** (0.00492)
ag	−0.0179 (0.0191)	0.00222 (0.00373)	−0.0898* (0.0511)	−0.0138 (0.00864)

续表

变量	(1) *inn*	(2) *inq*	(3) *inn*	(4) *inq*
fc	0.0724** (0.0296)	0.000616 (0.00578)	0.0777 (0.0868)	0.00901 (0.0147)
Constant	−2.276*** (0.197)	0.324*** (0.0385)	−2.045*** (0.594)	0.312*** (0.100)
时间固定效应	YES	YES	YES	YES
省份固定效应	YES	YES	YES	YES
Observations	9204	9204	1452	1452
R^2	0.131	0.026	0.176	0.045

注：括号内数值表示 *t* 值，*、**、*** 分别表示在 10%、5%、1%的水平上显著。

4.7　结论与启示

本章利用 2011～2013 年中国微观数据，探讨如何通过进口这一渠道提升企业创新质量，分析进口对企业创新能力的影响。结果发现：(1) 进口活动对创新质量有显著的促进作用，但小于对创新数量的影响。(2) 通过进口中间品可以显著提升企业创新质量，而进口资本品只能提升企业创新数量，对创新质量没有显著影响，进口消费品对创新的数量和质量均有显著为负的影响。(3) 从高收入国家进口产品会主要通过技术外溢途径促进企业创新质量。(4) 当竞争不激烈时，进口对企业创新质量的影响高于激烈竞争下的影响，说明竞争效应的存在削弱了进口对企业创新质量的影响。(5) 吸收能力越强的企业越能通过进口提高企业创新质量，吸收能力是通过进口提升企业创新质量的关键要素之一。

综上所述，从整体上看进口是提升企业质量的重要渠道之一。进口活动对企业创新质量的影响整体促进效应占优，进口活动不仅可以提升企业创新数量，也可以提升企业的创新质量，因此坚持对外开放、扩大进口是中国构建创新型国家的有效渠道之一。如何进一步利用进口这一渠道提升创新质量本章也给出了答案。企业可以通过改善进口商品结构，如多进口中间品和从高收入国家进口等途径，有效提升企业的创新能力。进口活动能够作用到企业的创新能力，主要是技术溢出效应占优导致的，因此企业的吸收能力是关键，在进口活动的同时提升自身吸收能力，进一步提升创新能力，提高企业创新质量，获得核心竞争力，才能在复杂多变的市场环境下可持续发展。中国才能实现真正意义上的产业升级转型，成为创新强国。

创新国际合作与贸易篇

第5章

创新国际化对出口多样性的影响

提高创新能力是增强企业国际竞争力，培育外贸竞争新优势的关键。当前，创新要素在全球加速流动，创新创造正向全球快速扩张，实现了创新活动的全球化。根据普华永道的统计，2015 年全球创新 1000 强企业研发支出总额高达 6800 亿美元，其中 94%的企业在母国之外开展研发活动。创新国际化已成为企业集聚全球创新资源，提升自主创新能力的重要方式，同时也在推动外贸出口增长上发挥着重要作用。现有研究更多关注的是创新国际化对出口规模的影响。与出口规模相比，出口多样化水平不仅反映了国家或地区的出口产品结构，更深层次地体现了国家或地区的贸易变动能力，是衡量外贸出口的重要指标。那么，创新国际化能否提升出口多样化水平呢？本章借鉴经济合作与发展组织（Organization for Economic Co-operation and Evelopment，OECD）2013 年的研究，以 OECD 成员和南非、印度等新兴经济体为研究对象，选取本国发明的外国所有权、外国完成发明的本国所有权和共同发明指标来衡量创新国际化水平，实证分析了不同创新国际化形式和水平对出口多样化的影响，并提出有关建议。

5.1 文献综述

5.1.1 创新国际化测量

在创新国际化测度上，由于专利数据可准确地反映专利发明人、申请人、技术领域、申请和授权时间等创新活动信息，专利数据成为创新国际化测度的重要依据。一是从专利发明角度衡量创新国际化。古艾耶克等（Guellec et al.，2001）选取本国和外国共同发明专利数量占本国发明专利总数比来衡量国家创新国际化水平。比斯（Picci，2010）选取国家间发明人合作申请专利数量来衡量国家创新国际化水平。邓兴华（2016）选取一国在另一国专利发明申请的数量衡量创新国际化水平。二是从专利授权角度衡量创新国际化。马和李（Ma and Lee，2008）选取专利受让人信息来衡量 8 个 OECD 国家创新合作水平。雷等（Lei et al.，2013）选取专利受让人来自不同国家的专利数量来衡量美国、英国等国家太阳能产业创新合作水平。三是从专利发明和授权的综合角度衡量创新国际化。OECD（2013）从共同发明专利、本国拥有外国发明专利和外国拥有本国发明专利角度衡量创新国际化水平。

5.1.2 创新国际化与出口

大量研究表明，创新可以提升企业在国际市场的竞争力，促进出口快速增长，其中贝克和艾格尔（Becker and Egger，2013）认为产品创新有利于企业更好地捕捉新的市场，研发创新可以降低企业出口成本，促进出口。此外，拉维（Lavie，2006）认为由于内部知识的不足，出口企业往往会通过加强国际创新合作来获取更多信息、知识等外部资源，从而实现出口的快速增长。

主要研究观点包括：（1）认为大企业通过国际联合工程项目或国外分支机构开展创新国际化更有利于企业出口，小企业通过商务机构开展创新国际化可以实现企业出口。切蒂和斯坦利（Chetty and Stangl，2010）认为创新能力强和创新国际化水平高的企业更容易实现战略国际化，那些不具备创新国际化的小企业更愿意通过国际创新合作来推动出口。（2）从创新国际化的环节来研究其对出口的影响。邓兴华等（2016）研究了研发全球化对出口的影响，认为通过研发全球化可以让本土企业获得新的技术或生产工艺，得到当地知识产权法律的保护，实现出口增长；同时，研究发现创新国际化促进了出口沿着扩展边际增长，而对集约边际影响不确定。刘洋等（2017）研究发现创新国际化促进了 APEC 双边制造业产品出口，并对区域内家电、信息技术办公设备出口有显著影响。此外，赖瓦多斯卡等（Lewandowska et al.，2016）选取波兰社区创新调查 2011 数据库，综合了产品创新、研发创新等多个环节，讨论了创新国际化对出口强度的影响，研究发现产品和研发创新国际化对出口强度产生影响。

根据上面的分析，我们发现两个现象。一是创新对出口影响的研究主要集中在产品或研发创新对出口规模的影响。除了赖瓦多斯卡等（2016）、邓兴华等（2016）和刘洋等（2017）的研究外，关于创新国际化对出口活动的影响并未得到学术界的广泛关注。二是出口多样化水平的研究主要集中在其影响因素和经济效应的研究上，鲜有文献就创新国际化与出口多样化进行研究。

专利体现了企业的创新行为，通过专利国际合作来衡量创新国际化成为学术界的共识。OECD（2013）从共同发明、国内所有权和国外所有权三个层面较全面地衡量了国家创新国际化水平，该方法后来也得到了国内学者的广泛使用。为此，本章首先建立了创新国际化对出口多样化影响的计量模型；其次，借鉴 OECD（2013）方法构造创新国际化指标，就创新国际化对出口多样化的影响进行了实证分析；最后，采用分位数回归来研究在不同分位数水平下创新国际化对出口多样化的影响。

5.2　模型设定和变量选取

5.2.1　模型设定

本章基于比斯（2010）等的研究，在贸易引力模型的基础上，构建创新国际化对出口多样化影响的模型，具体设定如下：

$$\ln div_{it}=\beta_0+\beta_1\ln inn_{it}+\beta_2\ln open_{it}+\beta_3\ln fdi_{it}+\beta_4\ln tel_{it}+\beta_5\ln pop_{it}+dummy_{it}+\varepsilon_{it}$$

其中，i 和 t 分别表示出口国和时间；div 为出口多样化水平；inn 为创新全球化水平；$open$ 为出口国经济开放水平；fdi 为出口国对外直接投资规模；tel 为出口国信息化水平；pop 为出口国人口规模；$dummy$ 为可能影响出口国出口多样化的其他因素；β_0 为不可观测的国家固定效应；ε_{it} 为随机误差项。

5.2.2　变量的选取和来源

根据数据的可获性，本章选取了 35 个 OECD 国家和南非、阿根廷等 11 个发展中经济体 1999～2013 年的面板数据进行实证分析，具体变量的设定和数据来源如下。

1. 出口多样化水平

赫芬达尔—赫希曼指数是衡量国家出口产品集中度的指标。基于赫芬达尔—赫希曼指数，出口多样化水平的具体计算公式如下：$div_i=1-hhi_i=\sum_j^n\left[\frac{x_{ij}}{\sum_j^n x_{ij}}\right]^2$。其中，$div_i$ 表示 i 国出口多样化水平，j 表示 i 国第 j 种出口产品，n 表示 i 国所有出口产品的种类数量，x_{ij} 表示 i 国第 j 种产品的出口规模。出口多样化水平数据来自联合国贸发会数据库。

2. 创新国际化水平

根据 OECD（2013）关于创新国际化水平的界定，本章选取专利数据作为衡量创新的重要指标，采用专利发明的跨国界所有权和研究的国际合作来衡量创新国际化水平，具体的界定与测算如下。

（1）在本国发明的外国所有权专利，即在国内专利发明中授予居住在国外的申请人且至少有一个国内发明人的专利数量：$inn_i = \frac{\sum_{j=1} P_{ij}}{P_i}$，其中 P_i 为 i 国内已获专利发明的总数量，P_{ij} 为授予居住 j 国申请人且至少有一名 i 国发明人的专利数量。

（2）外国完成发明的国内所有权专利，即授予本国在国外完成的且至少有一个国外发明人的专利数量：$inn_i = \frac{\sum_{j=1} P_{ij}}{P_i}$，其中 P_i 为 i 国拥有的专利总数量，P_{ij} 为授予 i 国在 j 国完成的且至少有一个 j 国发明人的专利数量。

（3）研究的国际合作专利，即一国在国内的专利总数中至少有一个国外发明人的专利数量：$inn_i = \frac{\sum_{j=1} P_{ij}}{P_i}$，其中 P_i 为 i 国发明的专利总数量，P_{ij} 为 i 国国内发明中至少有一名国外发明人的专利数量。

专利国际合作数据来源于 OECD 网站数据库。

3. 控制变量

贸易开放度。本章用一国进出口总规模与国内 GDP 比重来衡量国家经济开放水平。其中，进出口总规模数据来源于联合国商品贸易数据库，GDP 数据来源于联合国经济发展署数据库。

对外直接投资规模。对外直接投资规模会影响到企业出口。本章加入对外直接投资规模作为影响出口多样化的一项重要指标，该数据来源于 OECD 网站数据库。

互联网使用率。信息化水平是影响一个国家出口规模的重要因素之一，其中互联网发展是一个国家信息化水平的重要体现。本章采用出口国互联网使用率来衡量信息化水平，数据来源于世界银行发展指数数据库。

人口规模。人口规模作为衡量国家规模的重要指标，影响着国家出口能力。为此，本章选取出口国人口规模来衡量国家规模，数据来源于 OECD 网站数据库。

此外，考虑到国际金融危机对出口多样性影响，本章以 2008 年为关键点，引入时间虚拟变量来考察国际金融危机对出口多样化的影响。

5.3 实证研究

5.3.1 基本回归

本章采用面板固定效应对模型进行估计（见表 5－1）。从估计结果来看，上述三种创新国际化变量前系数均在 1％水平上显著为正，其中，以外国完成发明的国内所有权衡量的创新国际化水平对出口多样化的影响较强，估计系数为 0.287，而以本国发明的外国所有权和研究的国际合作衡量的创新国际化水平对出口多样化影响程度相似，估计系数分别为 0.022 和 0.025。这可能是因为与其他两种创新国际化形式相比，外国完成发明的国内所有权反映了本国企业控制外国发明的程度，有利于本国企业利用专利保护其在国外市场的核心竞争力，占领国外市场，促使合作国进口更多种类的本国产品。综上所述，创新的国际化会提升国家出口多样化水平，丰富国家出口产品结构，且不同的创新合作形式对出口多样化影响呈现差异性。

在其他变量上，贸易开放度前系数均为正，且分别在 1％、5％和 10％水平上显著，说明经济开放水平越高，国家出口产品结构越多样化。国际直接投资前系数为负，且均在 1％水平上显著，说明国际直接投资与出口存在一定的替代效应，削弱了出口多样化水平。互联网使用率前系数为正，且均在 1％水平上显著，说明信息化水平高的国家往往互联网较为发达，扩大了国外消费者了解本国市场的渠道，降低了信息交流成本，提高了国外消费者对国内产品的需求，促进国内更多种类产品的出口。人口规模前系数为正，且均在 1%水平上显著，说明人口规模的提高一定程度上影响了国内生产供给，有助于出口企业供给能力的提高，影响国家出口多样化水平。此外，虚拟变量前系数均显著为负，进一步说明国际金融危机会对国内出口企业造成冲击，拉低国外消费者对国内产品的进口需求，降低出口多样化水平。

表 5—1　基本回归和稳健性检验结果

变量	面板固定效应估计			剔除异常值检验		
	估计 1	估计 2	估计 3	检验 1	检验 2	检验 3
$\ln inn_{it}$	0.287*** (4.59)	0.025*** (2.57)	0.022*** (2.14)	0.031*** (4.85)	0.023** (2.31)	0.021* (1.85)
$\ln open_{it}$	0.044*** (2.33)	0.039* (2.07)	0.036* (1.91)	0.033* (1.80)	0.021 (1.15)	0.021 (1.16)
$\ln fdi_{it}$	−0.010*** (−4.23)	−0.121*** (−4.82)	−0.012*** (−4.78)	−0.007*** (−3.07)	−0.010*** (−3.99)	−0.010*** (−4.22)
$\ln tel_{it}$	0.065*** (4.32)	0.058*** (3.84)	0.058*** (3.79)	0.063*** (4.39)	0.055*** (3.75)	0.054*** (3.69)
$\ln pop_{it}$	0.308*** (5.57)	0.283*** (5.03)	0.294*** (5.20)	0.285*** (0.054)	0.260*** (4.58)	0.266*** (4.69)
dummy		−0.019*** (−1.93)	−0.019* (−1.91)	−0.024** (−2.51)	−0.023** (−2.39)	−0.023*** (−2.39)
Hausman 检验	64.42 [0.000]	58.29 [0.000]	60.11 [0.000]			
R^2	0.117	0.105	0.101	0.134	0.107	0.104
Obs	623	623	623	562	562	562

注：括号内数值表示 t 值，*、**、*** 分别表示在 10%、5%、1%的水平上显著。估计 1 创新国际化是以国外完成发明的国内所有权衡量；估计 2 以研究的国际合作衡量；估计 3 以本国发明的国外所有权衡量。

5.3.2 稳健性检验

第一，剔除异常样本点检验。本章将反映出口多样化水平中低于5%和高于95%分位数点的数值予以剔除，对模型进行重新估计（见表5—2）。如检验1至检验3所示，创新国际化水平变量前系数为正，且均在统计上显著，支持了表5—1的估计结果。第二，划分样本国家类别检验。近年来，“一带一路”沿线国家国际创新合作意愿明显增强，成为推动创新全球化发展的重要组成。为此，本章对“一带一路”沿线国家样本值进行了重新估计。如检验4至检验6所示，创新国际化水平变量前系数在1%水平上显著为正，基本支持了前述估计结果。其中以研究的国际合作和本国发明的国外所有权变量前系数均明显高于外国完成发明的国内所有权变量前系数，说明沿线国家通过研究的国际合作和本国发明的国外所有权方式进行创新对出口多样化的促进作用要明显强于以外国完成发明的国内所有权方式。第三，考虑时间效应检验。考虑到可能存在时间效应，本章加入时间趋势项对模型进行重新估计。如检验7至检验9所示，创新国际化水平变量前系数均为正，且在1%水平上显著为正，支持了前述的估计结果。

表5—2　　稳健性检验结果

变量	“一带一路”沿线国家检验			考虑时间效应检验		
	检验4	检验5	检验6	检验7	检验8	检验9
$\ln inn_{it}$	0.023* (1.90)	0.043*** (2.90)	0.049*** (2.84)	0.030*** (4.43)	0.031*** (3.00)	0.028*** (2.40)
$\ln open_{it}$	−0.068* (−1.84)	−0.077** (−2.41)	−0.086** (−2.60)	0.037* (1.72)	0.352 (1.64)	0.032* (1.48)
$\ln fdi_{it}$	−0.005 (−1.17)	−0.006 (−1.37)	−0.006 (−1.41)	−0.009*** (−3.26)	−0.010*** (−3.72)	−0.010*** (−3.73)

续表

变量	"一带一路"沿线国家检验			考虑时间效应检验		
	检验 4	检验 5	检验 6	检验 7	检验 8	检验 9
$\ln tel_{it}$	0.022 (0.55)	0.010 (0.26)	0.007 (0.039)	0.076*** (4.85)	0.069*** (4.39)	0.067*** (4.29)
$\ln pop_{it}$	0.380*** (3.68)	0.293*** (2.73)	0.287*** (2.67)	0.241*** (3.37)	0.239*** (3.25)	0.250*** (3.42)
时间效应	NO	NO	NO	YES	YES	YES
R^2	0.193	0.211	0.217	0.141	0.128	0.121
Obs	154	154	154	623	623	623

注：括号内数值表示 t 值，*、**、*** 分别表示在 10%、5%、1%的水平上显著。检验 4 和检验 7 中创新国际化是以国外完成发明的国内所有权衡量；检验 5 和检验 8 以研究的国际合作衡量；检验 7 和检验 9 以本国发明的国外所有权衡量。

5.3.3　分位数回归

本章按照 25、50、75、90 四个分位数进行回归，如表 5—3 所示，在不同分位数水平下，创新国际化对出口多样化影响呈现明显不同。在较高分位数水平上，创新国际化对出口多样化水平产生显著的促进作用。例如，以共同发明衡量的创新国际化变量前系数在 90 分位为正数，且在 10%水平上显著。在较低分位数水平上，创新国际化会降低或不影响出口多样化水平。例如，以共同发明和外国发明的本国所有权衡量的创新国际化变量前系数在 25 分位和 50 分位均为负，且在 1%和 5%水平上显著。造成上述情况的原因可能在于创新国际化水平低的国家，技术水平普遍偏低，其开展国际创新合作往往是为了获得国外先进技术，提升本国创新能力。在合作过程中，该国势必会产生对合作国科研材料与设备的进口需求，进而带动相关产品进口，甚至对本国出口产生替代，降低出口多样化水平。

表 5—3　　分位数估计结果

核心变量	25 分位	50 分位	75 分位	90 分位
共同发明	−0.067*** (−2.96)	−0.035** (−2.42)	0.021 (1.18)	0.052* (1.83)
国内发明国外拥有	0.001 (0.09)	0.013 (0.63)	0.050*** (3.52)	0.074*** (4.40)
外国发明国内拥有	−0.417*** (−4.37)	−0.044*** (−3.44)	0.045*** (3.41)	0.040*** (3.13)
控制变量	YES	YES	YES	YES

注：括号内数值表示 t 值，*、**、*** 分别表示在 10%、5%、1%的水平上显著。

5.4 主要结论及启示

本章以 OECD 国家及印度、南非等新兴经济体为研究对象，实证分析了创新国际化对出口多样化的影响。结果表明，创新的国际化水平会丰富出口产品结构，提升出口多样化水平。其中，以外国发明的本国所有权方式进行创新对出口多样化影响要明显强于共同发明和本国发明的外国所有权方式。当创新国际化水平位于 75 分位和 90 分位时，会提升国家出口多样化水平；而当创新国际化水平位于 25 分位和 50 分位时，会降低或不影响国家出口多样化水平。

上述结论对中国提升创新国际化水平，实现外贸创新发展具有一定的启示。(1) 要通过支持和鼓励有条件的企业以海外技术并购、在海外建立研发中心等形式开展创新合作，获取国外关键技术所有权，掌握产品研发中的核心技术，实现出口产品种类多样化，带动企业出口。(2) 要建立一批面向全球的创新合作平台，促进企业间合作研发，实现成果共享，解决双方产业技术需要。特别要加强与“一带一路”沿线国家的联合研究，推动在沿线国家建立联合实验室或研究中心，促进先进适用性技术向沿线国家输出，解决沿线国家重大科技需要，实现中国对沿线国家关键技术相关零件、设备的出口，优化出口产品结构，提高出口多样化水平。(3) 要加快企业技术人才的国际交流与合作，通过学术互访与交流、参与海外技术培训班等方式，切实提升企业解决关键技术问题的能力和水平，提升出口产品质量，带动更多产品出口。

第6章

国际科技创新合作对中国出口贸易影响的实证研究

国际科技创新合作是科技全球化形势下各国科技创新活动的共同需求，是国家和地区之间分享知识、降低研发成本、提高创新产出的重要途径。随着经济全球化进程的加快，世界各国都不同程度地卷入了国际科技创新合作的浪潮。2016年4月，习近平总书记在中国科技大学先进技术研究院同科技人员交谈时提出“全面提高中国科技创新的国际合作水平”的要求。随后，为全面落实创新驱动发展战略，中国科技部优先启动政府间国际科技创新合作重点专项和战略性国际科技创新合作重点专项，与此同时，科技部印发《推进“一带一路”建设科技创新合作专项规划》，明确提出发挥科技创新合作对共建“一带一路”的先导作用。这标志着国际科技创新合作已经成为中国的一项战略性命题。

科技创新是世界经济可持续发展、转型升级的根本动力，同时也是一个国家形成比较优势、增强国际竞争力的重要因素。将科技创新成果与国际贸易相结合，能够提升国家出口产品的国际竞争力，增强出口贸易的比较优势。大量的研究表明，科技创新对一个国家的出口增长具有明显的驱动作用，且能够优化出口贸易结构。劳森（Laursen，1999）使用专利授权量作为科技创新的代理变量，利用 1965～1988 年 20 个国家和 17 个制造业部门的数据，实证研究得出科技创新能够促进国家对外贸易增长的结论。恩格尔布雷希特（Engelbrecht，2003）将 R&D 强度作为科技创新的代理变量，实证研究了科技创新对澳大利亚制造业部门出口的影响。国内学者魏龙等（2005）通过建立科技创新对中国高技术产品出口影响的计量分析模型，研究发现科技创新对中国高技术产品出口具有促进作用。谢孟君等（2016）结合已有成果构建了科技创新能力的综合评价体系，进而分析科技创新对东、中、西部地区出口增长所产生的不同影响，研究发现科技创新对出口增长表现出明显的地区差异性。在此基础上，有学者开始关注科技创新合作对出口贸易的影响，戈洛夫科等（Golovko et al.，2011）以中小企业为研究对象，发现企业参与的一系列创新活动，包括科技创新合作等不仅能促进企业整体业绩的提升，而且对企业出口也存在显著的正向影响。勒万多斯卡等（Lewandowska et al.，2016）通过选取 2011 年波兰企业层面数据，研究发现企业创新和国际科技合作会同时促进企业出口，其中国际科技合作可以通过合作方的技术外溢以及资源共享等途径影响企业出口，且这种影响对于波兰企业而言主要体现在出口集约边际上。

综上所述，国内外学者在研究科技创新对贸易的影响时，主要侧重点在于探究自主创新对贸易的影响，很少有学者将科技创新置于全球背景下，探究国际科技创新合作对贸易的影响。事实上，国际科技创新合作是基于国际合作而产生的创新成果，也是科技创新的重要组成部分，对贸易具有正向的促进作用。那么，中国的科技创新合作是否影响了中国外贸出口？以何种途径影响了外贸出口？本章以国际专利合作作为衡量国际科技创新合作的指标，利用 2003～2013 年中国制造业 27 个细分行业的数据，考察国际科技创新合作对中国出口贸易的影响。

6.1 计量模型与数据说明

6.1.1 计量模型

钱学锋和熊平（2010）的研究表明，出口贸易主要受进口国市场规模、进口国市场价格指数、贸易成本等因素的影响。由于本章将世界上所有国家作为中国的出口市场，因此，在实证模型中忽略进口国市场价格指数这一因素。为了检验国际科技创新合作对出口贸易及出口二元边际的影响，本章在回归模型中引入国际科技创新合作的代理变量，即国际专利合作。具体的模型设定如下：

$$\ln export_{it} = \beta_0 + \beta_1 \ln COOPER_{it} + \beta_2 \ln Demand_{it} + \beta_3 \ln \tau_{it} + C_{it} + \varepsilon_{it} \tag{6.1}$$

为了进一步检验国际科技创新合作对出口贸易的影响途径，本章借鉴汪小勤等（2016）的方法，母国 H 向 j 市场各行业的出口额可以分解为两部分：

$$M_j = N_j \times \overline{m_j} \tag{6.2}$$

其中，M_j 表示行业内所有企业的出口总额，N_j 表示出口企业的数量，$\overline{m_j}$表示单位企业的平均出口额。对式（6.2）两边取对数，可以得到：

$$\ln M_j = \ln N_j + \ln \overline{m_j} \tag{6.3}$$

从式（6.3）可以看出，一个国家的出口总额可以分解为由企业数量增加而带来的沿扩展边际的增长，以及由单位企业平均出口额增加而带来的沿集约边际的增长。由此，本章的计量模型可以进一步写为：

$$\ln N_{it} = \beta_0 + \beta_1 \ln COOPER_{it} + \beta_2 \ln Demand_{it} + \beta_3 \ln \tau_{it} + C_{it} + \varepsilon_{it} \tag{6.4}$$

$$\ln E_{it} = \beta_0 + \beta_1 \ln COOPER_{it} + \beta_2 \ln Demand_{it} + \beta_3 \ln \tau_{it} + C_{it} + \varepsilon_{it} \tag{6.5}$$

其中，N_{it}表示中国 i 行业在 t 年的集约边际出口额，E_{it}表示中国 i 行业在 t 年的扩展边际出口额，$COOPER_{it}$表示 i 行业在 t 年的国际专利合作数量，$Demand_{it}$表

示 i 行业在 t 年的进口国市场需求，τ_{it} 表示 i 行业在 t 年的贸易成本，C_{it} 表示其他行业控制变量，ε 为误差项。

6.1.2　变量和数据

对式（6.1）、式（6.4）和式（6.5）进行估计，需要确定行业出口贸易总额、行业出口二元边际、行业国际专利合作数量、行业出口规模、行业贸易成本以及其他控制变量。所有的变量涵盖2003～2013年中国制造业27个细分行业的数值。

1. 行业出口贸易总额（$export_{it}$）

由于本章二元边际的测算对象为中国制造业行业，但是目前并没有中国国民经济行业分类与HS商品分类的对应表，因此，本章根据已有学者整理出的中国国民经济行业分类（GB/T 4754—2011）—国际标准产业分类（International Standard Industrial Classification of All Economic Activities，ISIC）对应表以及国际标准产业分类（ISIC）—编码协调制度（Harmonized Commodity Description and Coding System，HS 2002）对应表，利用国际标准产业分类的过渡作用，分别得到中国27个制造业行业对应的HS2002六位数商品编码，最终得出了2003～2013年中国27个制造业行业的出口贸易总额数据。

2. 行业集约边际和扩展边际（N_{it}和E_{it}）

借鉴钱学锋和熊平（2010）的做法，根据产品—市场两个维度来计算行业出口二元边际，本章使用2002～2013年联合国商品数据库（UN Comtrade）的HS6位码双边贸易数据来测算中国27个制造业细分行业的出口二元边际。其中，2002年为参照年份，2003～2013年为测算年份。本章对集约边际的测算方法如下：以2002年为基期，如果2002年某个产品由中国出口到某个国家，那么我们以此考察在2003～2013年该产品是否仍由中国出口到该国，如果出口，那么将该产品的出口值作为集约边际；如果没有，那么集约边际出口值为零。本章定义的扩展边际的测算包括三个部分：第一部分是旧产品—新市场，即以2002年为参照年，2002年出口的产品在2003～2013年被出口到2002年没有的贸易伙伴国；第二部分是新产品—旧市场，即2002年没有出口的产品在2003～2013年被出口到2002年已有的贸易伙伴国；第三部分是新产品—新市场，即2002年没有出口的产品在2003～2013年被出口到2002年没有的贸易伙伴国。在测算出商品的二元边际之后，将商品按照行业分类进行加总，进而得到行业层面的出口二元边际。在出口伙伴国的选择上，本章为保证测度的准确性，选取所有与中国有贸易往来的国家作为测算对象。

3. 国际专利合作数量（$Patentcooperation_{it}$）

借鉴阿尔基布吉和亚马里诺（Archibugi and Iammarino，2002）对国际科技创新合作的界定方法，使用国际专利合作作为衡量国际科技创新合作的指标，并按照经合组织（OECD）的分类标准，将国际专利合作划分为由国外控制的中国居民发明的专利、由中国控制的国外居民发明的专利、中国和国外居民共同发明的专利三种类型，在以下的计量回归中，本章分别将其命名为*COOPER*1、*COOPER*2、*COOPER*3。国际科技创新合作可以通过产品创新和流程创新来对出口二元边际产生影响，为了具体探究国际科技创新合作是通过何种途径来对中国出口二元边际产生影响，本章根据专利类型将国际专利合作划分为国际发明专利合作和国际外观专利合作。根据中国专利法的定义，发明专利是指“对产品、方法或者其改进所提出的新的技术方案”，因此，发明专利能通过产品创新和方法创新对产品造成实质性改变；外观专利是指“对产品的形状、图案做出的富有美感并适于工业应用的新设计”，由定义来看，外观专利是通过工艺流程上的创新来实现产品性能的提升，但是并没有改变产品的本质。在以下计量回归中，本章将发明专利命名为*UCOOPER*，将外观专利命名为*DCOOPER*。利用美国国家专利局检索数据库，从63290条专利中筛选并整理出符合国际科技创新合作类型的专利，并将国际专利行业代码（IPC）、国际标准行业代码（ISIC）、中国国民经济行业代码（GB/T 4754—2011）进行匹配，得到中国 27 个制造业细分行业三种不同类型的国际科技创新合作数据。

4. 进口国市场需求（gdp_{it}）

本章的实证模型是以行业为研究对象，因此，进口国市场需求反映的是贸易伙伴国对中国各行业产品需求量的大小。但是，由于数据的限制，很难获取行业产品需求量数据，因此，本章根据市场经济的供求原则，以贸易伙伴国的各行业产出作为行业需求的替代量。在现有的国际经济指标中，并不存在各国细分行业的产出数据，因此，本章以中国各行业产出为基准，并将世界各国（除中国以外）与中国出口额的比值作为权重，来估计贸易伙伴国的行业产出，从而得到进口国的市场需求数据。其中，中国各行业产出数据来自 2004～2014 年《中国工业统计年鉴》，以行业规模以上企业的工业产值为准，中国和世界其他国家的出口额数据来源于联合国商品数据库。

5. 行业贸易成本（$\tau_{i,t}$）

本章以行业出口销售费用来表示行业出口贸易成本，其计算方法如下：

$$\tau_{it}=\frac{expense_{it}}{revenue_{it}}\times export_{it} \tag{6.6}$$

其中，$expense_{it}$ 表示行业主营业务销售成本，$revenue_{it}$ 表示行业主营业务收入，$export_{it}$ 表示行业国外市场销售额，出口贸易成本越高，越不利于出口二元边际的增长。此变量的数据来源于《中国工业统计年鉴》《中国工业经济年鉴》《中国经济景气月报杂志》。

6. 其他控制变量（C_{it}）

除了上述解释变量之外，还有其他一些行业特征变量会对中国出口二元边际产生影响，为了控制其他因素对出口二元边际的影响，本章在计量模型中加入了如下几个控制变量。

行业人力资本数量（hr_{it}）。一国参与国际专利合作的能力和水平不仅与物质资本密切相关，而且与人力资本也有着紧密的联系，因此，本章在计量模型中加入行业人力资本数量这一控制变量，以更准确地描述国际专利合作对出口二元边际的影响。本章选取行业 R&D 人员全时当量来衡量行业人力资本数量，数据来源于 2004～2014 年的《中国科技统计年鉴》。

行业资本密集度（$capital_{it}$）。由于本章的研究对象为行业层面的二元边际，因此，国际专利合作对出口二元边际的影响可能在不同资本密集度的行业有所不同，基于此，本章加入行业资本密集度作为另一个重要的控制变量。行业资本密集度的计算方法为行业固定资产总值（K）除以行业就业人数（L）。数据来源于 2004～2014 年的《中国工业经济统计年鉴》和《中国工业经济年鉴》。

外生经济冲击（*shock*）。借鉴已有学者的研究，出口二元边际有可能受到外部经济冲击的影响，在 1993～2013 年，中国的经济主要受到 2009 年全球经济危机的冲击，因此，本章将加入外生经济冲击的虚拟变量。如果年份为 2009 年，则 $shock=1$；如果是其他年份，则 $shock=0$。

主要变量的统计性描述如表 6－1 所示。

表 6－1　　变量统计性描述

变量名称	样本量	标准差	均值	最大值	最小值
出口贸易额对数	297	1.397	23.947	26.698	19.937
集约边际对数	297	1.404	23.868	26.679	19.932
扩展边际对数	297	1.860	20.630	24.138	14.580
专利合作对数	297	1.905	2.769	7.815	0.000
市场需求对数	297	1.029	7.655	10.881	5.199
贸易成本对数	297	0.566	−1.780	−0.713	−3.912
人力资本对数	297	1.250	10.388	12.985	6.892
资本密集度对数	270	0.852	2.511	8.473	0.811
外部冲击	297	0.288	0.909	1.000	0.000

6.2　计量回归结果分析

在上述实证模型的基础上，本章利用 2003～2013 年中国制造业 27 个细分行业的数据，对国际科技创新合作对行业出口总额及二元边际的影响进行了实证检验。本章面板数据的时间跨度为 11 年，截面数为 27 个，属于短面板数据，同时，考虑到行业个体效应，本章拟采用固定效应模型来进行回归。

6.2.1　出口贸易总体回归结果

首先，本章实证分析了国际专利合作对中国制造业行业出口总额的影响。为了增加计量模型的稳健性，本章分别采用了普通最小二乘法、随机效应 FGLS、随机效应 MLE 以及固定效应模型对方程进行估计。由表 6－2 的四个回归结果可以看出，以国际专利合作为主要解释变量，分别采用不同的方法进行回归，国际专利合作始终对制造业行业出口总额产生正向的促进作用，而且都是显著的。说明本章的计量模型是稳健的，而且国际专利合作确实能够对出口贸易产生重要的影响。

其次，本章根据表 6－2 中固定效应模型的结果对各个解释变量进行分析。国际专利合作对制造业出口贸易的影响在 10％的水平上显著为正，从数值上来看，国际专利合作的数量每增加 1％，制造业出口总额会上升 0.104％，表明国际专利合作确实能够促进中国出口贸易的增长。此外，人力资本对出口总额也有正向的促进作用，具体表现为行业科研人员的数量每增加 1％，行业出口总额会增加 0.284％；行业资本密集度每提高 1％，出口总额会增加 0.487％；进口国市场需求每增加 1％，制造业出口总额会增加 0.586％。这一解释变量对出口集约边际的影响最大，说明进口国市场需求是促进贸易增长的重要因素，这一结果也与已有学者的研究吻合。贸易成本和外生冲击对制造业出口贸易有着显著的负向影响，具体从数值上来看，贸易成本每提高 1％，出口贸易额会下降 0.143%，而外生经济冲击会使出口总额下降 0.215%。

表 6—2　　出口总额回归结果

变量	(1) OLS	(2) FGLS	(3) MLE	(4) FE
ln*COOPER*	0.0942** (0.0395)	0.106** (0.0522)	0.106*** (0.0331)	0.104* (0.0570)
ln*hr*	−0.102 (0.0793)	0.238*** (0.0753)	0.247*** (0.0573)	0.284*** (0.0745)
ln*capital*	0.196** (0.0881)	0.454** (0.197)	0.460*** (0.0517)	0.487** (0.228)
ln*gdp*	1.012*** (0.0876)	0.657*** (0.174)	0.644*** (0.0780)	0.586*** (0.200)
lnτ	0.274 (0.394)	−0.138*** (0.0442)	−0.139 (0.146)	−0.143*** (0.0451)
shock	−0.174 (0.185)	−0.210*** (0.0600)	−0.211*** (0.0644)	−0.215*** (0.0616)
常数项	16.65*** (0.615)	15.12*** (1.149)	15.12*** (0.598)	15.12*** (1.126)
样本量	270	270	270	270
调整 R^2	0.580	—	—	0.682

注：括号内数值表示 *t* 值，*、**、*** 分别表示在 10%、5%、1%的水平上显著。

6.2.2 二元边际回归结果

为了探究国际专利合作通过何种途径影响中国制造业行业的出口贸易，本章实证检验了国际专利合作对行业出口二元边际的影响。国际专利合作对出口集约边际和出口扩展边际的实证检验结果分别如表 6—3 和表 6—4 所示。

由表 6—3 中固定效应模型的回归结果可知，国际专利合作对出口集约边际的影响在 10%的显著性水平上为正，从数值上看，国际专利合作的数量每增加 1%，制造业出口集约边际会增加 0.108%。说明国际专利合作确实能够显著促进原有贸易产品出口额的增长以及与原有贸易伙伴国关系的深化。

表 6—3　　　　出口集约边际总体回归结果

变量	(1) OLS	(2) FGLS	(3) MLE	(4) FE
ln*COOPER*	0.111*** (0.0400)	0.112** (0.0531)	0.111*** (0.0318)	0.108* (0.0575)
ln*hr*	−0.110 (0.0778)	0.281*** (0.0741)	0.292*** (0.0550)	0.325*** (0.0742)
ln*capital*	0.121 (0.0876)	0.404** (0.188)	0.413*** (0.0499)	0.441* (0.216)
ln*gdp*	0.989*** (0.112)	0.541*** (0.157)	0.523*** (0.0754)	0.464** (0.174)
lnτ	0.206 (0.664)	−0.149*** (0.0469)	−0.150 (0.140)	−0.153*** (0.0483)
shock	−0.161 (0.177)	−0.206*** (0.0582)	−0.207*** (0.0615)	−0.210*** (0.0594)
常数项	16.94*** (0.702)	15.59*** (1.124)	15.59*** (0.583)	15.64*** (1.071)
样本量	270	270	270	270
调整 R^2	0.576	—	—	0.668

注：括号内为 *t* 值，*、**、*** 分别表示在 10%、5%、1%的水平上显著。

表 6—4 显示了国际专利合作对制造业出口扩展边际的实证研究结果。根据表中固定效应模型的回归结果进行解释变量的分析，国际专利合作在 1%的显著性水平上对出口扩展边际产生正向的影响。从具体数值来看，国际专利合作的数量每上升 1%，制造业出口扩展边际会增加 0.353%。说明国际专利合作确实有利于中国制造业产品出口种类的增加以及贸易伙伴国范围的扩大。其他的解释变量和控制变量对出口扩展边际的影响与集约边际的结果相似，行业人力资本、进口国市场需求都对制造业出口扩展边际产生显著的正向影响，而贸

易成本和外部经济冲击会使出口扩展边际下降。

表 6—4　　　　出口扩展边际总体回归结果

变量	(1) OLS	(2) FGLS	(3) MLE	(4) FE
ln*COOPER*	0.0427 (0.0526)	0.199** (0.0999)	0.281*** (0.0714)	0.353*** (0.117)
ln*hr*	0.181 (0.134)	0.447*** (0.172)	0.599*** (0.122)	0.704*** (0.148)
ln*capital*	0.988*** (0.204)	1.187** (0.513)	1.067*** (0.111)	0.944 (0.559)
ln*gdp*	0.917*** (0.168)	1.335*** (0.223)	1.481*** (0.162)	1.625*** (0.357)
lnτ	0.535 (0.690)	−0.246** (0.0989)	−0.284 (0.310)	−0.310** (0.129)
shock	−0.570** (0.224)	−0.598*** (0.142)	−0.642*** (0.137)	−0.676*** (0.156)
常数项	9.622*** (1.067)	2.636* (1.595)	0.0553 (1.339)	−1.990 (2.032)
样本量	270	270	270	270
调整 R^2	0.545	—	—	0.748

注：括号内为 *t* 值，*、**、*** 分别表示在10%、5%、1%的水平上显著。

总体来看，国际专利合作对中国制造业出口的集约边际和扩展边际都具有显著的正向促进作用，但是从数值上来看国际专利合作对制造业出口扩展边际的影响更大，其系数为0.353。说明国际科技创新合作确实能够推动中国制造业出口多元化的发展。国际科技创新合作可以通过以下两个途径来提升中国制造业行业的出口扩展边际：第一，通过国际科技创新合作，中国企业能够通过技术学习效应、技术溢出效应、技术扩散效应提高自身的创新能力，而企业创新能力的提高有利于企业新产品和新方法的开发，从而丰富出口产品种类，提升出口扩展边际；第二，通过国际科技创新合作，中国企业能够学习国外企业较为先进的管理制度、营销方法、商业模式等，有利于完善自身的制度体系，从而以更高效和更科学的方式进行出口贸易，使得企业能够更加积极地去探索和扩展海外市场，最终实现出口贸易伙伴国范围的扩大，提升出口的扩展边际。国际专利合作对出口集约边际的影响系数为 0.108，国际科技创新合作对出口集约边际的影响主要表现为中国企业通过创新合作，实现了工艺流程的创新，改进产品质量，从而提高了原有产品的价值量，最终提升了出口的集约边际。国际科技创新合作对出口扩展边际的影响高于集约边际，其原因可能在于：第一，国际科技创新合作能够通过提高企业的创新能力、完善企业的制度体系等途径来实现扩展边际的增长，却只能通过改进产品质量这一种途径来实现集约边际的增长；第二，国际科技创新合作主要集中于电子通信、生物医药、现代交通装备、新型功能材料等高技术产业，而这些行业在近年来蓬勃发展，新技术和新产品层出不穷，因此，国际科技创新合作主要带来的是新产品的增加，对产品的工艺流程和质量的提升有限。总体来说，国际科技创新合作能够提高中国的出口二元边际，特别是扩展边际，这对于优化中国的出口产品结构，实现中国出口贸易的可持续发展有着重要的意义。

6.2.3　分专利类型的回归结果

为了研究不同专利类型的国际科技创新合作对中国出口贸易产生影响的途径，本章按照美国专利局的划分标准，将国际专利合作按照专利类型划分为两类：一是能够创造出新产品和新方法，对最终产品产生实质性改变的发明专利；二是能够对产品的形状、图案做出富有美感并适于工业应用的新设计的外观专利。由此推测，国际发明专利的合作主要是通过提高中国企业产品创新的能力来推动制造业出口扩展边际的增长，国际外观专利的合作主要通过过程创新和工艺流程创新来推动制造业集约边际的增长。国际发明专利合作与国际外观专利合作对制造业出口二元边际影响的回归结果如表 6－5 所示。第（1）列、第（2）列表示的是国际发明专利合作对出口集约边际与扩展边际的回归结果，通过比较第（1）列、第（2）列的结果可以发现，国际发明专利合作能够对制造业出口扩展边际和集约边际产生显著的正向影响，国际发明专利合作的数量每增加 1%，出口扩展边际会提高 0.279%，出口集约边际提高 0.090%。这一结果与预期相符。一方面，由于国际发明专利合作主要集中于高技术行业，如电子通信、生物医疗、现代交通设备等，这些行业的产品复杂度较高，新产品的创造需要较为充足的技术投入和资金投入，发明专利中蕴含了丰富的技术创新投入。通过发明专利的国际合作，中国的企业能够从中学习到较为先进的产品技术，进而将其应用到本土企业的新产品开发过程中，生产出更多种类的新产品，提升制造业的出口扩展边际。另一方面，中国的高技术行业起步较晚，发展仍不完善，通过发明专利的国际创新合作，能够提高中国高技术行业整体的生产率，部分原来只能在国内生产销售的企业开始有能力进行出口销售。因此，行业的出口企业数量增多，出口扩展边际提高。

第（3）列、第（4）列显示了国际外观专利合作对出口集约边际和扩展边际的回归结果。通过理论推测，国际外观专利合作应该通过改进中国企业产品的生产流程、提升产品质量来实现集约边际的增加。但是，实证结果显示，国际外观专利合作对制造业出口扩展边际的作用更加显著，表现为国际外观专利合作的数量每增加 1%，出口扩展边际会相应提升 0.207%，但是对出口集约边际的影响并不显著，这一结果与预期不符。通过对国际外观专利合作的行业特征进行分析，我们找到了其中的原因。由于外观专利是通过对产品的形状、图案或者二者的组合做出的富有美感的并能应用于工业生产的外观设计，因此，基于外观专利的这一特点，国际外观专利合作主要集中于传统行业，如纺织业、食品制造业、家具制造业、文教体育用品等对外观设计要求较高的行业。但是，中国的这些传统行业长期依赖低成本优势，生产出的产品质量和产品技术复杂度普遍较低，通过外观专利的国际合作，中国企业能够学习到新的工业流程、工艺设计以及提升产品质量的方法，将这些工艺创新技术应用于中国的传统行业，比较容易创造出新的产品，提升行业的出口扩展边际。

表 6—5　　不同专利类型的国际专利合作对出口二元边际的回归结果

变量	(1) lnN	(2) LnE	(3) lnN	(4) lnE
ln*UCOOPER*	0.0906* (0.0526)	0.279*** (0.0965)		
ln*DCOOPER*			0.0485 (0.0338)	0.207*** (0.0755)
ln*gdp*	0.466** (0.176)	1.641*** (0.365)	0.502*** (0.0782)	1.735*** (0.175)
lnτ	−0.143*** (0.0483)	−0.269* (0.136)	−0.0919 (0.143)	−0.112 (0.319)
ln*hr*	0.334*** (0.0771)	0.731*** (0.165)	0.321*** (0.0576)	0.680*** (0.129)
ln*capital*	0.457** (0.222)	1.005* (0.586)	0.483*** (0.0506)	1.068*** (0.113)
shock	−0.206*** (0.0613)	−0.670*** (0.162)	−0.236*** (0.0630)	−0.766*** (0.141)
常数项	15.57*** (1.090)	−2.264 (2.124)	15.55*** (0.594)	−2.099 (1.327)
样本量	270	270	270	270
调整 R^2	0.664	0.738	0.619	0.702

注：括号内为 *t* 值，*、**、*** 分别表示在 10%、5%、1%的水平上显著。

6.2.4　分国际科技创新合作方式的回归结果

本章按照上述的三种分类方式，对不同类型的国际科技创新合作对出口二元边际的影响进行实证研究。表 6—6 中的第（1）列、第（2）列显示的是第一种国际专利合作方式，即国外控制的中国发明专利对中国制造业出口二元边际的回归结果；第（3）列、第（4）列显示的是第二种国际专利合作方式，即中国控制的国外发明专利的回归结果；第（5）列、第（6）列显示的是第三种国际专利合作方式，即中国与国外共同控制的发明专利的回归结果。从数值上来看，三种类型的国际专利合作都能够显著提高中国制造业出口的集约边际和扩展边际，同时，三种国际专利合作类型对出口扩展边际的作用都强于集约边际。

表6—6　　三种类型的国际专利合作对出口二元边际的回归结果

变量	(1) ln*E*	(2) ln*N*	(3) ln*E*	(4) ln*N*	(5) ln*E*	(6) Ln*N*
ln*COOPER*1	0.501*** (0.160)	0.153** (0.0659)				
ln*COOPER*2			0.222* (0.109)	0.133** (0.0487)		
ln*COOPER*3					0.396** (0.151)	0.120* (0.0675)
ln*hr*	0.703*** (0.136)	0.325*** (0.0719)	0.664*** (0.148)	0.297*** (0.0697)	0.727*** (0.155)	0.332*** (0.0751)
ln*capital*	0.891 (0.548)	0.425* (0.210)	1.114* (0.589)	0.488** (0.212)	0.951 (0.575)	0.444* (0.221)
lnτ	−0.284** (0.120)	−0.145*** (0.0402)	−0.142 (0.158)	−0.112** (0.0434)	−0.261* (0.134)	−0.138*** (0.0437)
ln*gdp*	1.582*** (0.351)	0.451** (0.172)	1.680*** (0.373)	0.445** (0.187)	1.597*** (0.358)	0.456** (0.173)
shock	−0.652*** (0.144)	−0.203*** (0.0577)	−0.722*** (0.154)	−0.215*** (0.0576)	−0.686*** (0.154)	−0.213*** (0.0586)
常数项	−1.685 (2.017)	15.74*** (1.053)	−1.598 (2.232)	16.16*** (1.165)	−1.870 (2.049)	15.68*** (1.062)
样本量	270	270	270	270	270	270
调整 R^2	0.756	0.673	0.730	0.671	0.744	0.666

注：括号内为 *t* 值，*、**、*** 分别表示在10%、5%、1%的水平上显著。

首先，我们来分析第一种国际专利合作类型对出口二元边际的具体影响。由第三部分的机制分析可知，第一种国际专利合作的类型可以理解为国外跨国公司在中国进行的 R&D 投资活动，因此，本章尝试从跨国公司在华研发的视角来分析其对制造业出口二元边际的影响。由回归（1）可以看出，第一种国际专利合作对出口扩展边际的影响数值为 0.501，表示国外控制的中国发明专利的数量每提高 1%，中国制造业出口扩展边际会相应提升 0.501%。造成这一现象的原因包括以下几个方面。第一，跨国公司为了使中国企业生产的产品达到国际市场的要求，一般会对中国企业进行技术培训，并提供相应的技术标准、生产技能或者工艺创新，同时对企业的生产过程提出更高的要求。在这个过程中，中国的企业承接了跨国公司的技术转移，并对跨国公司的技术进行消化吸收，同时结合企业自身的生产能力，完成企业的技术升级和改造，使得企业出口产品种类增多，行业出口扩展边际提高。第二，国外跨国公司在中国企业推行的新工艺、新设备以及培训制度等，都能通过技术创造这一途径来推动中国整体生产效率的提高，进而有利于中国企业生产效率的提高，使得中国有更多企业有能力达到出口的门槛值，出口企业的数量增加，出口扩展边际得到提高。第三，国外跨国公司在中国进行研发活动，还有利于中国企业学习和吸收跨国公司的新的组织管理方式，引导中国企业制定更加完善和科学的国际市场战略，以更加积极的姿态去开发国际市场，实现出口扩展边际的提高。

其次，分析第二种国际专利合作方式对制造业出口二元边际的影响。这一类型的国际专利合作可以理解为中国企业“走出去”，在国外投资设厂并进行的研发投资活动。由表 6—6 中回归（3）的结果可以看出，中国控制的国外居民发明专利的数量每提高 1%，制造业出口扩展边际会增加 0.222%。造成这一现象的原因可能包括以下几点。第一，中国企业进行 R&D 国际化的目标是探索一条从发达国家获取技术的新途径，因此，大部分中国企业设立海外研发机构的行为都可以看作一种技术获取型的对外直接投资。因此，中国在国外的研发活动能够获取东道国的智力资源和先进技术，然后，对外直接投资的分公司通过技术返流，向母国进行最先进技术的扩散，从而带动母公司、母国行业以及母国整体创新能力的提高，使得中国企业有能力发明出技术水平更高的新产品和新方法，提升中国出口的扩展边际。第二，中国在国外进行研发活动的过程中，能够不断拓展自身的国际化经营视野，同时加快“走出去”的步伐，与更多的海外市场建立贸易联系，提升出口扩展边际。

最后，第三种国际专利合作类型可以理解为中国和国外企业或机构联合进行技术创新的行为，从回归（5）的结果可以看出，由中国和国外居民共同发明的专利数量每提高1%，中国制造业出口扩展边际会提高0.396%。产生这一结果的原因可能在于：这一类型的国际专利合作主要体现在人才的跨国流动方面，而人才的跨国流动是技术扩散的重要途径之一，通过企业、高校和科研机构的国际培训与合作研究项目，可以实现中国和国外科研人才的无障碍交流与合作。在这个过程中，中国的技术人员会提升自身的技术研究能力，随着这些人员在中国各地的流动，将会间接提高中国企业和科研机构的研发效率，创造出新的产品，提升出口的扩展边际。

由回归（2）、回归（4）、回归（6）的结果可以看出，相对于扩展边际来说，三种国际专利合作的类型对集约边际的影响都比较小。原因可能在于：出口集约边际和扩展边际存在内在的负相关性，由以上几个途径带来的出口扩展边际的增加可能会对出口集约边际产生一定的侵蚀效应，即新产品的出现会对原来的旧产品产生一定的冲击，导致旧产品的出口增长速度缓慢，出口集约边际增长幅度较小。

6.2.5 内生性检验

通过上述实证分析，国际专利合作会对制造业出口贸易产生正向影响。但是，一个国家的出口竞争力越强，在国际上的地位和影响力越大，那么这个国家会吸引更多的合作伙伴与其进行科技创新合作。因此，国际专利合作可能存在内生性。为此，本章选取了各行业国际专利合作所涉及的学科数量，即IPC的数量作为工具变量，原因在于国际专利合作是跨学科信息转移的重要模式，如果学科交叉越多，说明该行业所涉及专利的知识复杂度越高，需要更多国家之间的协作才能完成，从而导致国际专利合作数量的增加。

在选取了工具变量之后，本章分别采用两阶段最小二乘法（two stage least square，2SLS）、最优广义矩估计（generalized method of moments，GMM）以及迭代 GMM 三种方法对方程进行估计。使用不同的工具变量回归方法的出口贸易总额的回归结果如表 6—7 所示。结果表明，在控制了内生性之后，国际专利合作仍然对制造业行业出口贸易产生显著的正向促进作用，从数值上来看，国际专利合作数量每提高 1%，制造业出口贸易总额会上升 0.18%。集约边际和扩展边际工具变量回归所得到的结果如表 6—8 和表 6—9 所示。结果表明，在加入了工具变量之后，国际专利合作仍然在 5%的显著性水平上对出口集约边际和扩展边际产生正向影响，但是影响数值略有下降。由此可见，在控制了内生性之后，国际专利合作对制造业出口贸易及出口二元边际的影响仍然是显著的。

表 6—7　　出口贸易工具变量法回归结果

变量	(1) FE	(2) 2SLS	(4) GMM	(5) IGMM
ln*COOPER*	0.157** (0.0704)	0.180*** (0.0490)	0.180*** (0.0421)	0.180*** (0.0421)
lnτ	−0.165*** (0.0472)	1.130** (0.470)	1.130 (1.382)	1.130 (1.382)
ln*hr*	0.456*** (0.0763)	0.475*** (0.0799)	0.475*** (0.0827)	0.475*** (0.0827)
ln*capital*	0.570** (0.207)	−0.365*** (0.0915)	−0.365*** (0.115)	−0.365*** (0.115)
shock	−0.208*** (0.0524)	−0.332 (0.225)	−0.332* (0.201)	−0.332* (0.201)
常数项	17.46*** (0.661)	19.88*** (0.661)	19.88*** (0.693)	19.88*** (0.693)
样本量	270	270	270	270
调整 R^2	0.615	0.369	0.369	0.369

注：括号内为 *t* 值，*、**、*** 分别表示在 10%、5%、1%的水平上显著。

表 6—8　　集约边际工具变量法回归结果

变量	(1) FE	(2) 2SLS	(4) GMM	(5) IGMM
ln*COOPER*	0.108* (0.0575)	0.0807* (0.0419)	0.0807** (0.0396)	0.0807** (0.0396)
lnτ	−0.153*** (0.0483)	0.211 (0.394)	0.211 (0.624)	0.211 (0.624)
ln*gdp*	0.464** (0.174)	1.007*** (0.0878)	1.007*** (0.109)	1.007*** (0.109)
ln*hr*	0.325*** (0.0742)	−0.0870 (0.0798)	−0.0870 (0.0772)	−0.0870 (0.0772)
ln*capital*	0.441* (0.216)	0.111 (0.0881)	0.111 (0.0874)	0.111 (0.0874)
shock	−0.210*** (0.0594)	−0.177 (0.185)	−0.177 (0.175)	−0.177 (0.175)
常数项	15.64*** (1.071)	16.69*** (0.625)	16.69*** (0.664)	16.69*** (0.664)
样本量	270	270	270	270
调整 R^2	0.668	0.575	0.575	0.575

注：括号内为 *t* 值，*、**、*** 分别表示在 10%、5%、1%的水平上显著。

表 6—9　　扩展边际工具变量法回归结果

变量	(1) FE	(2) 2SLS	(4) GMM	(5) IGMM
ln*COOPER*	0.353*** (0.117)	0.113* (0.0612)	0.113** (0.0548)	0.113** (0.0548)
lnτ	−0.310** (0.129)	1.315 (0.588)	1.315 (1.330)	1.315 (1.330)
ln*hr*	0.704*** (0.148)	0.712*** (0.0999)	0.712*** (0.105)	0.712*** (0.105)

续表

变量	(1) FE	(2) 2SLS	(4) GMM	(5) IGMM
ln*capital*	0.944 (0.559)	0.475*** (0.114)	0.475*** (0.0910)	0.475*** (0.0910)
shock	−0.676*** (0.156)	−0.718** (0.281)	−0.718*** (0.228)	−0.718*** (0.228)
常数项	−1.990 (2.032)	12.50*** (0.826)	12.50*** (0.936)	12.50*** (0.936)
样本量	270	270	270	270
调整 R^2	0.748	0.448	0.448	0.448

注：括号内为 t 值，*、**、*** 分别表示在10%、5%、1%的水平上显著。

6.3　结论及政策建议

本章通过利用2003～2013年中国27个制造业细分行业的面板数据，将国际专利合作作为衡量国际科技创新合作的代理变量，实证检验了国际科技创新合作对中国制造业行业出口贸易的影响。在此基础上，将贸易增长进行解构，分析国际科技创新合作通过何种途径来影响中国的出口贸易。进一步将国际专利合作的类型进行划分，比较国际发明专利合作和国际外观专利合作对中国出口贸易影响的不同路径。最后，按照经合组织的划分标准，将国际专利合作的方式进行划分，实证分析不同的国际专利合作方式对中国出口贸易产生的不同影响。

本章主要得到了以下几点结论。(1) 从国际专利合作对出口贸易的回归结果来看，国际专利合作作为科技创新的一种重要形式，对中国出口贸易具有显著的促进作用。(2) 从国际专利合作对制造业出口贸易的影响途径来看，国际科技创新合作能够通过扩展边际和集约边际的提升来促进出口贸易的发展，但是对扩展边际的促进作用要强于集约边际，这说明国际科技创新合作主要通过产品种类的增加和新市场的拓展来促进出口贸易的增长。（3）区分不同专利类型的国际科技创新合作的回归结果显示：国际发明专利合作和国际外观专利合作对制造业出口扩展边际的促进作用较强，但是对出口集约边际的作用并不显著，这可能是由于两种类型的专利合作的行业特征导致的。（4）三种类型的国际科技创新合作对出口二元边际的回归结果表明，不同类型的国际专利合作对出口集约边际和扩展边际都具有显著的促进作用，而且对扩展边际的作用更强，但是三种国际专利类型对出口二元边际影响的途径各不相同。

本章从理论和实证角度分析了国际科技创新合作与出口贸易及出口二元边际的因果关系，提出了中国贸易增长的新机制，实证研究了国际科技创新合作是否促进了中国出口贸易的增长，并进一步探究国际科技创新合作是加深了原有出口贸易的强度，还是使出口贸易的范围变得更广，为理解国际科技创新合作与贸易的关系提供了新的经验证据。在现实意义上，本章将国际科技创新合作这一国家战略层面的政策与国际贸易相结合，为国际科技创新合作政策与贸易政策的协调性提供了相应的基础，同时也为改善中国的出口结构，促进中国贸易的可持续发展提供了新思路。

基于上述发现，本章提出如下政策建议。首先，提升国际科技创新合作水平，深度融入全球创新体系，在更高层次构建开放创新机制。国际科技创新合作能够通过提升中国企业的创新能力来推动中国出口结构的优化和产品质量的提升，因此，中国应该大力提升国际科技创新合作的广度和深度，统筹中国产学研的科技力量，广泛、深入地开展国际科技创新合作与交流，有效利用全球科技资源，提高中国的科技创新能力，以科技创新来带动中国出口的可持续发展。其次，针对不同的行业类型，采用不同专利类型的国际科技创新合作来带动其出口贸易的发展。资本密集型和高技术行业的国际专利合作主要表现为发明专利的形式，这些行业产品的技术复杂度较高。而中国这些行业的起步较晚，发展水平较低，通过发明专利的国际合作，中国的企业能够从中学习到较为先进的产品发明技术，提高整个行业的生产率，进而提升高技术行业的出口扩展边际。劳动密集型行业的国际专利合作主要表现为外观专利的形式。在中国，劳动力密集型行业作为传统行业，产品技术复杂度和产品质量较低，通过外观专利的国际合作，中国企业可以学习到新的工艺设计和提升产品质量的方法，从而有利于推出新产品，提升劳动密集型行业的出口扩展边际。因此，为了更有效地推动出口沿扩展边际增长，国家和企业在参与国际科技创新合作时，应该注重区分产品创新合作和工艺创新合作的类型，具体行业具体分析，以使得国际科技创新合作取得最优的效果。最后，三种不同类型的国际科技创新合作对制造业出口扩展边际的影响都显著为正，说明跨国公司在华的研发投资、中国企业“走出去”在国外进行研发活动，以及中国和国外科研人员共同进行的研发活动都能够通过相应的作用机制来对中国出口扩展边际产生促进作用。因此，中国政府和企业应该扩大开放力度，全方位加强国际科技创新合作，坚持“引进来”和“走出去”相结合，充分利用跨国公司在中国进行研发投资的资源，同时加快中国企业“走出去”的步伐，积极融入全球创新合作网络，跟进全球科技发展方向，力争缩小关键领域差距，形成比较优势，全面提高中国科技创新的国际合作水平。

区域创新与贸易篇

第7章

出口对民族地区城市创新能力的影响研究

党的十九届四中全会提出推进合作共赢的开放体系建设，以更大开放拥抱发展机遇，更好合作谋求互利共赢，推动共建“一带一路”高质量发展，为民族地区对外开放、经济社会发展带来新的机遇。创新驱动发展战略是引领民族地区经济高质量跨越式发展的第一动力，近年来，全国各城市创新指数快速增长，而民族地区城市创新能力有待提高。2016 年中国省级创新指数最高的为北京（1061.37），民族地区中创新指数最高的为广西（72.58），全国排名第 20 位，而其他民族地区创新指数均排在全国末尾。为实现民族地区与非民族地区协调发展，同步全面建成小康社会，必须坚持创新驱动发展战略和科教兴国战略。

在影响城市创新能力的各种因素中，出口起到了至关重要的作用，出口使得企业面对更多竞争和机遇的国际市场，通过出口竞争效应和出口学习效应，企业不断实现自主创新和技术升级，从而推动城市创新能力的提高。改革开放以来，在西部大开发、兴边富民行动、脱贫攻坚等政策支持下，民族地区在经济、教育等方面得到大力发展。在“一带一路”倡议的引领下，凭借独特的地缘优势，民族地区打造交通枢纽、建立贸易平台，坚持全面对外开放，实现经济的高速发展。《中国统计年鉴（2017）》数据显示，2016年民族地区出口贸易额达765.40亿美元，与2004年相比，增加了5.80倍。但是，与非民族地区相比，民族地区仍然存在较大差距，其出口仅占全国出口贸易总额的3.03%。

为贯彻落实习近平同志关于“尊重科技创新的区域集聚规律、因地制宜探索差异化的创新发展路径”[①] 的重要指示，科技部和国家发展和改革委员会逐步加快推动创新型城市建设。“一带一路”背景下，民族地区出口是否带动了城市创新能力的提高？如何提高民族地区城市创新能力，更好地发挥民族地区出口学习效应？本章从城市层面对出口对民族创新能力的影响进行理论和实证研究。

7.1 文献综述

城市创新近年来成为学者关注的热点问题，作为技术外溢的重要渠道之一，出口对城市创新的影响尤为重要。总体来看，大部分学者通过理论和实证验证了出口能够显著促进区域创新能力的提高。凯勒（Keller，2010）建立了内生技术转移模型，认为由于技术知识的跨国流动，通过技术外溢的学习效应促进了区域创新能力的提高。薛婧和张梅青（2019）研究了出口贸易能显著促进区域创新能力的提高，但中国仍处于全球价值链的低端，易受到其他新兴国家的冲击。靳巧花等（2017）认为提高知识产权能促进出口贸易对区域创新能力的促进作用。梁超和严太华（2013）则认为出口的技术复杂度越高，区域创新能力越高，但是存在显著的区域差异。

具体来看，出口对城市创新的影响主要来自两个方面。

① 《为建设世界科技强国而奋斗——在全国科技创新大会、两院院士大会、中国科协第九次全国代表大会上的讲话》（2016年5月30日），载于《人民日报》2016年6月1日。

7.1.1　出口对于出口企业本身创新能力的影响

出口对于出口企业本身创新能力的影响，目前主要存在两种理论。

（1）出口选择效应，即企业出口是由于其自身的生产率就高于非出口企业，才能克服出口面临的贸易成本，出口并不能促进企业技术升级或自主创新。伯纳德和詹森（Bernard and Jensen，1997）认为与非出口企业相比，出口企业只是由于过去具有较高的生产率和业绩，而在长期，由于出口后企业遇到更复杂的国际环境，实证数据显示出口并没有使得出口企业维持比非出口企业更好的企业绩效。韦伯和罗伯茨（2000）、瓦格纳（Wagner，2002）也分别用韩国和德国的制造业企业数据验证了出口选择效应。

（2）出口学习效应，绝大多数学者认为出口是技术外溢的重要渠道之一，出口行为将企业置于国际竞争的环境中，通过学习和吸收先进技术带来企业的技术创新，从而提高企业绩效。林和唐（Lin and Tang，2013）在梅里兹的企业异质性模型中加入创新要素构建模型，并用中国的数据实证检验了出口企业比非出口企业有更高的研发投入。阿吉翁等（Aghion et al.，2008）发现出口通过市场规模效应和竞争效应来激发企业创新。阿克西吉特（Akcigitet，2018）认为出口加剧了企业的竞争，并且通过防御性动机、扩张性动机以及其他企业的窃取效应三个渠道来鼓励国内创新。李兵等（2016）认为出口企业能在出口中学习国外先进技术的基础上进行自主创新，并用中国的企业数据验证了出口引致创新。

还有部分学者认为出口选择和出口学习效应并不矛盾，可能同时存在。钱学锋等（2011）认为由于出口固定成本的存在，生产率较高的企业由于自我选择进入出口市场，出口也能显著提高出口企业的生产率，但是集约边际上出口规模的扩大会削弱出口学习效应，应注重扩展边际的出口扩张。邱斌等（2012）检验了出口与创新之间的双向因果关系，发现中国制造业企业同时存在出口选择和出口学习效应，并且两种效应都随出口时间而增强。但是只有小型企业存在出口选择效应，中大型企业不存在；所有企业都存在出口学习效应，但小型企业的学习效应更强。

7.1.2 出口对于其他部门创新能力的影响

出口作为国际技术外溢的重要渠道之一，不仅为出口企业本身带来先进技术，还能对其他非出口部门或相关部门的创新能力产生影响，其中包括与出口企业相关的上下游企业的垂直溢出和同一区域内的其他企业的水平溢出。一方面，出口贸易的水平溢出表现在出口部门对其他非出口部门，或出口企业对其他非出口企业的技术扩散效应。费德（Feder，1983）构建了包含出口部门和非出口部门的两部门模型研究出口贸易的技术外溢效应，研究发现非出口部门通过模仿出口部门的先进技术、管理经验和营销策略来获得技术外溢，从而提高自身发展水平。包群等（2003）在此基础上运用内生技术进步的增长模型研究了出口贸易对出口部门和非出口部门的技术外溢效应，研究发现出口对非出口部门的技术外溢效应要大于对出口部门自身的影响。许和连等（2005）进一步构建三部门模型研究出口贸易的技术外溢效应，研究发现工业制成品出口部门对非出口部门存在技术外溢效应，而初级产品出口部门对非出口部门不存在技术外溢效应，出口部门较高的全要素生产率有助于吸引地区生产资源，从而优化地区的资源配置来提高整体生产效率。另一方面，出口贸易的垂直溢出表现为出口企业与上下游企业之间的联系导致的行业间的技术外溢效应。邹武鹰等（2007）实证检验了向美国等 OECD 国家出口的企业与上游企业间的购买中间品和服务的行为，带来了对上游企业的技术外溢。李平等（2010）发现行业间竞争程度越激烈，这种垂直外溢效应越明显。

综上所述，出口与创新之间的关系较为复杂，现有文献大多基于企业层面，少数研究区域层面的文献主要运用省级数据，缺乏城市层面的研究。由于出口不仅为出口企业创新带来影响，技术知识也容易在同一区域的企业之间进行传播，将企业层面加总到城市层面研究出口与创新之间的关系存在重要意义。此外，与非民族地区相比，民族地区有其独特性，现有文献缺乏对民族地区的研究。因此，本章关注民族地区，研究城市层面的出口与创新的关系。

7.2　民族地区出口贸易发展现状分析

7.2.1　民族地区分省份出口现状

整体来看，2004 年民族地区出口总额为 111.23 亿美元，占中国出口总额的 1.87%。到 2016 年民族地区出口总额为 765.4 亿美元，占中国出口总额的 3.08%。从民族地区八个省份的出口规模来看，出口主要集中在广西、新疆和云南三个省份。2004 年新疆出口额 30.46 亿美元，占民族地区出口总额的 27.39%，排名第一；其次是广西，出口额为 23.86 亿美元，占比 21.45%；最后是云南，出口额为 22.39 亿美元，占比 20.15%。三个省份出口额占比达 68.96%。此后，新疆出口规模和占比不断扩大，2008 年新疆出口额达 192.99 亿美元，占比达到 48.85%，2009 年后新疆出口规模不断波动，但其出口占民族地区比重有所下降。2015 年广西出口额为 279.34 亿美元，首次超过新疆成为民族地区出口额最高的省份。除广西外，其他七个省份的出口额占比均逐年下降。2016 年广西出口额为 229.26 亿美元，占民族地区出口总额的 36.12%，其次是新疆和云南，三个省份占比达 78.78%。西藏出口规模最小，2016 年出口额为 4.72 亿美元，仅占民族地区出口额的 0.74%。2004～2016 年民族地区各省份出口额变化情况如表 7－1 所示。可以看出，民族地区出口规模逐年上升，这主要得益于“一带一路”倡议下，由于独特的地缘优势，积极参与到六大经济走廊的建设中，不断打造贸易平台和创造交流合作机会，发展地区经济贸易。①

① 根据历年《中国区域经济统计年鉴》和各省份统计年鉴数据整理。

表 7—1　　2004～2016 年民族地区各省份出口额　　单位：亿美元

年份	广西	新疆	云南	贵州	内蒙古	宁夏	青海	西藏
2004	23.86	30.46	22.39	8.67	13.54	6.46	4.55	1.30
2005	28.77	50.39	26.42	8.59	17.74	6.87	3.23	1.65
2006	35.93	71.39	33.91	10.38	21.41	9.43	5.34	2.22
2007	51.09	115.02	47.68	14.65	29.44	10.86	3.86	3.26
2008	73.47	192.99	49.84	19.01	35.92	12.58	4.19	7.08
2009	83.75	109.35	45.13	13.57	23.15	7.43	2.52	3.75
2010	96.03	129.69	76.06	19.20	33.34	11.70	4.66	7.71
2011	124.58	168.26	94.72	29.85	46.87	15.99	6.62	11.83
2012	154.68	193.46	100.17	49.52	39.70	16.41	7.29	33.55
2013	186.93	222.68	156.71	68.86	40.93	25.52	8.47	32.69
2014	243.27	234.81	187.87	93.97	63.94	43.03	11.28	21.01
2015	279.34	174.96	166.16	99.49	56.50	29.63	16.42	5.87
2016	229.26	155.82	114.90	47.43	43.96	24.87	13.70	4.72

7.2.2 民族地区城市出口现状

从城市层面来看，民族地区八省份共 85 个地级市，2016 年出口额超过1 亿美元的城市有 19 个，排名前十的城市分别为崇左市、伊犁哈萨克自治州、柳州市、乌鲁木齐市、昆明市、贵阳市、南宁市、喀什地区、德宏傣族景颇族自治州和玉溪市，其中来自广西、新疆和云南三个省份的城市各三个。广西壮族自治区崇左市 2016 年出口额为 10.86 亿美元，在民族地区城市中排名第一，2004 年崇左市出口额仅为 0.28 亿美元，2014 年起超过新疆排名第一，由于崇左市是中越“两廊一圈”和南宁—新加坡经济走廊的重要节点，是中国通往东盟最便捷的通道，是中国边境口岸最多的城市，优越的边境条件为崇左市发展对外贸易提供了得天独厚的条件。新疆维吾尔自治区伊犁哈萨克自治州 2016

年出口额为 5.81 亿美元，排名第二。广西壮族自治区柳州市 2015 年之前出口额不超过 1 亿美元，2016 年出口额跃升至 4.59 亿美元，排名第三。作为中国五大汽车城之一，在“一带一路”建设中柳州工业制造走向世界，促进了对外贸易的发展。新疆维吾尔自治区乌鲁木齐市和云南省昆明市作为两个省会城市，2013 年之前其出口额均排名前三，2013 年起两大城市出口额达到历年最大值后有所下降，排名被反超，2016 年出口额分别为 4.21 亿美元和 4.13 亿美元，排在第 4 位和第 5 位。① 2004～2016 年民族地区城市出口额变化情况如表 7—2 所示。可以看出，民族地区城市出口排名比较稳定，“一带一路”倡议的推动，使得拥有地缘优势和优秀企业的城市不断开拓对外贸易新格局。

表 7—2　　2004～2016 年民族地区城市出口额　　单位：亿美元

年份	崇左市	伊犁哈萨克自治州	柳州市	乌鲁木齐市	昆明市	贵阳市	南宁市	喀什地区	德宏傣族景颇族自治州	玉溪市
2004	0.28	0.15	0.03	0.74	1.38	0.75	0.51	0.02	0.19	0.10
2005	0.41	1.47	0.04	1.43	1.74	0.76	0.14	0.09	0.27	0.14
2006	0.44	1.80	0.10	2.03	2.33	0.92	0.72	0.47	0.34	0.14
2007	0.78	2.33	0.10	3.45	3.24	0.46	1.01	1.30	0.43	0.14
2008	1.34	5.68	0.17	4.80	3.53	1.41	1.59	1.97	0.46	0.20
2009	2.58	2.70	0.17	2.97	2.97	1.26	2.38	0.87	0.57	0.14
2010	3.41	3.01	0.03	4.44	4.78	0.83	1.59	0.89	0.85	0.27
2011	4.68	3.06	0.06	6.70	6.60	2.78	1.66	1.00	1.11	0.36
2012	6.81	3.76	0.91	8.06	5.69	4.21	2.52	1.07	1.28	0.50
2013	9.76	5.69	0.87	6.40	10.12	5.92	2.35	1.99	1.92	0.68
2014	13.18	8.75	0.80	7.22	11.61	7.27	2.62	1.89	2.94	0.91
2015	14.23	5.71	0.78	4.81	9.45	7.94	3.25	1.54	2.54	1.85
2016	10.86	5.81	4.59	4.21	4.13	3.32	3.19	2.82	2.27	1.99

① 根据历年《中国区域经济统计年鉴》和各省份统计年鉴数据整理。

7.2.3 民族地区出口贸易发展机遇

“一带一路”倡议实施以来，“五通”和六大经济走廊的建设推动了民族地区经济贸易的发展，为民族地区出口贸易带来了重要机遇。（1）民族地区独特的地缘优势带来了更大的贸易优势。由于地理距离的存在，运输成本是企业面临的无法克服的“冰山成本”，而处于沿边位置的民族地区具有巨大的地缘优势，如广西毗邻东盟地区，成为中国面向东盟的国际大通道；新疆内联西北各省份，外接中亚五国，成为丝绸之路经济带的核心区域；云南毗邻东南亚和南亚各国，成为北连丝绸之路经济带，南连海上丝绸之路的重要节点，将民族地区打造成重要的交通枢纽，推动民族地区外贸发展。（2）“一带一路”为民族地区带来更大的贸易空间。“一带一路”沿线国家贯穿欧亚非大陆，涉及136个国家，自“一带一路”倡议提出至2018年底，中国与“一带一路”沿线国家贸易总额达64691.9亿美元。“一带一路”朋友圈仍在日益扩大，为中国企业国际化发展开辟了新的重要发展空间，提供了重大的机遇。民族地区作为“一带一路”的关键节点和重要枢纽，比非民族地区拥有更大的发展空间。（3）“一带一路”为民族地区带来了更大的贸易便利。“一带一路”倡议将促进贸易投资便利化作为重要建设内容，一方面加强交通基础设施等硬件建设，如中欧班列、跨境高铁以及边境口岸等；另一方面加强通关一体化等制度建设，尽可能减小通关、运输等障碍，缩小贸易成本，这些都将为民族地区贸易发展带来更多便利。

7.2.4 民族地区出口贸易发展挑战

民族地区位于中国西部地区，虽然民族地区幅员辽阔、资源丰富，但与非民族地区相比，其基础设施、经济发展等依然存在较大差距，民族地区外贸发展还面临众多挑战。首先，民族地区大多毗邻边境，部分亚洲国家政治局势存在不稳定因素，给贸易便利化建设带来了阻碍，这就要求民族地区承担起保卫国家安全的责任，加强边境安全保障；贸易伙伴国政治局势的不稳定也为开展贸易带来了挑战，将减小民族地区企业的贸易积极性和增加贸易风险。其次，民族地区出口贸易结构不合理。根据《中国高技术产业统计年鉴》数据显示，2016 年民族地区高技术产品出口额为 522.87 亿元，仅占全国高技术产品出口总额的 1%，其中广西出口额为 355.21 亿元，贵州出口额为 69.22 亿元，云南出口额为 55.30 亿元，宁夏出口额为 24.93 亿元，内蒙古出口额为 15.51 亿元，新疆出口额为 2.43 亿元，青海出口额为 0.24 亿元，西藏出口额为 0.02 亿元。民族地区缺乏高新技术产业，其出口产品主要以资源密集型和劳动密集型产品为主，虽然民族地区拥有优越的地理条件，但是缺乏具有核心竞争力的工业产业，难以推动区域经济持续高质量发展。

7.3　民族地区创新能力指数

7.3.1　民族地区分省份创新能力

创新是发展的第一动力，为实现区域经济高质量发展，必须着重提高城市创新能力。专利是创新产出的重要组成部分，由于专利具有一定的经济价值，专利申请需要耗费人力、物力并且具有一定的风险，因此可以用专利申请情况来衡量区域创新能力。从宏观层面看，民族地区专利申请总量从 2014 年的 2433 件增长到 2016 年的 22767 件，增加了近 8.4 倍，但在全国专利申请总量的比例由 3.77%下降到 3.18%，说明民族地区创新能力有所提高，但提高速度慢于全国平均水平。其中，广西排名第一，2016 年专利申请量为 5555 件，比 2004 年增长了 6.4 倍；其次是云南和贵州，2016 年专利申请量分别为 4942 件和 4341 件；西藏和青海专利申请量最少，2016 年仅有 44 件和 612 件。[①]

① 《中国统计年鉴（2017）》。

从微观层面看，由复旦大学产业发展研究中心、第一财经研究院和复旦大学中国经济研究中心共同合作发布的《中国城市和产业创新力报告 2017》中公布的历年各城市创新指数[①]，可以看出民族地区各省份的创新指数不算提高。如表 7—3 所示，2004 年排名第一的云南创新指数仅为 3.98，创新指数最低的西藏仅为 0.1；随着各省份经济科技的快速发展，2016 年云南的创新指数提高至 52.55。各省份的创新指数排名和专利申请量排名基本一致，2014 年之前云南的创新指数最高，2015 年广西首次超过云南排在第 1 位。2016 年广西居第 1 位，创新指数为 72.58，在全国列第 19 位；其次是云南、贵州、内蒙古、新疆、宁夏、青海和西藏，在全国的排名分别为第 22、23、26、27、29、30 和 31 位。

表 7—3　　　　2004～2016 年民族地区各省份创新指数

年份	广西	云南	贵州	内蒙古	新疆	宁夏	青海	西藏
2004	2.05	3.98	2.28	1.98	1.59	0.76	0.44	0.10
2005	2.62	5.18	3.04	2.17	1.82	0.86	0.48	0.11
2006	3.28	6.79	3.93	2.54	2.19	1.17	0.60	0.15
2007	3.98	8.24	5.00	2.84	2.55	1.20	0.71	0.19
2008	4.83	9.69	6.13	3.29	2.59	1.36	0.79	0.24
2009	6.01	11.63	7.56	4.01	3.00	1.46	0.86	0.26
2010	8.02	14.22	9.57	5.01	3.82	1.66	0.97	0.34
2011	11.03	18.47	12.71	6.57	5.15	2.04	1.29	0.46
2012	14.91	24.32	16.36	9.08	6.94	2.80	1.74	0.68
2013	21.06	30.36	20.25	11.92	9.05	3.68	2.18	0.90
2014	30.60	36.37	26.40	13.97	11.22	4.66	2.65	1.07
2015	49.35	44.44	33.55	17.58	14.77	6.53	3.50	1.22
2016	72.58	52.55	41.56	21.31	17.94	8.34	4.78	1.42

① 城市创新指数是基于微观专利数据，考虑专利价值而非专利数量，使用国家知识产权局的发明授权专利构建专利更新模型来估计其价值，将各专利的价值加总到城市层面，得到城市创新指数。

从表 7—3 可以看出，民族地区各省份的创新能力逐年提升，虽然广西的专利申请量历年以来最多，但是 2014 年之前云南的专利价值更高，2014 年之后广西的专利价值有所提高并超过云南，成为民族地区中创新能力最强的省份。民族地区创新能力在全国范围排名落后，属于中国创新能力较薄弱的区域。

7.3.2　民族地区城市创新能力

具体到城市层面，民族地区 85 个城市中创新指数排名前十的城市分别为昆明、贵阳、南宁、桂林、柳州、乌鲁木齐、呼和浩特、银川、包头和遵义，其中新疆、云南和宁夏各 1 个，内蒙古 2 个，广西 3 个（见表 7—4）。2016 年民族地区城市创新指数排名第一的为云南昆明，其创新指数为 37.72，在全国排第 32 位，是 2004 年的 12 倍。昆明最具创新能力的五个行业为化学原料和化学制品制造业、医药制造业、专用设备制造业、通用设备制造业、仪器仪表制造业，这五个行业主要是高技术产业，其创新能力占比达到 61.89%。排在第 2 位的是贵州贵阳，其创新指数为 28.96，是 2004 年的 18 倍，全国排名第 40 位，贵阳最具创新能力的行业为医药制造业，创新指数 5.79，占比 20%。第 3 位为广西南宁，其创新指数为 23.96，是 2004 年的 30 倍，全国排名第 45 位。南宁最具创新能力的行业为化学原料和化学制品制造业，创新指数为 5.23，占比 22%。[①] 可以看出，2004 年以来，民族地区城市创新指数均有较大幅度的提高，但其创新指数在全国城市的排名较低，民族地区最具创新能力的行业集中在医药制造业、设备制造业和化学品制造业等高技术产业。

---

① 《中国城市和产业创新力报告 2017》。

表 7—4　　2004～2016 年民族地区城市创新指数前十位

年份	云南昆明	贵州贵阳	广西南宁	广西桂林	广西柳州	新疆乌鲁木齐	内蒙古呼和浩特	宁夏银川	内蒙古包头	贵州遵义
2004	3.17	1.60	0.79	0.36	0.24	1.13	0.56	0.55	0.51	0.10
2005	4.12	2.20	1.02	0.54	0.28	1.27	0.58	0.65	0.59	0.14
2006	5.39	2.87	1.29	0.81	0.33	1.54	0.66	0.84	0.73	0.20
2007	6.49	3.67	1.49	1.18	0.38	1.80	0.66	0.80	0.83	0.30
2008	7.56	4.57	1.71	1.40	0.54	1.83	0.75	0.91	0.94	0.40
2009	9.12	5.65	2.01	1.78	0.72	2.11	1.04	0.96	1.12	0.57
2010	11.13	7.23	2.66	2.49	1.03	2.76	1.41	1.06	1.48	0.72
2011	14.03	9.68	3.69	3.30	1.50	3.76	2.29	1.29	1.77	1.07
2012	18.05	12.34	5.22	4.45	2.03	5.06	3.76	1.81	2.19	1.63
2013	22.07	15.23	7.59	5.90	2.97	6.45	5.38	2.42	2.76	2.11
2014	26.39	19.59	11.20	7.93	4.41	7.93	6.34	3.03	3.14	2.71
2015	32.10	24.26	17.12	12.13	7.77	10.27	7.97	4.30	4.19	3.73
2016	37.72	28.96	23.96	17.01	13.22	12.35	9.50	5.52	5.22	5.18

7.4　出口对城市创新能力影响的实证研究

7.4.1　模型设定

基于胡翠等（2015）和李兵等（2016）对出口与创新的研究，本章建立如下计量模型来研究高技术产品出口对城市创新能力的影响。

$$innov_{it} = \alpha + \beta ex_{it} + \gamma X_{it} + \nu_{it} + u_{it} + \varepsilon_{it}$$

其中，i 表示城市，t 表示年份；被解释变量 $innov_{it}$ 表示城市创新能力；ex_{it} 表示城市出口额；X_{it} 表示其他控制变量，包括经济、开放、金融和教育水平；ν_{it} 表示个体效应；u_{it} 表示时间效应；ε_{it} 为误差项。

7.4.2　变量选取与数据来源

被解释变量为城市创新能力（*innov*）。参考宋弘等（2019）和熊波等（2019）的文献，本章选择《中国城市和产业创新力报告 2017》公布的各城市创新指数为被解释变量。本章选取考虑专利价值的城市创新指数作为创新能力的代理指标，优于全要素生产率（total factor productivity，TFP）、R&D 支出以及专利数量。

核心解释变量为城市出口额（*ex*）。为控制其他因素的影响，参考陈诗一等（2018）的研究，模型选取了以下城市特征指标作为控制变量：经济水平（*pdgp*），选取人均地区生产总值衡量；开放水平（*fdi*），选取实际使用外资金额衡量；金融水平（*fina*），选取金融机构贷款与存款的比值衡量；教育水平（*edu*），选取教育支出金额衡量。出口、经济、科技、教育、文化和开放水平的相关数据中，2005～2013 年数据来自《中国区域经济统计年鉴》，2014～2016 年数据来自《中国城市统计年鉴》、各省份的统计年鉴和海关数据。对所有变量加 1 后取对数，数据的描述性统计如表 7—5 所示。

表 7—5　　数据的描述性统计

变量	变量含义	衡量指标	样本量	中间值	标准差	最小值	最大值
ln*innov*	创新能力	城市创新指数	1105	0.34	0.54	0.00	3.66
ln*ex*	城市出口	出口额	1105	8.35	3.39	0.00	14.17
ln*pgdp*	经济水平	人均 GDP	1105	9.84	0.86	7.35	12.28
ln*fdi*	开放水平	实际使用外资	1105	5.79	3.67	0.00	12.26
ln*fina*	金融水平	存贷比	1105	0.47	0.16	0.00	0.98
ln*edu*	教育水平	教育支出	1105	2.55	1.11	0.00	4.71

7.4.3　实证结果分析

对民族地区 85 个城市创新能力的整体回归结果如表 7—6 所示。模型 1 和模型 2 用混合 OLS 回归方法，模型 1 只加入核心解释变量城市出口额，可以看出城市出口额每提高 1%，城市创新指数提高 0.074%，并且系数在 1%的显著性水平上显著。模型 2 进一步加入其他城市特征变量后，出口额的回归系数依然显著为正，但系数下降到 0.020，说明城市出口额每提高 1%，城市创新指数提高 0.020%。模型 3 和模型 4 采用固定效应模型，从回归结果可以看出，只加入核心解释变量时，出口对创新能力的系数为 0.059，并且在 1%的显著性水平上显著。加入其他城市特征变量作为控制变量之后，出口前系数下降到 0.002，但依然在 1%的显著性水平上显著。为了避免可能存在的反向因果关系和遗漏变量问题带来的内生性问题，模型 5 和模型 6 使用系统 GMM 方法，选取滞后一期的出口额为工具变量。回归结果显示，只加入核心解释变量时，出口前系数为 0.049，进一步加入其他控制变量之后，出口前系数下降为 0.017，

表 7—6　　整体回归结果分析

变量	模型 1 OLS	模型 2 OLS	模型 3 FE	模型 4 FE	模型 5 GMM	模型 6 GMM
ln*ex*	0.074*** (0.005)	0.020*** (0.004)	0.059*** (0.011)	0.002*** (0.007)	0.049*** (0.002)	0.017*** (0.003)
ln*pgdp*		0.110*** (0.014)		0.167*** (0.045)		0.096*** (0.011)
ln*fdi*		0.023*** (0.003)		−0.002 (0.004)		0.016*** (0.002)
ln*fina*		0.351*** (0.098)		0.347*** (0.109)		0.155*** (0.058)
ln*edu*		0.137*** (0.016)		0.088*** (0.033)		0.105*** (0.009)
Constant	−0.279*** (0.033)	−1.560*** (0.148)	−0.160* (0.095)	−1.705*** (0.393)	−0.162*** (0.016)	−1.262*** (0.111)
Observations	1105	1105	1105	1105	1020	1020
R^2	0.210	0.365	0.090	0.344	0.151	0.323

注：括号内为标准误，*、*** 分别表示在 10%、1%的水平上显著。

但是两个系数都在 1%的显著性水平上显著。通过不同的计量方法和对内生性问题的控制，回归结果均显示，城市出口额增加对城市创新能力的提高有显著的促进作用。从其他控制变量可以看出，城市的经济水平、开放水平、金融水平和教育水平均有助于促进城市创新能力的提高。

进一步分析出口对不同省份创新能力的影响，8 个省份的回归结果如表 7—7所示。可以看出，广西、青海和宁夏的出口对城市创新能力的影响不显著，内蒙古、贵州、云南、西藏和新疆的出口对城市创新能力均有显著的促进作用。其中，云南的出口贸易对城市创新能力的促进作用最大，云南出口额每提高 1%，城市创新能力提高 0.088%。其次是贵州，出口额每提高 1%，其城市创新能力提高 0.075%。内蒙古、新疆和西藏的城市出口额对城市创新能力的促进作用较小，系数分别为 0.033、0.025 和 0.020。广西作为民族 8 个省份中出口额最大和创新指数最高的省份，出口对创新的促进作用不显著。新疆出口额在 8 个省份中排名第二，但其出口对城市创新能力的促进作用较小。而西藏虽然出口额最低，但出口对城市创新存在显著的促进作用。

表 7—7　　　　分省份回归结果分析

变量	内蒙古	广西	贵州	云南	西藏	青海	宁夏	新疆
ln*ex*	0.033**	0.029	0.075***	0.088***	0.020***	0.011	−0.023	0.025**
	(0.014)	(0.030)	(0.018)	(0.020)	(0.005)	(0.008)	(0.018)	(0.011)
ln*pgdp*	−0.004	0.235***	0.495***	0.334***	0.036	−0.008	0.135*	0.127***
	(0.041)	(0.059)	(0.091)	(0.059)	(0.022)	(0.036)	(0.077)	(0.022)
ln*fdi*	0.033**	0.052***	0.048***	0.006	0.002	−0.003	0.055***	0.028***
	(0.016)	(0.020)	(0.016)	(0.013)	(0.007)	(0.008)	(0.011)	(0.007)
ln*fina*	0.386	1.115***	0.309	1.027***	−0.027	0.743***	1.559***	0.245
	(0.322)	(0.269)	(0.431)	(0.342)	(0.072)	(0.207)	(0.412)	(0.158)
ln*edu*	0.157***	0.272***	−0.204***	0.141***	0.039**	0.079**	0.144***	0.031
	(0.031)	(0.043)	(0.076)	(0.032)	(0.019)	(0.031)	(0.051)	(0.029)
Constant	−0.821**	−3.849***	−4.516***	−4.482***	−0.444**	−0.236	−2.272***	−1.607***
	(0.379)	(0.535)	(0.765)	(0.666)	(0.211)	(0.327)	(0.616)	(0.301)
Observations	156	182	117	208	91	104	65	182
R^2	0.337	0.527	0.585	0.560	0.484	0.537	0.799	0.308

注：括号内为标准误，*、**、*** 分别表示在 10%、5%、1%的水平上显著。

整体上看，出口显著促进了民族地区 8 个省份的城市创新能力；分省份来看，出口仅显著促进了内蒙古、贵州、云南、西藏和新疆的城市创新能力。出口对城市创新能力的促进作用主要来自三个方面。第一，竞争效应。出口行为将企业置身于国际市场的大环境中，一方面，企业将拥有更大的市场规模，从而促进企业投入的增加，获取更大的国际市场；另一方面，企业不仅将面临超过国内市场的更多的国际竞争对手以及国际客户更高的产品质量要求，而且将面临比在国内市场销售产品更大的贸易成本。面临更大的挑战和成本时，为在国际竞争中获益，企业必须提高自主创新能力，降低生产成本，从而提高企业绩效。第二，学习效应。企业在国际市场的出口行为，将使得企业拥有比国内市场更广阔的国际市场。在国际市场上，企业将有机会接触到国外更先进的技术、更高质量的产品、更优秀的企业以及更多元的信息，外商合作伙伴以及竞争对手给企业带来的示范作用以及人员交流合作中的先进经验，这些都将为企业带来更广阔的视野和技术创新的知识源泉，为企业提供更多的学习机会。第三，政策效应。出口企业通常拥有比国内其他非出口企业更强大的企业实力，以及对国家经济和政治等多方面的拉动作用，使得出口企业能够享受更多的优惠政策，如出口企业更易获得融资贷款、出口补贴和其他优惠政策，使企业拥有更广阔的发展机会。然而，对于广西、青海和宁夏，出口对城市创新能力的影响不显著，因为低技术出口只是实现了出口规模的扩张，对企业绩效没有显著影响，只有高技术出口才能真正通过提高企业创新能力从而促进企业出口。为了促进出口对城市创新能力的影响，应该着力于发展高技术产业，通过高技术出口实现制造业高质量发展。

7.5 结论与政策建议

本章在对民族地区出口和创新能力现状进行分析的基础上，实证分析了 2004～2016 年出口对民族地区城市创新能力的影响。实证结果显示，出口对民族地区整体的城市创新能力有显著的促进作用，但是分省份来看，出口仅能显著促进内蒙古、贵州、云南、西藏和新疆五个省份创新能力的提高，对广西、青海和宁夏三个省份的影响不显著。为获得更大的国际市场份额，出口对城市创新能力的促进作用主要来自三个方面：一是在竞争效应的激励下，企业必须不断通过技术升级和自主创新提升产品质量，获得竞争优势；二是在学习效应的作用下，企业拥有更多与国外先进技术企业合作与交流的机会，促使企业为满足国外市场需求，在学习和模仿中实现自主创新；三是在政策效应的支持下，出口企业将获得更多的创新资源及开放合作机会，从而提高创新产出，实现技术升级和自主创新。但是，如果出口仅仅依靠简单的规模扩张效应，低技术出口不能带来城市创新能力的提高，必须大力发展高技术产业，实现经济高质量发展，从而带来城市创新能力的提高。

基于上述结论，本章提出以下政策建议。

（1）善用区位优势，开拓对外贸易新市场。“一带一路”倡议背景下的民族地区具有得天独厚的区位优势，作为交通枢纽和对外开放的窗口门户，民族地区应该牢牢抓住“一带一路”的发展机遇，对内加强与国内其他地区的经济产业合作，寻找优势互补产业，推动新产业的开发和现有产业的转型升级；对外加强与周边国家的经济合作，利用地理优势和人文优势，借助民族地区与周边国家在语言、风俗、历史和信仰上的联系，增强与周边国家的文化交流、经贸合作，发展适合周边国家的产业，开发新产品、开拓新市场，不断拓宽民族地区对外贸易新市场，扩大出口份额，从而推动出口对城市创新能力的影响。

（2）完善软硬件建设，推进贸易便利化建设。民族地区处于“一带一路”的交通枢纽和边疆地区，应该抓住机遇完善软硬件建设。硬件方面，大力发展交通、通信、口岸等基础设施建设，改善经济基础薄弱对地区开放经济发展的制约。尤其是沿边口岸，作为民族地区发展开放经济的重要窗口，应该完善口岸的开放布局，加强口岸物流体系建设，尽可能实现公路、铁路、空运、水运等多式联运。软件方面，民族地区处于国家的边防，应该积极利用现代化技术，在保障国家安全的基础上，不断完善通关体制建设，尽可能节约通关时间，提高双边贸易效率，不断推动贸易便利化建设。贸易便利化将为企业带来成本的节约和贸易规模的扩大，从而促进城市创新能力的提高。

（3）优化产业结构，大力发展高技术产品贸易。虽然中国已成为高技术产品的第一大出口国，但民族地区高技术产业发展依然薄弱。民族地区出口依然以资源密集型和劳动密集型产品为主，缺乏具有核心竞争力的、高附加值的产品。为推动城市创新能力发展，民族地区应结合区域经济和资源优势，不断优化产业结构、加大创新投入、培养研发人才、开放创新合作，实现核心产品国产化，促进高技术出口对城市创新能力的提高。逐步改善出口产品质量，防止由于依赖规模效益带来的低质量出口对城市创新能力提升带来的负面影响。

第 8 章

高技术产品出口与中国城市创新能力

改革开放 40 多年来，中国经济经历了高速增长，创造了一个又一个的“中国奇迹”。然而随着劳动力成本快速上升、环境压力日益加大和资本投入回报不断下滑等，原来简单粗放的发展方式已经不可持续，中国经济必须从高速增长转向高质量发展，技术进步和创新成为未来经济高质量发展的关键。城市是国家参与国际经济活动的基本单位，城市发展和城市竞争力的提高是提升国家综合实力的基础，科技创新能力是城市竞争力发展的源泉，城市创新能力成为搭建中国经济“出于灵感而非劳动”发展的基石。

高技术产业作为国民经济中 R&D 投入强度较高的制造业，其中凝结着较大的创新投入和产出，在出口对创新的影响尚有争议的情况下，中国高技术产业的出口是否能推动城市创新能力的提高？哪些高技术产品出口对城市创新能力的提高具有更大的推动力？集约边际还是扩展边际更能影响城市创新能力？这些问题对于提高中国城市创新能力，进而提高整个中国的创新能力至关重要。

目前出口与创新的研究中，创新的代理指标主要有三种，即全要素生产率（TFP)、研发投入中的 R&D 支出以及专利数量。TFP 的使用较为广泛，将无法用劳动和资本解释的经济增长定义为技术进步存在一定的偏差。R&D 支出反映了创新投入产生的创新激励，但是投入不一定转换为产出，R&D 支出数据的真实性和可获得性也比较差。最后一类是专利数据，专利能够较好地反映创新产出，专利的垄断性也能激励创新活动，而且专利数据比较公开客观，更新的也比较及时，但是目前的研究普遍是将专利数量直接作为创新绩效，而没有考虑专利价值。本章选取由复旦大学产业发展研究中心、第一财经研究院和复旦大学中国经济研究中心共同发布的《中国城市和产业创新力报告 2017》中 2001～2016 年各城市创新指数作为创新能力的代理指标，优于 TFP、R&D 支出以及专利数量。

8.1 文献综述

8.1.1 关于出口与创新的关系

在出口与创新关系的研究中，目前主要存在两种理论，即出口选择效应和出口学习效应。还有部分学者认为出口与企业创新之间并没有直接的关系，因此对于出口是否能够影响企业自主创新能力的研究还存在争议。

8.1.2 出口选择效应

部分学者认为企业出口是由于其生产率本身就高于非出口企业，才能克服出口面临的贸易成本，出口并不能促进企业技术升级或自主创新。伯纳德和詹森（Bernard and Jensen，1995、1999）认为与非出口企业相比，出口企业只是由于过去具有较高的生产率和业绩，而从长期来看，由于出口后企业遇到更复杂的国际环境，实证数据显示出口并没有使得出口企业维持比非出口企业更好的企业绩效。韦伯和罗伯茨（2000）用韩国和中国台湾制造业企业数据、瓦格纳（Wagner，2002）用德国制造业企业的数据也验证了出口选择效应，高生产率的出口商进入出口市场是自身选择的结果，而进入或退出出口市场的行为对企业生产率不存在显著影响。

8.1.3　出口学习效应

大部分学者认为出口企业存在出口学习效应，出口行为将企业置于国际竞争环境中，通过学习和吸收先进技术，能够带来企业的技术创新，从而提高企业绩效。德勒克（De Loecke，2007）运用斯洛文尼亚制造企业的微观数据进行实证检验后发现，一旦进入出口市场，出口企业的生产率会有所提高，而且出口时间越长生产率越高，只向高收入地区出口的企业生产率更高。凯勒（Keller，2009）建立了内生技术转移模型，认为由于技术知识的跨国流动，参与出口的企业可以在贸易和对外直接投资的环境中享受技术外溢的学习效应。孙和洪（Sun and Hong，2011）运用中国企业的数据检验发现出口能够提高企业生产率，但与洛克（2007）不同的是，他们发现随着出口时间的延长，企业的收益会下降，并且外资企业的收益小于国内企业，出口对企业生产率的提高主要是由于出口促使企业开发新产品提高了企业的创新能力。胡翠等（2015）认为出口有利于企业生产率的提高，并且出口目的地技术水平越高、加工贸易占比越大、出口产品种类越丰富，越有利于出口企业生产率的提高。李兵等（2016）利用企业的专利申请量作为企业创新能力的代理指标，认为出口企业存在“边出口、边学习”效应，出口企业能在出口中学习国外先进技术的基础上进行自主创新，即存在“出口引致创新”效应。有学者用 9 个非洲国家的制造商数据检验发现，出口有助于促进企业生产率的提高（Biesebroeck，2005）。比斯托（Bustos，2011）认为出口对企业绩效的影响并不是来自选择进入出口市场，而是通过扩大出口机会，如降低关税率来提高企业的生产率。

8.1.4　同时存在出口选择和出口学习效应

也有部分学者在研究出口与企业绩效的关系时，发现两种效应同时存在。鲍德温和顾（Baldwin and Gu，2004）在研究加拿大制造业厂商的出口行为时也发现出口企业本身就拥有较高的生产率，但同时出口也使得企业拥有更多接触国际市场的学习机会和获得研发及培训的投资的机会。钱学锋等（2011）认为出口选择效应和出口学习效应同时存在，前者体现在拥有更高生产率的企业会选择出口，后者体现在出口显著促进了企业生产率的提高。邱斌等（2012）检验了出口与创新之间的双向因果关系，发现中国制造业企业同时存在出口选择和出口学习效应，并且两种效应都随出口时间而增强。但不同的是，只有小型企业存在出口选择效应，中大型企业不存在；所有企业都存在出口学习效应，但小型企业的学习效应更强。马立克和杨（Mallick and Yang，2013）认为出口企业在选择出口时生产率比非出口企业高，但是出口企业中生产率较低的企业会随着出口行为的开展逐渐退出出口市场。

8.1.5 出口与创新之间无显著关系

还有部分学者认为出口对企业创新并没有影响，出口并不能促进企业技术升级或自主创新。莎玛和米什拉（Sharma and Mishra，2011）利用印度四个行业的样本检验出口与企业 TFP 的关系，发现三个行业都显示出口对于企业的生产率没有显著影响。这是由于出口具有较高的沉默成本以及国外信息严重的不对称性，出口行为并不能提高企业的生产率，而一旦不出口又将会对企业生产率产生不利影响。隆（Luong，2013）利用中国汽车行业的数据检验出口和生产率之间的关系，结果显示出口对于企业的生产率并没有显著的影响。张杰等（2009）发现出口对于中国制造业企业全要素生产率的促进作用在第四年开始减弱，而且全要素生产率的提高并不是来自企业创新，而是企业生产工艺的改进、组织管理模式的改善、外部环境管制的放松以及金融资源可获得性更强等非创新因素的作用。因此，长期来看出口并没有提高企业的自主创新能力，并且出口对于经济增长的促进作用也是不可持续的。邵敏（2012）也发现出口企业的生产率只在出口前两年有所提高，但是出口并不能使得生产率持续增长，尤其是对于中低技术行业，出口只能使其获得低生产率的规模扩张，出口学习效应只发生在高技术行业，而加工贸易和低技术行业只能获得规模经济的扩张，不能提高企业的生产率。

可以看出，目前关于出口与企业绩效关系的研究中，大部分学者利用宏观和微观数据验证了出口学习效应（马述忠等，2010；钱学锋等，2011），但是对于出口学习效应的机制没有找到很好的解释，原因就在于没有找到对企业绩效测度最合理的指标。因此，现有文献缺乏直接研究出口对企业自主创新能力的影响。

8.2　关于创新指标的选取

目前对创新的度量主要有三个方面，分别是全要素生产率、研发投入支出以及专利。

第一，全要素生产率（TFP）。TFP 的使用最为广泛，TFP 是一个索洛剩余，也就是将所有无法用劳动和资本解释的经济增长定义为技术进步，这显然存在一定的偏差，因此 TFP 不能准确衡量企业的技术进步或技术创新的提高（Bernard and Jensen，1995、1999；Biesebroeck，2005；张杰等，2009；Bustos，2011；Dai and Yu，2013）。

第二，研发（R&D）投入。R&D 支出反映了创新投入产生的创新激励，但是投入不一定转换为产出，R&D 支出数据的真实性和可获得性也比较差（Bravo-Orte et al.，2014；Lileeva and Trefler，2010；康志勇，2011；Liu and Qiu，2016）。部分学者使用企业的微观调查数据，依然将企业的研发投入作为企业创新的衡量指标。朱恒鹏（2006）运用对中国 10 个省市 800 家民营企业的调查数据，考察各种企业、行业和地区因素对企业创新行为的影响，用企业各种类型的 R&D 经费占销售收入的比重来衡量企业的创新能力。安同良等（2006）利用江苏省制造业企业的调查数据，依然使用 R&D 活动来衡量企业的技术创新行为，研发内容包括研发强度、研发频率、研发主体等方面，对企业创新行为的解释比单独用研发强度更全面。张杰等（2007）也使用江苏省企业的调查数据，但是他设计了研发投入与技术更新投入总和占企业销售额的比重作为企业创新能力的指标，丰富了企业创新能力的内涵。研究发现，出口到发达国家对中国企业的自主创新有显著的促进作用，但是出口低成本、低技术的产品反而使得企业依赖于低技术生产模式，反而会降低企业的创新能力。

第三，专利数据。专利能够较好地反映创新产出，专利的垄断性也能激励创新活动，而且专利数据比较公开客观，更新也比较及时。利用专利数据衡量企业创新时主要采用两种指标。第一种是专利数量，使用最为普遍，格里里奇（Griliches，1990）、多西等（Dosi et al.，2006）、霍尔等（Hall et al.，2012）将专利作为企业技术创新能力的衡量指标。周煊等（2012）用不同类型的专利申请量作为企业技术创新水平的衡量指标，检验其对企业绩效的影响。李兵等（2016）利用企业的专利申请量作为企业创新能力的代理指标，实证检验了出口对企业创新能力的促进作用，尤其是对技术含量较高的发明专利和实用新型专利具有显著的促进作用，而对于技术含量较低的外观设计专利的作用不显著。第二种是专利质量。近年来学者们开始研究通过专利质量的测度方法来衡量企业的创新能力，许等（Hsu et al.，2014）用专利引用量表示专利质量；阿吉翁等（Aghion et al.，2015）和阿克吉特等（Akcigit et al.，2016）使用知识宽度法来测算专利质量；张杰（2018）也借鉴知识宽度法衡量中国企业的专利质量，根据专利的 IPC 分类号所提供的信息，度量专利内所包含的知识的复杂程度，为企业创新能力的衡量提供了一种新的视角。

与 TFP 和研发投入相比，专利数据能够更好地反映企业创新能力，但是目前的研究普遍是将专利数量直接作为创新绩效，仅有几篇考虑专利质量的文献。

而关于区域创新能力，目前的文献大多从省级层面进行研究，由于数据的可获得性，城市层面的研究较少。李晓钟等（2008）研究了 FDI 对中国 29 个省份技术创新能力的影响，发现 FDI 对区域创新能力的促进作用在东部地区最明显，西部地区最不明显。李习保（2007）与张宗和等（2009）研究了包括产业结构、高技术产业、教育水平和科技水平等创新环境对于使用专利申请量来衡量的 30 个省份区域创新能力的影响。李婧等（2010）首次使用动态空间面板模型分析了地理特征和社会经济特征对中国区域创新活动的影响，中国的区域创新活动在空间上具有显著的正向相关性。余泳泽等（2013）将区域创新分为产品、科研和产品创新三个阶段，利用空间计量方法研究了在政府支持、教育水平、经济水平、信息化水平等环境变量的影响下，创新投入对创新产出科技论文数量、专利和新产品的影响。倪鹏飞等（2011）研究了创新主体的关键因素对全球 436 个城市创新能力的影响。王俊松等（2017）研究了创新投入及各种经济、教育和政府因素对中国 285 个地级市技术创新能力的影响。熊波等（2018）研究了国家高新区对中国 240 个地级市城市创新能力的影响。

可以看出，目前对于区域创新能力的研究主要在省级层面，对于城市创新能力的研究近几年才普遍兴起，而在区域创新能力的研究中缺乏对出口的关注。而出口对创新的影响受到创新指标选取的局限。与 TFP 和研发投入相比，专利数据能够更好地反映企业创新能力，但目前研究普遍将专利数量直接作为创新绩效，仅有几篇考虑专利质量的文献。本章引入另一种衡量专利质量的数据，即《中国城市和产业创新力报告 2017》公布的 2001～2016 年各城市创新指数作为创新能力的代理指标，优于 TFP、R&D 支出以及专利数量。

8.3　高技术出口对创新能力影响的理论机制

虽然出口对企业绩效的影响尚存在争议，但大部分学者验证了出口选择效应，对于出口学习效应尚未形成一致的结论。也有学者认为低技术出口只是实现了出口规模的扩张，对企业绩效没有显著影响，只有高技术出口才能真正通过提高企业创新能力促进企业出口，主要体现在以下三个方面。

8.3.1　竞争效应

出口行为将企业置于国际市场的大环境中，企业不仅将面临超过国内市场的更多的国际竞争对手以及国际客户更高的产品质量要求，而且将面临比在国内市场销售产品更大的贸易成本，包括地理距离、文化距离、语言距离等。面临更大的挑战和成本时，企业为在国际竞争中获益必须提高企业的自主创新能力，降低企业生产成本，从而提高企业绩效。与低技术出口相比，高技术出口将面临更大的出口竞争，尤其是像中国这样的发展中国家，拥有丰富的劳动力资源，但缺乏资本和先进的技术，高技术出口将使得企业在面对先进技术国家的出口时，发挥更大的技术潜力，才能在国际竞争中获得市场份额。

8.3.2 学习效应

企业在国际市场的出口行为，将使得企业拥有比国内市场更广阔的国际市场，在国际市场上，企业将有机会接触到国外更先进的技术、更高质量的产品、更优秀的企业以及更多元的信息，外商合作伙伴以及竞争对手给企业带来的示范作用以及人员交流合作中的先进经验，这些都将为企业带来更广阔的视野和技术创新的知识源泉，为企业提供更多的学习机会。尤其是对高技术出口企业，出口将为企业带来发达国家更先进的技术，通过“边出口，边学习”，在与国外客户的沟通中发挥强大的自主学习能力，提高企业自身的经营水平，在学习和模仿中实现技术创新。这也是目前发达国家对发展中国家实行技术封锁的主要原因。

8.3.3 政策效应

出口企业通常拥有比国内其他非出口企业更强大的企业实力，出口对国家经济和政治等多方面的拉动作用，使得出口企业能够享受更多的优惠政策，如出口企业更易获得融资贷款、出口补贴和其他优惠政策，使得企业拥有更广阔的发展机会。对于高技术出口企业，为实现国家制造业的高质量发展，国家对高技术资源和高技术人才加大投入，通过各种科技支撑计划、科技创新基地建设和国际科技合作项目等，为高技术出口企业提供更多的发展机会。

8.4　模型与数据

8.4.1 模型设定

基于胡翠等（2015）和李兵等（2016）对出口与创新的研究，本章建立如下计量模型来研究高技术产品出口对城市创新能力的影响。

$$\ln innov_{it} = \alpha + \beta \ln highex_{it} + \gamma \ln X_{it} + v_{it} + u_{it} + \varepsilon_{it}$$

其中，i 表示地区，t 表示年份；被解释变量 $\ln innov_{it}$ 表示城市创新指数；$\ln highex_{it}$ 表示高技术产品出口额；$\ln X_{it}$ 表示其他控制变量，包括经济、科技、物资、教育、人力、信息、外资和文化水平；v_{it} 表示个体效应；u_{it} 表示时间效应；ε_{it} 为误差项。

8.4.2　变量选取

被解释变量为城市创新能力（*innov*），本章选择《中国城市和产业创新力报告 2017》公布的 2001～2016 年各城市创新指数作为创新能力的代理指标，优于 TFP、R&D 支出以及专利数量。

核心解释变量为高技术产品出口额（*highex*），本章对高技术产品的界定采用《中国高技术统计年鉴》中的分类方法，将高技术产品分为医药制造业、航空航天器及设备制造业、电子及通信设备制造业、计算机及办公设备制造业、医疗仪器设备及仪器仪表制造业五大类。将高技术产品出口分为扩展边际和集约边际，扩展边际为新产品出口额，集约边际为出口额与新产品出口额的差值。由于《中国高技术统计年鉴》中只报告了 31 个省份的高技术产品出口额，本章利用每年各城市的地区生产总值占所在省份生产总值的比重为权重，将省级出口额转换为各城市的高技术产品出口额。

为控制其他因素的影响，模型选取了以下控制变量：

（1）经济水平。地区生产总值（*gdp*）反映了该城市的经济规模，人均生产总值（*pgdp*）反映了城市的经济实力，两者共同反映了城市的经济水平。经济发展水平是城市创新能力的重要影响因素，通常来说，经济发展水平越高，城市将拥有更多的资源投入创新活动，因此其城市创新能力越强。

（2）科技水平。科学技术支出（*tech*）反映了城市对科学技术的投入，创新能力是科学技术的产出，对科学技术事业的投入水平越高，越有利于直接促进城市创新能力的提高。

（3）物资水平。固定资产投资（*invest*）反映了城市对物资水平和基础设施的投入，对城市物资设备的投入不仅有助于城市的基础建设，也为提高城市的技术创新能力提供了物质基础。

（4）教育水平。教育支出（*edu*）反映了城市对教育事业的资金投入，普通高校在校生人数（*stu*）反映了城市拥有的高技术水平人才。对教育事业的投入力度越大、城市的高技术人才越多，越有助于城市提高技术创新能力。

（5）人力资本。年末总人口（*peo*）反映了城市的总人口，城市的人口越多，从事科技创新的人力资本越充足，越有助于提高城市的创新能力。

（6）信息水平。互联网接入用户数（*inter*）反映了城市的信息化水平，互联网接入用户越多，城市的信息化水平越高，获取知识和技术越便捷，越有助于提高城市的创新水平。

（7）外资水平。当年实际使用外资金额（*fdi*）反映了城市使用外资的金额，外资对创新的影响尚不明确。一方面，外资投入具有技术溢出效应，城市在利用外资的同时能够获得国外的技术溢出，通过学习、模仿和赶超实现自身的技术升级，从而提高城市的创新能力。另一方面，外资投入可能使城市产生技术依赖，抑制其创新意识和创新能力，从而带来负向溢出效应。

（8）文化水平。公共图书馆图书总藏量（*book*）反映了城市的文化水平，文化水平越高，城市的知识水平越高，创新能力是知识的产出。

8.4.3　数据来源与描述

由于部分城市数据缺失严重，本章选择 2001～2016 年中国 282 个地级市作为研究对象。城市创新能力来自《中国城市和产业创新力报告 2017》，高技术产品出口额来自历年的《中国高技术统计年鉴》，经济、科技、物资、教育、人力、信息、外资、文化、工业和环境水平的相关数据来自历年的《中国城市统计年鉴》。数据的描述性统计如表 8—1 所示。

表 8—1　　数据的统计性描述

变量	样本量	平均值	标准差	最小值	最大值
创新能力	4512	−0.53	1.94	−5.27	6.97
高技术出口	4512	2.30	2.44	−4.49	8.51
地区生产总值	4512	15.73	1.38	0.00	19.46
人均生产总值	4512	9.89	1.09	0.00	13.06
科学技术支出	4512	8.58	2.18	−2.04	15.21
固定资产投资	4511	15.07	1.61	0.00	18.97
教育支出	4512	11.85	1.59	0.00	16.00
普通高校在校生人数	4512	9.78	2.39	0.00	13.87
年末总人口	4512	5.84	0.79	0.00	9.17
互联网接入用户数	4512	9.26	3.88	0.00	17.76
当年实际使用外资金额	4512	8.92	2.87	0.00	14.94
公共图书馆图书总藏量	4512	6.91	1.12	−0.15	11.83

8.5　高技术出口对城市创新能力影响的实证分析

8.5.1　基本模型的回归结果

基本模型的回归结果如表 8—2 所示。

表 8—2　　基本模型回归结果

变量	模型 1	模型 2	模型 3	模型 4	模型 5
高技术出口	0.499*** (0.010)	0.062*** (0.012)	0.220*** (0.022)	0.072*** (0.022)	0.284*** (0.072)
地区生产总值		0.192** (0.091)	0.036** (0.076)	0.134*** (0.050)	0.043* (0.027)
人均生产总值		0.028 (0.051)	0.066 (0.043)	−0.081 (0.038)	0.022 (0.018)
科学技术支出		0.408*** (0.034)	0.301*** (0.028)	0.151*** (0.027)	0.118*** (0.023)
固定资产投资		−0.032 (0.037)	0.012 (0.044)	−0.082 (0.034)	0.021 (0.013)
教育支出		0.196*** (0.038)	0.021* (0.047)	0.160*** (0.036)	0.002* (0.031)
普通高校在校生人数		0.125*** (0.010)	0.014*** (0.014)	0.003*** (0.012)	0.071*** (0.023)
年末总人口		−0.045 (0.067)	−0.184 (0.066)	−0.021 (0.057)	−0.126 (0.101)
互联网接入用户数		0.075*** (0.005)	0.096*** (0.004)	0.039** (0.019)	0.044*** (0.011)
当年实际使用外资金额		0.059*** (0.009)	0.026* (0.013)	0.014** (0.012)	0.010** (0.011)
公共图书馆图书总藏量		0.512*** (0.042)	0.183*** (0.042)	0.126*** (0.032)	0.038* (0.020)
常数项	−1.678*** (0.026)	−9.009*** (0.943)	−1.028*** (0.754)	−2.008*** (0.325)	−4.205*** (1.048)
拟合优度	0.393	0.794	0.800	0.871	
Wald 统计量					972.36 (0.000)
个体效应	NO	NO	YES	YES	YES
时间效应	NO	NO	NO	YES	YES
样本量	4512	4512	4512	4512	4512

注：括号内为标准误，*、**、*** 分别表示在 10%、5%、1%的水平上显著。

模型 1 和模型 2 使用混合 OLS 方法，模型 1 只加入核心解释变量——高技术产品出口额，可以看出，其回归系数为 0.499，并在 1%的显著性水平上显著。模型 2 中加入其他控制变量，高技术产品出口的回归系数下降到 0.062，但依然在 1%的显著性水平上显著。加入了控制变量之后模型的拟合优度由 0.393 上升到 0.794，说明模型具有较好的拟合效果。为控制不同城市的个体效应，模型 3 采用只控制个体异质性的固定效应模型 LSDV，高技术产品出口依然能显著促进城市创新能力的提高，其系数为 0.220，模型的 F 统计量为 0.000，拒绝了不存在个体异质性的原假设，说明存在个体效应，LSDV 比混合 OLS 模型更合适。模型 4 进一步考虑时间效应，采用双向固定效应模型 FETW，核心解释变量的系数依然在 1%的水平上显著为正，高技术产品出口额每提高 1%，该城市的创新能力将提高 0.072%。通过对时间虚拟变量的联合显著性检验，其 F 统计量为 0.000，拒绝了无时间效应的原假设，说明模型存在时间效应，采用 FETW 模型更合适。为解决组内自相关以及不同个体之间可能存在的组间自相关，如相邻城市之间同期经济活动可能带来的相互影响，模型 5 采用广义最小二乘估计法 FGLS，回归结果显示高技术产品出口额依然对城市创新能力具有显著的促进作用，其回归系数为 0.284，并且在 1%的水平上显著为正。不同回归模型的结果均显示，高技术产品出口额越高，越能促进中国城市创新能力的提高。高技术产品出口企业在进行出口活动时，通过学习、竞争和政策效应，为在国际市场获得更高的出口份额，不断进行着技术创新，提高企业绩效。出口企业的创新活动使得其所在城市的整体创新能力不断提高，带动整个国家创新能力的提高。

表 8－2 中其他控制变量的回归结果显示，经济水平、地区生产总值对城市创新能力具有显著的促进作用，地区生产总值每提高 1%，城市的创新能力提高约 0.134%。而人均生产总值对城市创新能力的影响作用不显著，说明城市的整体经济规模对城市创新能力的促进作用更明显。城市的经济规模越大，越有助于吸引优秀的人才、先进的技术以及合作伙伴，从而提高城市的创新能力。代表城市科技水的科学技术支出能显著促进城市创新能力的提高，城市的科学技术支出每提高 1%，城市的创新能力提高约 0.151%。科学

技术支出是对技术创新的直接投入，能够给城市创新带来更大的动力，从而促进城市的创新能力提高。代表物资水平的固定资产投资对城市创新能力的影响不显著，可能是城市的基础建设尚未完成，目前还难以为城市创新提供物资基础。教育水平中的教育支出和高等学校在校生人数均能显著促进城市创新能力的提高，其回归系数分别为 0.160 和 0.003。教育是民族的未来，提高对教育的投入以及培养高技术人才，对于推动城市的创新能力具有显著的促进作用。人力资本中的年末总人口的影响不显著，说明城市的总人口对城市的创新能力并没有显著的影响，城市必须具有高技术人才和高级知识分子，才能推动城市的创新活力。代表信息水平的互联网接入用户数每增加1%，城市的创新能力提高约 0.039%。城市的信息水平是获取国内外先进知识和技术的渠道，是城市技术实力的体现，提高城市的信息化水平，有助于信息的获取和技术的更新换代，从而提高城市的创新实力。代表外资水平的当年实际使用外资金额越高，越有助于提高城市的创新水平，其回归系数为0.014，并在 5%的显著性水平上显著。说明外商直接投资的技术溢出作用大于其负溢出效应，吸引外商直接投资有助于城市中的企业学习和借鉴其先进的知识与技术，从而提高城市的创新能力。代表文化水平的公共图书馆图书总藏量也能显著促进城市创新能力的提高，公共图书馆图书总藏量每提高1%，城市创新能力提高约 0.126%。城市对文化的重视、市民对知识的获取能力能够提高城市的文化氛围和市民的知识水平，从而促进城市创新能力的提高。

8.5.2 异质性回归结果

1. 二元边际回归结果

将城市的高技术产品出口分为集约边际和扩展边际，二元边际对城市创新能力的影响如表 8—3 所示，回归模型和基本模型保持一致。

表 8—3　　　　二元边际回归结果

变量	扩展边际			集约边际		
	模型 4	模型 5	模型 6	模型 7	模型 8	模型 9
高技术出口	0.050*** (0.009)	0.036*** (0.009)	0.073** (0.029)	0.056*** (0.012)	0.074*** (0.022)	0.160*** (0.037)
地区生产总值	0.198** (0.091)	0.135*** (0.048)	0.055** (0.024)	0.194** (0.092)	0.134*** (0.050)	0.056** (0.024)
人均生产总值	0.029 (0.051)	−0.077 (0.037)	0.045 (0.021)	0.027 (0.051)	−0.081 (0.038)	0.031 (0.018)
科学技术支出	0.406*** (0.034)	0.150*** (0.027)	0.135*** (0.028)	0.410*** (0.034)	0.149*** (0.027)	0.132*** (0.025)
固定资产投资	−0.032 (0.037)	0.081* (0.033)	0.02 (0.016)	−0.031 (0.037)	0.081* (0.033)	0.017 (0.014)
教育支出	0.194*** (0.038)	0.155*** (0.037)	0.036** (0.035)	0.195*** (0.038)	0.160*** (0.036)	0.008** (0.013)
普通高校在校生	0.124*** (0.010)	0.003** (0.012)	0.067*** (0.023)	0.125*** (0.010)	0.003** (0.012)	0.060*** (0.014)
年末总人口	−0.039 (0.068)	−0.025 (0.058)	−0.174 (0.104)	−0.043 (0.067)	−0.02 (0.056)	−0.061 (0.048)
互联网接入用户数	0.075*** (0.005)	0.038** (0.019)	0.063*** (0.012)	0.075*** (0.005)	−0.038** (0.019)	0.078*** (0.019)
实际利用外资	0.066*** (0.009)	0.009** (0.013)	0.020** (0.013)	0.059*** (0.009)	0.014** (0.012)	0.006** (0.010)
公共图书馆图书	0.512*** (0.042)	0.126*** (0.032)	0.042* (0.022)	0.514*** (0.043)	0.126*** (0.032)	0.013** (0.050)
常数项	−9.065*** (0.931)	−2.040*** (0.307)	−4.937*** (1.011)	−9.058*** (0.948)	−2.008*** (0.329)	−3.906*** (0.846)
拟合优度	0.795	0.871		0.794	0.871	
Wald 统计量			897.43 (0.000)			849.38 (0.000)
个体效应	NO	YES	YES	NO	YES	YES
时间效应	NO	YES	YES	NO	YES	YES
样本量	4512	4512	4512	4512	4512	4512

注：括号内为标准误，*、**、*** 分别表示在 10%、5%、1%的水平上显著。

扩展边际指各城市高技术产品出口中的新产品出口，模型 4 至模型 6 分别采用混合 OLS、双向固定效应 FETW 和广义最小二乘估计法 FGLS。估计结果均显示，高技术产品出口的扩展边际对城市创新能力具有显著的促进作用，回归系数分别为 0.050、0.036 和 0.073，其他控制变量的回归结果和全样本模型基本保持一致。扩展边际即新产品出口是高技术产品出口中技术创新的体现，开发新产品代表了企业为满足国际市场的需要、适应国际环境的变化、获取更大的国际市场份额而进行的技术创新，其对城市创新能力具有直接的促进作用。

集约边际指各城市出口的高技术产品中旧产品的出口，模型 7 至模型 9 分别采用混合 OLS、双向固定效应 FETW 和广义最小二乘估计法 FGLS。估计结果均显示，高技术产品出口的集约边际对城市创新能力具有显著的促进作用，回归系数分别为 0.056、0.074 和 0.160，其他控制变量的回归结果和全样本模型基本保持一致。旧产品的出口主要依赖于已有合作关系的存在，通过规模经济来提高出口竞争力，与钱学峰等（2011）研究发现的集约边际上的出口会削弱企业创新能力的结论不同。高技术产品集约边际的出口依然能够促进城市创新能力的提升，是由于高技术产业具有更高的知识和技术密集度，旧产品的出口依然能为企业带来知识和技术的提升。

从回归系数来看，集约边际对城市创新能力的促进作用比扩展边际大，说明中国有待于提高对高技术产品中新产品的开发和出口。通过技术创新，进一步加大扩展边际上高技术产品的出口，将为中国带来新一轮的城市创新能力的提高。

2. 分行业回归结果

考虑到高技术产业的细分行业较多，按中国高技术产业分类标准划分的五大类产品出口额对城市创新能力的影响如表 8—4 所示，包括医药制造业、航空航天器及设备制造业、电子及通信设备制造业、计算机及办公设备制造业、医疗仪器设备及仪器仪表制造业。模型 10 至模型 19 显示了五大类高技术产品出口额对城市创新能力的影响，可以看出，五大类高技术产品出口均能显著促进城市创新能力的提高，但回归系数有所差别。医疗仪器设备及仪器仪表制造业出口额每提高1%，城市创新能力提高约0.039%，其回归系数在五大类产品中最大。其次是医药制造业，回归系数为0.030。再其次是电子及通信设备制造业和计算机及办公设备制造业，回归系数分别为0.022和0.013。对城市创新能力提高促进作用最小的是航空航天器及设备制造业，其回归系数仅为0.007。可以看出，五大类高技术产品出口对城市创新能力的影响具有较大的异质性，医疗仪器设备及仪器仪表制造业和医药制造业的促进作用最大，电子及通信设备制造业和计算机及办公设备制造业的促进作用较大，说明这四大类产品的出口对行业技术创新的促进作用较大，企业通过出口学习效应提升了自身的创新能力，从而提高了城市的创新能力。而航空航天器及设备制造业的促进作用最小，这是由于航空航天业是五大类高技术产品中技术复杂度最高的行业，欧美发达国家为限制中国高端制造业的发展，对这类高技术产品实施了较强的技术管制，以限制中国高技术产业的发展，以及综合国力和军事实力的提升。中国应该着力发展航空航天业，通过出口竞争效应和出口学习效应不断提高自主创新能力，通过技术升级实现中国高端制造业的高质量发展，摆脱对国外的依赖，进而提高城市和整个中国的创新能力。

表8—4　　分行业回归结果

变量	医药制造业		航空航天器及设备制造业		电子及通信设备制造业		计算机及办公设备制造业		医疗仪器设备及仪器仪表制造业	
	模型10	模型11	模型12	模型13	模型14	模型15	模型16	模型17	模型18	模型19
高技术出口	0.019** (0.010)	0.030*** (0.009)	0.011* (0.006)	0.007** (0.006)	0.002** (0.005)	0.022*** (0.007)	0.012** (0.005)	0.013** (0.005)	0.014** (0.006)	0.039*** (0.007)
地区生产总值	0.211** (0.094)	0.124*** (0.047)	0.211** (0.094)	0.131*** (0.047)	0.212** (0.094)	0.128*** (0.047)	0.212** (0.094)	0.130*** (0.047)	0.213** (0.095)	0.126*** (0.047)
人均生产总值	0.02 (0.052)	−0.075 (0.037)	0.019 (0.052)	−0.079 (0.037)	0.02 (0.052)	−0.077 (0.037)	0.02 (0.052)	−0.079 (0.038)	0.02 (0.053)	−0.076 (0.037)
科学技术支出	0.424*** (0.038)	0.151*** (0.028)	0.427*** (0.038)	0.153*** (0.028)	0.429*** (0.038)	0.151*** (0.028)	0.429*** (0.038)	0.150*** (0.028)	0.425*** (0.038)	0.146*** (0.027)
固定资产投资	−0.041 (0.039)	−0.078 (0.033)	−0.041 (0.039)	−0.082 (0.033)	−0.041 (0.039)	−0.079 (0.033)	−0.041 (0.039)	−0.081 (0.033)	−0.041 (0.039)	−0.077 (0.033)
教育支出	0.194*** (0.040)	0.157*** (0.037)	0.197*** (0.039)	0.157*** (0.037)	0.196*** (0.039)	0.159*** (0.037)	0.196*** (0.040)	0.155*** (0.037)	0.195*** (0.040)	0.155*** (0.038)

续表

变量	医药制造业		航空航天器及设备制造业		电子及通信设备制造业		计算机及办公设备制造业		医疗仪器设备及仪器仪表制造业	
	模型10	模型11	模型12	模型13	模型14	模型15	模型16	模型17	模型18	模型19
普通高校在校生人数	0.117*** (0.010)	0.001** (0.013)	0.118*** (0.010)	0.004** (0.013)	0.117*** (0.010)	0.001** (0.012)	0.117*** (0.010)	0.003** (0.012)	0.117*** (0.010)	0.001** (0.013)
年末总人口	−0.033 (0.070)	−0.028 (0.058)	−0.029 (0.070)	−0.028 (0.058)	−0.031 (0.070)	−0.025 (0.057)	−0.031 (0.070)	−0.027 (0.058)	−0.031 (0.071)	−0.029 (0.058)
互联网接入用户数	0.077*** (0.005)	0.038** (0.019)	0.077*** (0.005)	0.039** (0.019)	0.077*** (0.005)	0.037** (0.019)	0.077*** (0.005)	0.039** (0.019)	0.077*** (0.005)	0.035* (0.019)
当年实际利用外资金额	0.076*** (0.010)	0.007** (0.013)	0.079*** (0.010)	0.009** (0.013)	0.078*** (0.010)	0.007** (0.013)	0.078*** (0.010)	0.009** (0.013)	0.076*** (0.010)	0.006** (0.013)
公共图书馆图书总藏量	0.539*** (0.045)	0.122*** (0.032)	0.534*** (0.044)	0.125*** (0.032)	0.534*** (0.044)	0.121*** (0.032)	0.534*** (0.044)	0.123*** (0.032)	0.538*** (0.044)	0.120*** (0.031)
常数项	−9.406*** (0.947)	−1.923*** (0.310)	−9.399*** (0.949)	−1.976*** (0.306)	−9.457*** (0.946)	−1.980*** (0.307)	−9.458*** (0.946)	−1.953*** (0.304)	−9.423*** (0.946)	−1.910*** (0.295)
拟合优度	0.792	0.870	0.792	0.870	0.792	0.870	0.792	0.870	0.792	0.8718
个体效应	NO	YES	NO	YES	NO	YES	NO	YES	NO	YES
时间效应	NO	YES	NO	YES	NO	YES	NO	YES	NO	YES
样本量	4512	4512	4512	4512	4512	4512	4512	4512	4512	4512

注：括号内为标准误，*、**、*** 分别表示在10%、5%、1%的水平上显著。

3. 分地区回归结果

中国幅员辽阔，各地区之间的差异较大，将中国按区域划分为东北地区、东部地区、西部地区和中部地区，高技术产品出口对地区城市创新能力的影响如表8—5所示。东北地区高技术产品出口能显著促进地区城市创新能力，其回归系数为0.063，并在5%的显著性水平上显著。但东部地区的外资水平对城市创新能力的影响不显著，高技术产品出口每提高1%，东部地区的城市创新能力提高约0.087%，并在1%的显著性水平上显著。西部地区高技术产品出口能显著促进地区城市创新能力，其回归系数为0.052，并在5%的显著性水平上显著。中部地区高技术产品出口每提高1%，中部地区的城市创新能力提高约0.004%，并在5%的显著性水平上显著。但中部地区经济水平中的地区生产总

表 8—5　　　　　　　　　　分地区回归结果

变量	东北地区		东部地区		西部地区		中部地区	
	模型 20	模型 21	模型 22	模型 23	模型 24	模型 25	模型 26	模型 27
	OLS	FETW	OLS	FETW	OLS	FETW	OLS	FETW
高技术出口	0.118*** (0.016)	0.063** (0.049)	0.049** (0.040)	0.087*** (0.074)	0.077*** (0.018)	0.052** (0.042)	0.216*** (0.051)	0.004** (0.033)
地区生产总值	0.898*** (0.170)	1.976** (0.809)	0.342** (0.381)	0.139** (0.091)	0.162** (0.074)	0.113** (0.057)	0.095 (0.228)	0.155 (0.132)
人均生产总值	−0.237 (0.153)	−1.789 (0.684)	−0.023 (0.093)	−0.114 (0.044)	−0.017 (0.053)	−0.032 (0.027)	0.214** (0.098)	0.069** (0.101)
科学技术支出	0.178*** (0.038)	0.015** (0.056)	0.343*** (0.082)	0.186*** (0.054)	0.448*** (0.060)	0.014** (0.028)	0.337*** (0.046)	0.224*** (0.053)
固定资产投资	−0.203 (0.065)	−0.062 (0.096)	−0.045 (0.073)	−0.091 (0.079)	0.009 (0.048)	−0.052 (0.043)	0.158** (0.080)	0.110** (0.107)
教育支出	0.105** (0.051)	0.100** (0.077)	0.149*** (0.055)	0.294*** (0.074)	0.362*** (0.064)	0.045** (0.046)	0.289*** (0.054)	0.233*** (0.061)
普通高校在校生人数	0.066*** (0.020)	0.008** (0.014)	0.124*** (0.046)	0.013** (0.021)	0.120*** (0.014)	0.009** (0.018)	0.229*** (0.028)	0.024** (0.034)
年末总人口	−0.101 (0.136)	−0.108 (0.082)	−0.164 (0.070)	0.072 (0.061)	0.012 (0.079)	−0.128 (0.107)	0.19 (0.134)	0.054 (0.042)
互联网接入用户数	−0.033*** (0.007)	0.016** (0.019)	0.077*** (0.013)	0.005** (0.010)	0.074*** (0.010)	0.027** (0.029)	0.044*** (0.009)	0.062** (0.029)
当年实际利用外资金额	0.016 (0.018)	0.001 (0.014)	0.146*** (0.044)	0.019** (0.043)	0.062*** (0.012)	0.009** (0.015)	0.026 (0.020)	0.023 (0.021)
公共图书馆图书总藏量	0.470*** (0.056)	0.023** (0.078)	0.415*** (0.097)	0.116** (0.051)	0.467*** (0.071)	0.044** (0.036)	0.310*** (0.076)	0.074** (0.047)
常数项	−14.707*** (0.656)	−13.812** (5.987)	−13.371*** (4.453)	−1.088*** (0.389)	−7.172*** (0.845)	−2.347*** (0.464)	−8.381*** (2.276)	−2.373*** (0.329)
拟合优度	0.908	0.920	0.866	0.945	0.678	0.792	0.809	0.916
个体效应	NO	YES	NO	YES	NO	YES	NO	YES
时间效应	NO	YES	NO	YES	NO	YES	NO	YES
样本量	544	544	1392	1392	1296	1296	1280	1280

注：括号内为标准误，** 、*** 分别表示在 5%、1%的水平上显著。

值对城市创新能力的影响不显著，代表经济实力的人均生产总值能显著促进城市创新能力的提高，当年实际使用外资金额的影响效果也不显著。可以看出，中国不同地区的高技术产品出口对城市创新能力的影响具有较大的异质性，东部地区的促进效果最大，东北地区和西部地区的促进效果次之，中部地区的促进效果最小。在保持现有高技术产品出口提高技术创新能力的同时，各地区尤其是中部地区需要加强其高技术产业发展，通过出口竞争和出口学习效应，不断提高其高技术产业的技术创新，从而为城市创新能力的提高提供动力。

8.5.3 内生性检验

由于解释变量和被解释变量之间可能存在反向因果关系，以及模型设定存在遗漏变量等问题可能导致的内生性问题，本章采用多数文献的常用方法，采用解释变量的滞后一期和滞后两期对被解释变量进行回归分析，内生性检验结果如表 8—6 所示。检验 1 至检验 3 采用解释变量的滞后一期，检验 4 至检验 6 采用解释变量的滞后两期，并分别用全样本、扩展边际和集约边际进行回归分析，检验 1 至检验 6 不仅进行了内生性检验，也能检验城市创新能力是否受到前一期及前两期高技术产品出口的影响。可以看出，一方面，内生检验显示高技术产品出口能够显著促进城市创新能力的提高，其扩展边际和集约边际都对城市创新能力有显著的促进作用，集约边际的促进作用依然大于扩展边际的促进作用，内生性检验的结果与基本回归模型基本保持一致。另一方面，当期城市创新能力不仅受到当期高技术产品出口的影响，而且前一期和前两期的出口对当期城市创新能力会产生持续的影响，说明高技术产品出口对技术创新的提高存在持续性作用，但是其促进作用会随着时间的延长被削弱，各城市应该重视高技术产业的出口，进一步提高城市的创新能力。

表 8—6　　**内生性检验结果**

变量	滞后一期			滞后两期		
	检验 1	检验 2	检验 3	检验 4	检验 5	检验 6
	全样本	扩展边际	集约边际	全样本	扩展边际	集约边际
高技术出口	0.073*** (0.022)	0.039*** (0.008)	0.073*** (0.022)	0.070*** (0.020)	0.045*** (0.008)	0.064*** (0.018)
地区生产总值	0.085** (0.035)	0.085** (0.035)	0.085** (0.035)	0.023 (0.042)	0.019 (0.039)	0.025 (0.042)
人均生产总值	−0.059 (0.029)	−0.059 (0.029)	−0.060 (0.029)	−0.031 (0.019)	−0.032 (0.019)	−0.03 (0.019)
科学技术支出	0.169*** (0.030)	0.170*** (0.030)	0.170*** (0.030)	0.189*** (0.034)	0.186*** (0.034)	0.191*** (0.034)
固定资产投资	−0.048 (0.022)	−0.046 (0.022)	−0.047 (0.022)	−0.073 (0.031)	−0.071 (0.030)	−0.073 (0.032)
教育支出	0.163*** (0.041)	0.160*** (0.042)	0.165*** (0.041)	0.155*** (0.032)	0.152*** (0.033)	0.158*** (0.032)
普通高校在校生人数	0.001 (0.013)	0.001 (0.013)	0.002 (0.013)	0.006 (0.013)	0.007 (0.013)	0.007 (0.013)
年末总人口	−0.052 (0.064)	−0.052 (0.064)	−0.05 (0.064)	0.723*** (0.242)	0.718*** (0.241)	0.738*** (0.245)
互联网接入用户数	−0.026 (0.023)	−0.026 (0.023)	−0.026 (0.023)	−0.022 (0.025)	−0.021 (0.024)	−0.021 (0.025)
当年实际利用外资金额	−0.013 (0.012)	−0.008 (0.012)	−0.014 (0.012)	−0.004 (0.011)	−0.001 (0.011)	−0.005 (0.011)
公共图书馆图书总藏量	0.102*** (0.038)	0.102*** (0.039)	0.102*** (0.038)	0.058 (0.041)	0.059 (0.041)	0.057 (0.041)
常数项	−1.610*** (0.446)	−1.604*** (0.437)	−1.619*** (0.449)	−4.114*** (1.223)	−4.114*** (1.239)	−4.174*** (1.241)
拟合优度	0.874	0.874	0.874	0.883	0.883	0.883
个体效应	YES	YES	YES	YES	YES	YES
时间效应	YES	YES	YES	YES	YES	YES
样本量	4230	4230	4230	3948	3948	3948

注：括号内为标准误，** 、*** 分别表示在 5%、1%的水平上显著。

8.5.4 稳健性检验

为检验基本模型回归结果的稳健性，本章选取了三种检验方法，检验结果如表 8—7 所示。

表 8—7 稳健性检验结果

变量	更换权重			按省份回归			剔除特殊样本		
	检验 7	检验 8	检验 9	检验 10	检验 11	检验 12	检验 13	检验 14	检验 15
	全样本	扩展边际	集约边际	全样本	扩展边际	集约边际	全样本	扩展边际	集约边际
高技术出口	0.073*** (0.022)	0.036*** (0.009)	0.077*** (0.021)	0.067*** (0.021)	0.045*** (0.014)	0.059*** (0.022)	0.083*** (0.022)	0.036*** (0.009)	0.088*** (0.021)
地区生产总值	0.149*** (0.051)	0.139*** (0.049)	0.149*** (0.051)	0.361** (0.259)	0.385** (0.265)	0.362** (0.262)	0.099** (0.048)	0.103** (0.047)	0.100** (0.049)
人均生产总值	−0.105 (0.040)	−0.084 (0.038)	−0.105 (0.040)	−0.229 (0.189)	−0.223 (0.190)	−0.245 (0.190)	−0.049 (0.027)	−0.046 (0.027)	−0.049 (0.027)
科学技术支出	0.151*** (0.027)	0.150*** (0.027)	0.149*** (0.027)	0.609*** (0.049)	0.607*** (0.050)	0.616*** (0.049)	0.124*** (0.025)	0.124*** (0.026)	0.122*** (0.026)
固定资产投资	−0.082 (0.034)	−0.081 (0.033)	−0.081 (0.034)	−0.139 (0.129)	−0.139 (0.130)	−0.138 (0.130)	−0.099 (0.043)	−0.100 (0.043)	−0.098 (0.043)
教育支出	0.161*** (0.036)	0.156*** (0.037)	0.162*** (0.036)	0.108 (0.089)	0.094 (0.087)	0.102 (0.089)	0.123*** (0.033)	0.114*** (0.033)	0.124*** (0.032)
普通高校在校生人数	−0.004 (0.012)	−0.003 (0.012)	−0.004 (0.012)	0.330*** (0.054)	0.316*** (0.053)	0.323*** (0.054)	−0.002 (0.014)	−0.001 (0.014)	−0.002 (0.014)
年末总人口	−0.021 (0.057)	−0.025 (0.058)	−0.019 (0.057)	0.375* (0.207)	0.368* (0.211)	0.373* (0.210)	−0.007 (0.070)	−0.018 (0.072)	−0.005 (0.069)
互联网接入用户数	0.039** (0.019)	0.038** (0.019)	0.039** (0.019)	0.107*** (0.009)	0.107*** (0.009)	0.108*** (0.010)	0.029** (0.020)	0.031** (0.020)	0.029** (0.020)
当年实际利用外资金额	0.013** (0.012)	0.008** (0.013)	0.014** (0.012)	0.063*** (0.023)	0.081*** (0.021)	0.067*** (0.023)	0.003** (0.014)	0.002** (0.014)	0.004** (0.014)
公共图书馆图书总藏量	0.126*** (0.032)	0.126*** (0.032)	0.126*** (0.032)	0.704*** (0.143)	0.746*** (0.137)	0.721*** (0.144)	0.143*** (0.038)	0.142*** (0.037)	0.143*** (0.037)
常数项	−2.005*** (0.326)	−2.033*** (0.308)	−2.004*** (0.331)	−0.760** (0.355)	−0.969*** (0.340)	−0.846** (0.358)	−2.210*** (0.358)	−2.203*** (0.346)	−2.213*** (0.362)
拟合优度	0.871	0.871	0.871	0.873	0.873	0.872	0.877	0.877	0.878
个体效应	YES	YES	YES	YES	YES	YES	YES	YES	YES
时间效应	YES	YES	YES	YES	YES	YES	YES	YES	YES
样本量	4512	4512	4512	480	480	480	4061	4061	4061

注：括号内为标准误，*、**、*** 分别表示在 10%、5%、1%的水平上显著。

（1）更换权重。基本模型中为将省级高技术产品出口转换为城市高技术产品出口额，采用了各城市的地区生产总值作为权重，为避免由于权重选取给回归结果带来的影响，检验 7 至检验 9 采用了各城市的人均生产总值作为权重。从回归结果可以看出，高技术产品出口依然能够显著促进城市创新能力的提高，扩展边际和集约边际也具有显著的促进作用，集约边际的促进作用依然大于扩展边际的促进作用，其回归结果与基本模型保持一致。

（2）按省份回归。为避免权重带来的影响，检验 10 至检验 12 进一步取消权重，利用省级高技术产品出口额作为解释变量，将被解释变量城市创新能力加总到省份创新能力，将其他控制变量也都按照省份进行加总。从回归结果可以看出，省份高技术产品出口对省份创新能力的提高具有显著的促进作用，集约边际的促进作用依然大于扩展边际的促进作用，其回归结果与基本模型保持一致。

（3）剔除特殊样本。为避免特殊样本给回归结果造成的影响，检验 13 至检验 15 剔除了高技术产品出口额在 5％和 95％以外的样本，回归结果显示高技术产品出口每提高 1％，城市创新能力约提高 0.083％；扩展边际每提高 1％，城市创新能力约提高 0.036％；集约边际每提高 1％，城市创新能力约提高 0.088％。高技术产品出口集约边际的促进作用依然大于扩展边际，其回归结果与基本模型保持一致。

8.6　结论与建议

本章选取 2001～2016 年中国 282 个城市的面板数据，实证检验了各城市高技术产品出口对城市创新能力的影响。同时，《中国城市和产业创新力报告 2017》公布的 2001～2016 年各城市创新指数作为城市创新能力的代理指标。实证结果显示高技术产品出口能显著促进城市创新能力的提高。

第一，总体来看，高技术产品出口企业在进行出口活动时，通过学习、竞争和政策效应，为在国际市场获得更高的出口份额不断进行着技术创新，提高企业绩效。出口企业的创新活动使得其所在城市的整体创新能力不断提高，带动整个国家创新能力的提高。

第二，从二元边际来看，扩展边际即新产品出口是高技术产品出口中技术创新的体现，开发新产品代表了企业为满足国际市场的需要、适应国际环境的变化、获取更大的国际市场份额而进行着技术创新，其对城市创新能力具有直接的促进作用。与现有研究发现的集约边际上的出口会削弱企业创新能力的结论不同，高技术产品集约边际的出口依然能够促进城市创新能力，是由于高技术产业具有更高的知识和技术密集度，旧产品的出口依然能为企业带来知识和技术的提升。从回归系数来看，集约边际对城市创新能力的促进作用比扩展边际大，说明中国有待于提高对高技术产品中新产品的开发和出口，通过技术创新，进一步加大扩展边际上高技术产品的出口，将为中国带来新一轮的城市创新能力的提高。

第三，分行业来看，五大类高技术产品出口对城市创新能力的影响具有较大的异质性，医疗仪器设备及仪器仪表和医药制造业的促进作用最大，电子及通信设备和计算机及办公设备制造业的促进作用较大，说明这四大类产品的出口对行业技术创新的促进作用较大，企业通过出口学习效应提升了自身的创新能力，从而提高城市的创新能力。而航空航天器及设备制造业的促进作用最小，中国应该着力发展航空航天业，通过出口竞争效应和出口学习效应不断提高自主创新能力，通过技术升级实现中国高端制造业的高质量发展，摆脱对国外的依赖，进而提高城市和整个中国的创新能力。

第四，分地区来看，中国不同地区的高技术产品出口对城市创新能力的影响具有较大的异质性，东部地区的促进效果最大，东北地区和西部地区的促进效果次之，中部地区的促进效果最小。在保持现有高技术产品出口提高技术创新能力的同时，各地区尤其是中部地区需要加强其高技术产业发展，通过出口竞争和出口学习效应，不断提高其高技术产业的技术创新，从而为城市创新能力的提高提供动力。

外国专利与贸易篇

第 9 章

外国在华专利、吸收能力与中国企业创新

9.1 文献综述

得益于知识产权保护力度的加强及中外活跃的贸易与投资往来，外国在华专利申请量日益增长（唐晓云和赵桂芹，2017）。据国家知识产权局统计，自1985年《中华人民共和国专利法》实施以来，截至2018年底，外国在华专利累计申请总量约225.4万件，年均增长约21.2%。特别是2010年之后，中国知识产权局接受的外国专利申请数量急剧增加。2011年中国首次同时超过美国、日本，成为世界上接受外国专利申请最多的国家。

外国专利的大量涌入引发了学者们对国内企业创新的关注。一方面，作为重要的国际技术溢出渠道，以中文记载的、在国家知识产权局公布的外国在华专利，克服了地理距离和语言障碍对技术溢出的影响，使分类统一、领域广泛的外国技术信息和技术细节更易被国内企业获取，是促进本土企业创新增长的重要方式。另一方面，专利是维护垄断优势的有力工具。外国企业在中国构筑专利壁垒，占领技术制高点，封锁先进技术，对国内企业创新将产生一定程度

的负面影响。那么，外国在华专利究竟促进还是抑制了中国企业的创新？企业的吸收能力在其中发挥着怎样的作用？企业和行业异质性将如何影响外国在华专利与企业创新的关系？在创新驱动发展的大背景下，回答这些问题对于充分发挥企业创新主体作用、引领经济高质量发展具有重要的现实意义。

国际性技术溢出是发展中国家创新活动的重要知识来源，主要的技术溢出渠道包括贸易、FDI、外国专利申请、国际人才流动等。但长期以来，对创新外溢效应的研究多集中于贸易（张杰，2015；李兵等，2016）和FDI（唐宜红等，2019）这两种物化的技术溢出渠道，以外国专利申请为代表的无形技术溢出方式缺乏足够的重视。尽管如此，外国专利申请的技术溢出效应在很早就得到了证实。伊顿（Eaton，1994）通过测算德、法、英、美、日五国不同来源国专利申请对该国生产率增长的贡献，发现外国技术极大地促进了东道国生产率的增长。其中，美国大约50%的生产率增长来源于其他四国的专利申请。伊顿（1996，1999）构建了创新质量阶梯模型，用于解释跨国专利申请行为以及外国专利对东道国生产率的影响，并把实证研究的对象扩展至OECD国家。这为外国专利申请技术溢出效应的存在提供了理论支撑和进一步的经验证据。在这一框架下，许多学者展开实证研究，其研究结论均表明外国专利申请对东道国的技术进步具有积极影响（李平和刘建，2006；蒋仁爱和冯根福，2012；曲如晓和刘霞，2019）。

但从专利申请动机出发的相关研究却认为，外国专利的增加对东道国而言并不意味着更多的技术溢出。胡（Hu，2010）采用1995～2004年中国知识产权局和美国专利商标局的相关数据，从理论和经验层面验证了外国企业在华专利申请的主要动因，是为应对行业竞争威胁而实行的技术封锁。出于这一目的的外国在华专利申请将阻碍技术扩散过程。同样，唐晓云和赵桂芹（2017）借助1995～2008年19个国家和地区的行业层面数据进行的研究也支持了上述结论。基于此，外国专利究竟促进还是抑制了东道国创新，需进一步探讨。

已有部分学者从经验角度对这一问题展开了研究。持促进观点的学者，如扬（Yang，2003）利用1987～1997年中国台湾22个行业数据进行实证研究，发现外国的专利申请在总体上促进了台湾地区企业的创新活动，但对不同类型创新活动的影响效果存在一定差异。蒋仁爱和贾维晗（2019）采用 2001～2014 年省级面板数据，考察了外国专利申请等不同国际技术溢出渠道对国内专利产出的影响。实证研究结果表明，外国专利申请是促进中国专利产出增长的最主要来源，对国内企业创新具有显著的正向作用。当然，也有研究认为外国专利抑制了本土企业创新。如中国社会科学院财贸经济所课题组（2002）对 1985～1999 年国内 4 个高新技术领域外国专利申请与本土专利申请的关系进行了计量分析，发现在电子信息和光机电领域的外国专利申请显著替代了国内专利申请，不利于国内企业创新。李平和张庆昌（2008）采用时变参数的状态空间模型，对 1985～2006 年外国专利申请与国内企业自主创新的关系进行了实证检验，发现外国专利的大量流入对国内专利申请产生了一定程度的竞争性和替代性，阻碍了国内自主创新。现有文献肯定了外国专利申请对东道国创新的潜在影响，但研究结论尚未达成一致，研究视角多集中于宏观层面，既未考虑企业异质性的吸收能力，也未对不同产权属性和行业特征的企业进行细分研究。事实上，在微观层面对外国专利申请问题的研究更有意义。

基于以上研究成果，本章以 2007～2017 年中国沪深 A 股上市公司数据为研究样本，对外国在华专利、吸收能力与中国企业创新的关系进行实证分析，并尝试从以下方面对现有文献进行扩展和补充：（1）具体分析了外国专利影响东道国企业创新可能的作用机制；（2）采用上市公司数据，为外国在华专利与企业创新关系的实证研究提供了微观证据；（3）考虑了企业异质性吸收能力的影响，并对不同产权属性、市场竞争程度、技术水平的企业进行了细分研究。

9.2　理论机制

9.2.1　外国专利影响东道国企业创新的作用机制

随着全球经济一体化的纵深发展，越来越多的企业开始进行海外专利布局，跨国专利申请行为也愈发普遍。外国专利对东道国创新可能会产生如下两方面作用。

1. 促进作用

从促进作用方面看，外国专利申请是国际技术溢出的重要途径，与国际贸易、国际投资等技术溢出方式存在一定的相似性。它将生产技术编码化，对东道国企业起到了技术示范作用。因此，外国专利申请的技术溢出效应也可视作国际投资技术溢出效应的一个表现。但与其他技术溢出渠道相比，外国专利申请具有容易获取、技术操作具体、实用性强、技术分类广泛且统一的特点，充分利用这一科技资源，对于提高东道国企业创新产出具有积极影响，可能的作用机制具体表现在三个方面。第一，创新示范与学习效应。专利申请要求专利权人必须提供对发明的精确描述，公开化的外国专利将国外发明创造、构思和技术等隐性知识编码化，形成可供东道国企业参考和借鉴的技术样本。第二，创新可能性边界扩展效应。创新可能性边界是指在既定创新资源投入和技术水平下能够实现的最大创新产出组合（肖利平和谢丹阳，2016）。创新是对知识要素进行重新配置、组合的过程，外国专利增加了东道国企业可供获取的外部技术知识源，提高了创新资源的互补性收益，扩展了东道国企业的创新可能性边界。第三，创新导向效应。外国专利信息隐含着国外技术创新的发展动态，是东道国企业了解和接触国外技术研发分布情况的重要途径。通过应用现阶段较为成熟的专利信息分析方法，如专利引文分析、专利网络分析、专利网络地图等，可以有效识别外国专利中的核心技术，判断具有较大研发潜力的关键领域，把握国际技术前沿和研究热点，开展有针对性地自主研发，实现创新赶超。

2. 抑制作用

从抑制作用方面看，作为维护垄断优势的有力手段，国外专利申请和布局是企业竞争战略的重要组成部分。专利地域性的特点决定了一国企业若想在其他国家寻求知识产权的法律保护，应用相关的专利战略，就必须在该国进行专利申请。现阶段，外国企业进行跨国专利申请的主要目的，除了保护技术创新、防止投入该国市场的核心产品被模仿外，还包括构建专利壁垒、抬高行业准入标准、设置专利陷阱、打击竞争对手，以及索取巨额转让和许可费用等。因此，外国专利的进入将不可避免地对东道国企业创新产生一定程度的负面影响，可能的作用机制表现在以下方面。第一，创新空间挤出效应。外国企业通过抢注专利，构筑专利壁垒，占领了大量先导性核心技术的专利权，破坏了东道国竞争企业在该应用领域申请同类或相近专利的可能。东道国企业必须具备一定技术实力，能够从更高、更新的层次超越现有技术，才能满足再申请专利的新颖性要求。并且，与其真正意图的实施范围相比，外国企业在申请专利时会尽可能扩大该项专利的权利要求范围。为了避开这些外国专利，当东道国企业另辟蹊径进行新的研发活动时，其自主性将受到一定程度的限制，可选择范围收窄，由此挤出东道国企业的创新空间。第二，创新需求减弱效应。外国专利申请攫取了东道国企业的创新租金，降低了东道国企业进行研发创新的预期收益，使东道国企业的技术创新需求减弱，外国专利申请与东道国创新产出呈现一定程度的替代关系。进一步地，当企业选择直接向外国企业购买技术而非自主创新时，容易陷入路径依赖的“怪圈”。因为如果企业能够较为轻松地从外部获取所需的技术资源，它将不太重视内部知识的积累和研发（Lavie，2006），逐步形成对外技术依赖，导致本土创新活动进一步减少。以上的对比分析表明，外国专利对东道国企业创新具有两方面的影响：当促进作用高于抑制作用时，外国专利对东道国企业创新呈现正效应；反之，当促进作用低于抑制作用时，外国专利对东道国企业创新呈现负效应。外国专利能否促进东道国企业创新的增长，取决于哪种作用占优，同时还需进一步考察企业的吸收能力。

9.2.2　吸收能力的调节作用

以往关于国际贸易和 FDI 技术溢出效应的研究表明，国际技术溢出因素对东道国技术进步的影响并不是必然产生的，需要该国具备一定程度的吸收能力

（谢建国和周露昭，2009；何兴强等，2014；张云和赵富森，2017）。吸收能力不仅指企业获取、学习和应用外部新技术的能力，还包括企业消化、吸收、转换和再创新的能力。企业的吸收能力是决定内化在外国专利中的先进技术能否被模仿、改进及再创新的关键。因为具有较强吸收能力的企业通常从外部环境中识别新信息的能力也较强，能够发现外国专利中关键的技术信息，快速进行模仿创新。同时，企业的吸收能力较强还意味着企业能够迅速有效地进行信息分析与整合，并将其运用至新的知识生产过程，由此，外国在华专利影响东道国企业的创新边界扩展效应，创新导向效应也相对较强。因此，企业的吸收能力对于外国专利与东道国企业创新具有正向调节作用。外国专利影响东道国企业创新的作用机制如图 9—1 所示。

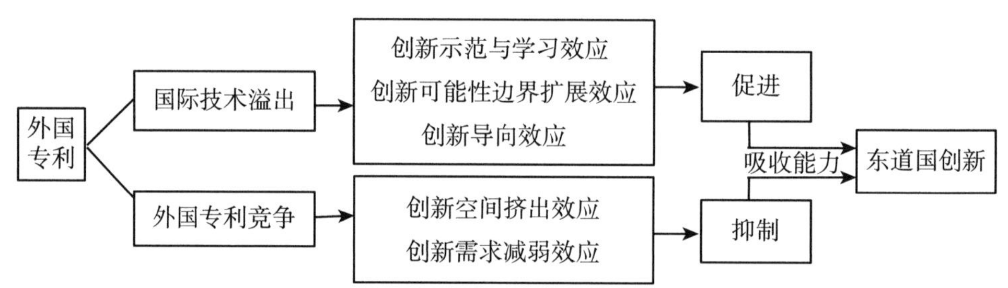

图 9—1　外国专利影响东道国企业创新的作用机制

9.3　数据与实证模型

9.3.1　数据来源

本章的数据主要来源于以下两个数据库。

CSMAR 数据库。该数据库提供了 2007～2017 年沪深 A 股上市公司的企业规模、企业年龄、研发投入、政府补贴及相关财务信息等。选择上市公司作为研究样本的主要原因，一方面是出于对数据可得性的考虑；另一方面是由于上市公司受到严格监管，所披露的各项数据具有较强的真实性和可靠性，得到的结论更具说服力（吴超鹏和唐葑，2016）。对 CSMAR 上市公司相关数据进行如下处理：第一，剔除在观测期内被 ST、＊ST 等特殊处理的上市公司；第二，剔除在观测期内被 PT 和退市的上市公司；第三，剔除金融、保险类上市公司；第四，剔除当年成立的上市公司及重要财务数据缺失严重的上市公司。

国家知识产权局的“专利检索及分析”系统。本章中所涉及的专利数据均来源于此。其中，上市公司的专利申请数据是根据上市公司年报中的公司名称和保留财务信息合并的子公司、合营公司及联营公司名称，在专利查询系统中分别检索、汇总得到 2007～2017 年上市公司的专利申请情况。外国在华专利申请数据的获取，是根据每一条专利申请人所属国别，剔除来自中国的各类型专利申请条目后，选取向中国知识产权局提交的、申请人地址为非中国境内、法律状态为有效的相关专利信息，逐条下载检查并手工整理得到 2007～2017 年外国申请人的在华专利申请数据。

本章的实证研究还需将外国在华专利申请数据与上市公司数据相匹配。首先，以国家知识产权局编制的《国际专利分类与国民经济行业分类参照关系表》为依据，将每一项外国在华专利按照其主 IPC 分类号整理得到该项专利申请所对应的国民经济行业分类。再根据国民经济行业分类这一指标把外国在华专利申请数据分类加总，由此得到 2007～2017 年行业层面的外国在华专利申请数量。之后，再按照证监会 2012 年公布的上市公司所处行业代码，将行业层面的外国在华专利申请数据与企业层面的上市公司相关数据匹配起来。

9.3.2　实证模型设计

1. 基准回归方程

本章借鉴 Griliches-Jaffe 知识生产函数的基本思想，将企业的创新过程视作运用各种资源（R&D 投入、技术溢出因素等）生产新知识的结果。将企业的创新产出表示为以下形式：

$$Innov_{it} = a_0(R\&D_{it})^{\alpha}(Spillover_{it})^{\beta} \tag{9.1}$$

式中，$Innov_{it}$ 表示 t 年 i 企业的创新活动产出，$R\&D_{it}$ 为 t 年 i 企业的研发投入，$Spillover_{it}$ 为企业所获得的知识溢出，a_0 代表影响创新产出的其他因素。

知识溢出效应通常取决于可供溢出的“知识池”，采用当年 i 企业所属 j 行业的外国在华专利申请数量代表这一知识存量，将式（9.1）替换为：

$$Innov_{it} = a_0(R\&D_{it})^{\alpha}(fp_{jt})^{\beta} \tag{9.2}$$

对式（9.2）取对数，并加入控制变量得到基准实证回归的估计方程：

$$\ln(Innov_{it}) = \alpha_0 + \alpha_1 \ln R\&D_{it} + \beta \ln fp_{jt} + \sum \varphi_{it} x_{it} + \mu + \varepsilon_{it} \tag{9.3}$$

其中，x_{it} 为一系列企业层面影响创新的控制变量，包括企业规模（*size*）、企业年龄（*age*）、政府补贴（*subsidy*）、资产收益率（*roa*）、负债率（*lev*）、有形资产比率（*tangibility*）、现金流比率（*cashflow*）、托宾 Q 值（*tobinq*）；μ 为一系列固定效应，包括年份固定效应、行业固定效应及省份固定效应；ε_{it} 为误差项。

2. 吸收能力对外国在华专利技术溢出的影响

由于技术溢出程度通常受到企业自身积累与吸收能力的限制，因此，本章在基准实证模型的基础上，进一步考察吸收能力对二者关系的影响，吸收能力由企业研发投入表征。科恩（Cohen，1989）开创性的研究表明，企业研发投入存在两面性，不仅可以直接促进企业内部的技术创新，同时还可以增强企业吸收外部知识和信息的能力。因此，在基准回归方程（9.3）中加入研发投入与外国专利的交互项，以检验企业的吸收能力效应。并借鉴张云和赵富森（2017）的研究，选取人力资本（*rrl*）、贸易开放度（*tr*）作为地区吸收能力环境变量进行辅助回归，实证方程如式（9.4）所示：

$$\ln(Innov_{it}) = \alpha_0 + \alpha_1 \ln R\&D_{it} + \alpha_2 \ln fp_{jt} + \alpha_3(\ln R\&D_{it}) \times (\ln fp_{jt}) + \sum \varphi_{it} x_{it} + rrl_{it} + tr_{it} + \mu + \varepsilon_{it} \tag{9.4}$$

参考张海洋（2005）及谢建国和周露昭（2009）的研究，引入研发投入（$R\&D_{it}$）与外国在华专利（fp_{jt}）交互项后，式（9.4）将式（9.3）中外国在华专利对国内企业创新的影响分解为两个不同的效应：一是研发投入与外国在华专利交互项系数 α_3，代表研发投入对外国专利技术溢出的影响，即企业的吸收能力效应，解释为国内企业通过模仿、吸收和学习外国专利技术实现的再创新；二是外国在华专利的一次项系数 α_2，代表在控制了企业吸收能力效应后，外国在华专利通过其他途径影响国内企业创新的净效应。

9.3.3　变量选取

1. 外国在华专利申请量

外国在华专利申请量（fp_{jt}）为向中国知识产权局提交的、申请人为非中国居民、申请人地址为非中国境内的有效专利申请数量（件）。这一数据来源于国家知识产权局。

2. 企业当年发明专利申请数量

企业当年发明专利申请数量（inv_{it}）为第 t 年 i 企业的发明专利申请量（件），用于衡量企业当年的创新活动（$Innov_{it}$）。本章采用发明专利申请量而非专利申请量，是因为现阶段国内专利申请包含着大量技术含量较低的实用新型专利以及外观设计专利，并不能真实反映企业的创新状况，企业的发明专利申请更能体现企业的核心创新能力。实证研究采用申请数量加 1 再取自然对数衡量的方法。这一数据来源于国家知识产权局。

3. 企业当年研发投入

企业当年研发投入（rd_{it}）为第 t 年 i 企业的研发投入（元），在实证回归中取对数。并借鉴张海洋（2005）的做法，以研发投入一次项衡量创新效应，研发投入与外国在华专利交互项衡量企业对外国专利技术的吸收效应。这一数据来源于 CSMAR 数据库。

4. 企业层面的其他控制变量

参照以往研究企业创新及其影响因素的相关文献（张杰，2015；吴超鹏和唐药，2016；顾夏铭等，2018），选取企业规模、企业年龄、政府补贴、资产收益率、负债率、有形资产比率、现金流比率、托宾 Q 值等作为控制变量。其中，企业规模（*size*）采用公司年末总资产（元）的自然对数；企业年龄（*age*）从企业成立当年计算，并加 1 取自然对数；政府补贴（*subsidy*）以取自然对数的方式衡量；资产收益率（*roa*）采用净利润与总资产比率衡量，代表企业的盈利能力和资产利用效率；负债率（*lev*）用于测度企业的财务风险；有形资产比率（*tangibility*）为有形资产与总资产的占比，用于衡量企业的资产结构；现金流比率（*cashflow*）与企业可用资金状况有关，采用企业经营和投资活动获得的现金流占总资产比率表示；托宾 Q 值（*tobinq*）代表企业投资与成长机会。这些数据均来源于 CSMAR 数据库。在实证回归中本章还引入了年份、行业和省份虚拟变量。

5. 特征变量

具体包括所有权性质、行业集中程度、高科技行业等变量。

（1）所有权性质。根据上市公司股权性质文件，将企业的所有权性质划分为国有、民营和外资三类。其中，少量产权情况不清晰的样本未纳入该部分实证分析。

（2）行业集中程度。行业集中程度用于衡量市场竞争程度，代理指标采用行业的赫芬达尔—赫希曼指数（HHI），计算公式为：$HHI=\sum S_i^2$，S_i 为企业 i 在该行业中的营业收入份额。赫芬达尔指数越高，行业集中程度越高，垄断程度也越高。根据计算结果将 HHI 指数划分为高集中度行业、中集中度行业以及低集中度行业三类。分类标准参考美国司法部以 HHI 值为基准的市场结构分类，认为 $HHI<1000$ 的行业为低集中度行业，$1000<HHI<1800$ 为中

集中度行业，$HHI>1800$ 为高集中度行业。

（3）高科技行业。参考黎文靖和郑曼妮（2016）、龙小宁等（2018）的研究，高科技行业包括：医药制造业；通用设备制造业；专用设备制造业；交通运输设备制造业；电气机械和器材制造业；计算机、通信和其他电子设备制造业；仪器仪表制造业；有色金属冶炼和压延加工业；金属制品业。其他行业为非高科技行业。

6. 其他变量

借鉴张云和赵富森的（2017）研究，选取人力资本、贸易开放度作为地区吸收能力环境变量，在吸收能力的实证方程中辅助回归。其中，人力资本（*rrl*）为企业所在地区当年 R&D 人员全时当量的自然对数值，贸易开放度（*tr*）为企业所在地区当年出口值占生产总值的比重。各变量的描述性统计结果如表 9—1 所示，共计 2052 家上市公司，9508 个样本值。

表 9—1　　　　　　　　描述性统计

变量	样本值	均值	标准差	最小值	最大值
外国在华专利（*fp*）	9508	7.30	2.08	0.69	10.01
企业创新（*inv*）	9508	2.33	1.39	0.00	9.10
研发投入（*rd*）	9508	17.75	1.32	14.33	21.54
企业规模（*size*）	9508	21.97	1.18	19.93	25.77
年龄（*age*）	9508	2.80	0.30	1.95	3.40
政府补贴（*subsidy*）	9508	15.41	3.68	0.00	20.18
收益率（*roa*）	9508	0.04	0.05	−0.12	0.19
负债率（*lev*）	9508	0.40	0.20	0.05	0.86
有形资产比（*tangiblity*）	9508	0.93	0.08	0.58	1.00
现金流（*cashflow*）	9508	−0.05	0.16	−0.79	0.31
托宾 *q*（*tobinq*）	9508	2.68	1.73	0.51	9.80
人力资本（*rrl*）	9508	12.14	0.97	6.51	13.25
贸易开放度（*tr*）	9508	0.28	0.22	0.01	0.90

9.4 实证结果与分析

9.4.1 外国在华专利影响中国企业创新的估计结果

首先，考虑外国在华专利对中国企业创新的总体影响，式（9.3）的估计结果如表9—2所示。

表9—2　　外国在华专利与企业创新的检验结果

变量	POLS			Tobit		
	(1)	(2)	(3)	(4)	(5)	(6)
fp	0.063*** (9.24)	0.068*** (3.14)	0.068*** (3.16)	0.068*** (5.53)	0.076*** (3.24)	0.077*** (3.25)
rd		0.398*** (31.91)	0.387*** (30.40)		0.423*** (17.26)	0.411*** (16.52)
size		0.343*** (23.03)	0.383*** (21.37)		0.342*** (11.61)	0.383*** (10.86)
age		−0.032 (−0.79)	−0.017 (−0.43)		−0.039 (−0.51)	−0.021 (−0.27)
subsidy		0.023*** (6.40)	0.022*** (6.07)		0.024*** (5.58)	0.023*** (5.28)
roa			0.645** (2.32)			0.740* (1.80)
lev			0.003 (0.04)			−0.005 (−0.04)
tangibility			−0.344** (−2.34)			−0.372* (−1.65)
cashflow			−0.022 (−0.31)			−0.053 (−0.62)

续表

变量	POLS			Tobit		
	(1)	(2)	(3)	(4)	(5)	(6)
tobinq			0.040*** (4.48)			0.040*** (2.98)
常数项	1.869*** (35.88)	−13.513*** (−41.92)	−14.023*** (−34.46)	1.785*** (19.49)	−14.090*** (−24.99)	−14.603*** (−20.40)
年份、行业与省份固定效应	不控制	控制	控制	不控制	控制	控制
样本量	9508	9508	9508	9508	9508	9508
R^2	0.009	0.463	0.465			

注：括号内为相应的 t 值，*、**、*** 分别表示在 10%、5%、1%的水平上显著。

表 9－2 中第（1）列至第（3）列采用的估计方法为混合最小二乘回归(POLS)，第（4）列至第（6）列为 Tobit 模型。在回归过程中采取了逐步加入控制变量、控制固定效应的方法，第（2）列、第（5）列在第（1）列、第（4）列的基础上加入了企业研发投入、企业规模、企业年龄及政府补贴等主要控制变量，并控制了年份、行业、省份固定效应。第（3）列、第（6）列在此基础上进一步加入了影响企业创新活动的财务控制变量。

估计结果显示，无论在何种情形下，外国在华专利影响企业创新活动的系数估计值均显著为正。因此，总体上外国在华专利促进了国内企业的创新活动。以完整加入控制变量和固定效应的第（3）列、第（6）列为基础进行分析，其中，混合最小二乘回归的估计系数为 0.068（在 1%的水平上显著），Tobit 模型估计系数为 0.077（在 1%的水平上显著），表明其正相关关系不受估计方法的影响。此外，研发投入对企业创新产出的系数估计值为正，凸显了自主研发对于企业创新的重要性。其他控制变量也保持了相应的显著性，与现有研究结果相符。其中，企业规模对企业创新估计系数显著为正。由于创新活动本身存在投入高、风险大的特征，在给定期望回报率和沉没成本的条件下，通常大企业比中小企业承担创新风险的能力更强。因此，企业规模越大，创新成果越多，这与周黎安和罗凯（2005）的研究结论一致。企业年龄对创新活动的影响在研究中尚未达成一致。认为企业年龄对创新活动具有正向影响的解释是，企业存续期越长、知识积累越丰富，越能帮助企业进行组织学习与技术创新。但与之相反，也有学者认为年轻企业相比成熟企业经营更灵活，更易于接受新知识，创新激励更强。这可能使企业年龄对企业创新估计系数为负且并不显著。政府补贴对企业创新的估计系数显著为正。企业通过政府补贴可以弥补自身所缺乏的创新资源，降低创新努力的边际成本和投入风险，进而提高企业的创新活动（杨洋等，2015）。企业层面财务变量的估计结果显示，盈利能力强、财务风险小、有形资产比重低、成长机会大的企业拥有更多的创新活动，这与顾夏铭等（2018）的研究结论一致。

9.4.2 考虑吸收能力的调节作用

技术溢出对企业创新过程的影响不是自动发生的，其实际效果受到企业吸收能力的限制。根据式（9.4），在基准回归中加入企业研发投入与外国在华专利交互项后，实证估计结果如表 9－3 所示，回归方法和步骤与前文一致。

表 9—3　　外国在华专利、吸收能力与企业创新的检验结果

变量	POLS			Tobit		
	(1)	(2)	(3)	(4)	(5)	(6)
fp	−0.735*** (−10.58)	−0.574*** (−7.76)	−0.562*** (−7.60)	−0.712*** (−5.35)	−0.552*** (−4.34)	−0.539*** (−4.16)
*fp*rd*	0.044*** (11.15)	0.037*** (9.08)	0.036*** (8.92)	0.043*** (5.62)	0.036*** (5.03)	0.035*** (4.85)
rd	0.313*** (10.63)	0.143*** (4.63)	0.137*** (4.43)	0.349*** (6.16)	0.173*** (3.24)	0.167*** (3.09)
size		0.330*** (22.12)	0.370*** (20.66)		0.329*** (11.14)	0.370*** (10.51)

续表

变量	POLS			Tobit		
	(1)	(2)	(3)	(4)	(5)	(6)
age		−0.056 (−1.38)	−0.041 (−0.99)		−0.063 (−0.81)	−0.044 (−0.57)
subsidy		0.022*** (6.20)	0.021*** (5.88)		0.023*** (5.44)	0.022*** (5.16)
roa			0.574** (2.07)			0.670* (1.65)
lev			−0.024 (−0.32)			−0.031 (−0.24)
tangibility			−0.380*** (−2.60)			−0.409* (−1.83)
cashflow			−0.016 (−0.22)			−0.045 (−0.53)
tobinq			0.038*** (4.25)			0.038*** (2.84)
rrl	0.086*** (5.71)	0.286** (1.96)	0.267* (1.84)	0.093*** (3.29)	0.352** (2.01)	0.332* (1.89)
tr	−0.358*** (−5.43)	0.401 (1.43)	0.465* (1.66)	−0.382*** (−2.93)	0.443 (1.25)	0.514 (1.44)
常数项	−4.516*** (−8.61)	−11.951*** (−7.02)	−12.313*** (−7.21)	−5.297*** (−5.26)	−13.353*** (−6.23)	−13.711*** (−6.27)
年份、行业与省份固定效应	不控制	控制	控制	不控制	控制	控制
样本量	9508	9508	9508	9508	9508	9508
R^2	0.381	0.468	0.470			

注：括号内为相应的 t 值，*、**、*** 分别表示在 10%、5%、1%的水平上显著。

第（1）至第（6）列的结果显示，引入吸收能力后，研发投入与外国专利交互项估计系数显著为正，且这一结果不受估计方法及控制变量增减的影响。这表明，在经过消化吸收后，企业能够通过学习和利用外国专利的技术信息提高自身的创新产出。企业的吸收能力越强，创新绩效越好。同时，企业所在地区人力资本存量和贸易开放度的估计系数为正，表明评价地区吸收能力的人力资本要素和贸易开放度对当地企业的自主创新起到了良好的促进作用。

在引入交互项后，外国在华专利对企业创新活动的边际影响不再由一次项系数决定，需要综合考察一次项系数、交互项系数以及研发投入值进行推断。在企业研发投入不同分位数下，外国在华专利对企业创新活动的边际影响如表 9—4 所示。可以看出，总体上这一边际影响为正，促进了企业的创新活动，与上文基准回归的结果一致。

表 9—4　　不同研发分位数值下的边际效应

变量	rd 的分位数值			
	最小值处	1/4 处	均值处	最大值处
fp	−0.046	0.046	0.077	0.21

此时，外国在华专利一次项系数显著为负，代表在控制了企业对外国专利技术溢出的吸收能力效应后，外国在华专利对企业创新产出的影响为负效应，与抑制作用中的创新空间挤出效应和创新需求减弱效应有关。这意味着外国在华专利影响本土企业创新的抑制作用是存在的，但企业对技术溢出的吸收弥补了这一不利影响。也意味着只有当企业具备一定程度的吸收能力时，外国在华专利对企业创新活动的影响才表现为促进作用。因此，外国在华专利影响国内企业创新促进作用的发挥，必须建立在增加企业吸收能力的条件下，否则外国在华专利将挤占国内企业的创新空间，不利于国内企业创新。

9.4.3 内生性问题

为了克服潜在的内生性问题，本章选取了每个行业外国企业申请的三方同族专利数量作为该行业外国在华专利申请的工具变量，对原方程进行两阶段最小二乘回归。三方同族专利是指申请人为保护同一项发明创造在欧洲专利局、日本专利局、美国专利商标局申请的一系列专利，是反映企业技术水平的重要指标。通常，海外企业对自身技术水平的认可程度越高，对国际专利申请流程越熟悉，越有可能进行在华专利申请。胡（Hu，2010）的研究也表明，90%以上的外国在华专利申请享有国际优先权，这些专利在向中国国家知识产权局提出申请之前，已向其他国家专利局提出申请。因此，外国企业的三方同族专利申请直接影响着它在中国申请专利的倾向和趋势。但专利地域性的特点决定了一个国家或一个地区所授予和保护的专利权仅在该国或该地区的范围内有效，所以在非中国境内提出的专利申请并不会直接影响国内企业活动。且相关检验的结果拒绝了三方同族专利为弱工具变量的假设检验。IV－2SLS 的估计结果显示，外国在华专利对企业创新活动总体具有促进作用，但依然受到了吸收能力的影响（见表 9－5）。

表 9－5　　IV－2SLS 估计结果

变量	(1)	(2)
fp	0.197** (2.53)	−0.521*** (−5.07)
fp * *rd*		0.041*** (7.96)
rd	0.388*** (24.57)	0.102*** (2.68)
size	0.382*** (17.95)	0.367*** (20.50)
age	−0.014 (−0.33)	−0.041 (−1.00)
subsidy	0.022*** (5.69)	0.021*** (5.83)
roa	0.664** (2.38)	0.583** (2.10)

续表

变量	(1)	(2)
lev	−0.004 (−0.06)	−0.037 (−0.48)
tangibility	−0.354** (−2.38)	−0.395*** (−2.71)
cashflow	−0.022 (−0.30)	−0.015 (−0.22)
tobinq	0.039*** (4.34)	0.036*** (4.12)
rrl		0.253* (1.74)
tr		0.554* (1.95)
常数项	−14.514*** (−28.21)	−12.003*** (−6.89)
年份、行业、省份固定效应	控制	控制
样本量	9508	9508
R^2	0.463	0.468

注：括号内为相应的 t 值，*、**、*** 分别表示在 10%、5%、1%的水平上显著。

9.5 异质性分析与稳健性检验

9.5.1 异质性分析

考虑到企业产权结构、市场竞争程度以及所处行业技术特征对企业的创新活动具有较高程度的影响，本章将分别从上述三方面考察外国在华专利对于不同企业创新活动的差异。

1. 企业所有权性质分组

产权结构决定了企业资源如何配置、所有者如何分工以及经营者如何治理等一系列结构性问题，合理的产权结构能够促进企业有效投资、管理和生产，激发创造潜能，提高创新效率。按企业所有权性质分组时的回归结果如表 9—6 所示。首先，考虑外国在华专利对不同所有制企业创新产出的影响，第（1）列、第(3）列、第(5）列的估计结果显示，外国在华专利对三类企业创新均表现为促进作用，但影响效果存在一定差异。其中，对国有企业和民营企业创新活动的系数估计值分别为 0.094、0.057，对外资企业的系数估计值为 0.149 但并不显著。进一步地，为了对分组回归的结果进行深入分析，表 9—6 的第（2）列、第(4）列、第(6）列考虑了企业的吸收能力效应。从外国在华专利与研发交互项的估计系数来看，国有企业和民营企业对外国专利技术的消化吸收都促进了企业创新活动的增长。然而，在控制了企业的吸收能力效应后，外国在华专利对国有、民营企业创新活动的系数估计值分别为—0.366、—0.637，这意味着外国在华专利对国有和民营企业产生了不同程度的挤出效应。可能的解释是，与国有企业相比，民营企业通常规模较小、融资约束较高、资源相对匮乏，而研发活动往往具有投入大、风险高的特征，这使民营企业的自主研发受限，因此可能更倾向于直接购买已有的成熟技术，从而外国在华专利的挤出效应较强，对民营企业的技术溢出效果弱于国有企业。此外，外资企业由于通常直接采用母公司的先进技术，存在一定的技术优势，创新活动更多依赖于自主研发，较少受到外国技术溢出因素的影响。因此，外国在华专利对外资企业创新活动的影响微弱。

表 9—6　　外国在华专利与企业创新——企业产权属性

变量	国有企业		民营企业		外资企业	
	(1)	(2)	(3)	(4)	(5)	(6)
fp	0.094** (2.28)	—0.366*** (—3.12)	0.057** (2.25)	—0.637*** (—5.84)	0.149 (1.09)	0.633 (0.97)
*fp*rd*		0.027*** (4.21)		0.039*** (6.53)		—0.027 (—0.77)
rd	0.278*** (13.91)	0.099** (2.12)	0.427*** (22.95)	0.143*** (3.01)	0.355*** (3.30)	0.540** (2.05)

续表

变量	国有企业		民营企业		外资企业	
	(1)	(2)	(3)	(4)	(5)	(6)
size	0.479*** (16.38)	0.462*** (15.75)	0.324*** (12.45)	0.319*** (12.28)	0.140 (0.96)	0.156 (1.06)
age	−0.205** (−2.34)	−0.244*** (−2.78)	0.009 (0.18)	0.003 (0.07)	−1.057*** (−3.41)	−1.046*** (−3.33)
subsidy	0.028*** (4.13)	0.028*** (4.12)	0.019*** (4.46)	0.018*** (4.20)	0.024 (1.26)	0.022 (1.13)
roa	0.410 (0.81)	0.401 (0.79)	0.676* (1.88)	0.636* (1.78)	3.389** (2.19)	3.309** (2.19)
lev	−0.587*** (−4.17)	−0.590*** (−4.20)	0.168* (1.73)	0.153 (1.58)	0.620 (1.24)	0.732 (1.42)
tangibility	−0.488 (−1.30)	−0.578 (−1.55)	−0.303* (−1.81)	−0.300* (−1.79)	−0.267 (−0.33)	−0.218 (−0.27)
cashflow	−0.417*** (−2.64)	−0.424*** (−2.69)	0.038 (0.46)	0.050 (0.61)	−0.477 (−1.01)	−0.500 (−1.05)
tobinq	0.058*** (2.99)	0.056*** (2.89)	0.027** (2.53)	0.023** (2.21)	0.030 (0.63)	0.031 (0.65)
rrl		0.204 (0.92)		0.510** (2.49)		0.674 (0.61)
tr		1.253*** (2.58)		0.119 (0.33)		0.223 (0.15)
常数项	−14.398*** (−19.38)	−13.321*** (−4.98)	−12.767*** (−22.77)	−13.207*** (−5.53)	−8.755*** (−2.88)	−19.992 (−1.59)
年份、行业、省份固定效应	控制	控制	控制	控制	控制	控制
样本量	2969	2969	5832	5832	310	310
R^2	0.563	0.567	0.423	0.428	0.567	0.569

注：括号内为相应的 *t* 值，*、**、*** 分别表示在 10%、5%、1%的水平上显著。

2. 行业集中程度分组

企业所处行业的集中程度是反映市场竞争度的重要指标，外国在华专利对不同行业集中程度企业创新活动的影响如表9—7所示。第（1）列、第(3)列、第(5)列的回归结果表明，外国在华专利仅对低集中度行业企业的创新活动存在显著的促进作用。对中集中度和高集中度行业企业创新活动的影响系数分别为0.018、0.015，但均不显著，表明外国在华专利对中、高集中度行业企业创新活动的技术溢出效果有限。第（2）列、第(4)列、第(6)列加入企业的吸收能力对上述分组回归所出现的结果进行解释。从外国在华专利与研发交互项的估计系数来看，中、低集中度行业企业对外国专利技术的消化吸收，均对企业创新产生了一定程度的积极作用。但在基准模型中，外国在华专利提高了低集中度行业企业的创新活动，对中集中度行业企业创新的作用却并不显著。阿格因（Aghion，2005）的研究表明，企业创新的动力来源于创新前后所获得的利润差额。随着行业集中程度的降低，市场竞争程度增加，企业通过创新提高生产率、领先竞争对手，以此获得垄断利润、逃离竞争的意愿也就更加强烈。相比其他分组，低集中度行业企业的创新需求更高，更愿意接触、了解并学习外国专利中有益的技术信息，以提升自身的技术水平。但在中集中度行业，企业间的竞争状态接近于垄断竞争的市场结构，企业虽然尚未建立起绝对的竞争优势，但已经拥有一定的市场势力，此时企业具备技术模仿的能力，却还缺乏较强的再创新激励。因此，外国在华专利对中集中度企业创新活动的作用有限。此外，对于高集中度行业企业，由于竞争程度较低，企业缺乏学习和吸收新知识的动力，外国在华专利对企业创新作用不显著。

表9—7　　外国在华专利与企业创新——行业集中程度分组

变量	低集中度行业企业		中集中度行业企业		高集中度行业企业	
	(1)	(2)	(3)	(4)	(5)	(6)
fp	0.078** (2.03)	−0.507*** (−3.19)	0.018 (0.34)	−0.702*** (−5.72)	0.015 (0.31)	−0.237 (−1.61)

续表

变量	低集中度行业企业		中集中度行业企业		高集中度行业企业	
	(1)	(2)	(3)	(4)	(5)	(6)
*fp*rd*		0.033*** (3.85)		0.041*** (6.50)		0.015 (1.46)
rd	0.477*** (22.01)	0.220*** (3.13)	0.365*** (16.03)	0.070 (1.39)	0.309*** (13.37)	0.222*** (4.19)
size	0.271*** (9.16)	0.269*** (9.10)	0.414*** (13.08)	0.400*** (12.68)	0.441*** (12.80)	0.428*** (12.24)
age	0.102 (1.63)	0.090 (1.44)	0.043 (0.60)	0.032 (0.44)	−0.088 (−1.02)	−0.113 (−1.30)
subsidy	0.020*** (3.82)	0.019*** (3.68)	0.019*** (2.96)	0.019*** (2.98)	0.027*** (3.53)	0.027*** (3.57)
roa	0.984** (2.49)	0.925** (2.34)	0.633 (1.25)	0.647 (1.29)	0.173 (0.28)	0.270 (0.43)
lev	−0.058 (−0.52)	−0.059 (−0.54)	0.062 (0.45)	−0.017 (−0.12)	0.101 (0.62)	0.124 (0.75)
tangibility	−0.529*** (−2.72)	−0.548*** (−2.82)	−0.683** (−2.25)	−0.693** (−2.30)	0.056 (0.17)	0.020 (0.06)
cashflow	−0.104 (−1.01)	−0.106 (−1.03)	−0.070 (−0.54)	−0.053 (−0.41)	0.175 (1.15)	0.184 (1.21)
tobinq	0.005 (0.44)	0.003 (0.25)	0.043** (2.57)	0.039** (2.31)	0.081*** (4.06)	0.081*** (4.04)
rrl		0.143 (0.61)		0.536** (2.22)		0.121 (0.40)
tr		1.009** (2.44)		−0.695 (−1.39)		0.970 (1.59)
常数项	−13.101*** (−21.55)	−10.321*** (−3.61)	−12.946*** (−18.31)	−13.018*** (−4.55)	−14.317*** (−17.55)	−14.018*** (−4.00)
年份、行业、省份固定效应	控制	控制	控制	控制	控制	控制
样本量	6938	6938	1535	1535	1035	1035
R^2	0.460	0.463	0.450	0.459	0.538	0.539

注：括号内为相应的 t 值，**、*** 分别表示 5%、1%（双尾）的统计显著性水平。

3. 高科技行业分组

高科技行业是知识与技术密集型行业，知识更新快，技术发展迅速。当按企业所属行业是否为高科技行业分组时，外国在华专利对企业创新活动的影响如表 9—8 所示。第（1）列、第(3）列的估计结果显示，外国在华专利对高科技行业企业的创新活动具有显著的促进作用，但对非高科技行业企业的影响并不显著。进一步地，考虑高科技行业企业和非高科技行业企业对外国专利技术的吸收能力效应，第（2）列、第(4）列报告了在不同组别中加入外国专利与企业研发投入交互项后的估计结果。其中，对于非高科技行业而言，尽管对外国专利技术的消化吸收一定程度上促进了非高科技行业企业的创新活动，但外国在华专利对其创新活动的综合作用却并不显著。这可能是由于该类企业的生产过程相对简单，对技术水平要求较低，企业更愿意从外部以较低的成本获取技术资源，而不是将过多的精力投入耗时长、风险高的创新过程。同时，研发的欠缺也造成了这些企业对外国专利技术溢出的吸收有限，无法有效促进企业创新的增长。但对高科技行业企业而言，其日常所进行的创新活动具有高知识密集度、高速度、高竞争度和高收益等特征，积累了更多将隐性知识显性化的有益经验，形成了较强的吸收能力，能够快速学习和掌握国外成熟的技术成果，由此，外国在华专利对高科技行业企业创新的促进作用显著。

表 9—8　　外国在华专利与企业创新——高科技行业分组

变量	高科技行业企业		非高科技行业企业	
	(1)	(2)	(3)	(4)
fp	0.188** (2.32)	−0.344 (−1.48)	0.030 (1.28)	−0.228** (−2.42)
fp * *rd*		0.029** (2.41)		0.015*** (2.85)
rd	0.447*** (20.85)	0.199* (1.89)	0.329*** (20.54)	0.240*** (6.84)

续表

变量	高科技行业企业		非高科技行业企业	
	(1)	(2)	(3)	(4)
size	0.446*** (15.44)	0.443*** (15.32)	0.327*** (14.22)	0.321*** (13.92)
age	0.038 (0.67)	0.032 (0.56)	−0.100* (−1.70)	−0.109* (−1.86)
subsidy	0.023*** (4.55)	0.023*** (4.49)	0.020*** (4.16)	0.020*** (4.13)
roa	1.050*** (2.61)	1.016** (2.52)	0.309 (0.80)	0.314 (0.82)
lev	−0.040 (−0.37)	−0.051 (−0.47)	−0.067 (−0.63)	−0.056 (−0.53)
tangibility	−0.456** (−2.22)	−0.456** (−2.22)	−0.328 (−1.57)	−0.352* (−1.68)
cashflow	0.132 (1.30)	0.129 (1.27)	−0.129 (−1.30)	−0.129 (−1.29)
tobinq	0.062*** (4.96)	0.059*** (4.66)	0.026** (2.07)	0.025** (1.98)
rrl		0.359* (1.67)		0.220 (1.12)
tr		0.237 (0.59)		0.774** (1.99)
常数项	−17.337*** (−20.70)	−16.718*** (−5.34)	−11.335*** (−21.28)	−12.233*** (−5.43)
年份、行业、省份固定效应	控制	控制	控制	控制
样本量	4585	4585	4923	4923
R^2	0.498	0.499	0.434	0.436

注：括号内为相应的 t 值，*、**、*** 分别表示在 10%、5%、1%的水平上显著。

9.5.2　稳健性检验

第一组，替换被解释变量。能够获得授权的专利在一定程度上代表着企业较高质量的创新活动，因此本章选取上市公司 2007～2017 年提出申请并获得授权的专利数目作为被解释变量，对前面的发明专利申请量进行替换。实证回归结果如表 9—9 第（1）列至第（4）列所示，主要变量及解释变量符号不变。

第二组，控制其他技术溢出渠道。考虑到外国企业在中国申请专利，完成在华专利布局后，可能会存在扩大对华出口或是增加投资设厂等行为，本章通过控制进口和外商直接投资以减轻后续其他技术溢出渠道对企业创新活动的影响，检验模型的稳健性。实证回归结果如表 9—9 第（5）列至第（8）列所示。外国在华专利对企业创新的影响依然显著为正，并受吸收能力影响。

表 9—9　　　　稳健性检验

变量	第一组：替换被解释变量				第二组：控制其他技术外溢渠道			
	POLS		Tobit		POLS		Tobit	
	(1)	(2)	(3)	(4)	(5)	(6)	(7)	(8)
fp	0.152*** (7.12)	−0.339*** (−4.60)	0.171*** (6.65)	−0.287** (−2.23)	0.066*** (3.08)	−0.563*** (−7.61)	0.075*** (3.17)	−0.539*** (−4.16)
*fp*rd*		0.028*** (6.99)		0.026*** (3.66)		0.036*** (8.90)		0.035*** (4.83)
rd	0.304*** (24.02)	0.108*** (3.53)	0.307*** (14.23)	0.124** (2.28)	0.387*** (30.42)	0.137*** (4.44)	0.411*** (16.54)	0.167*** (3.10)
size	0.389*** (21.87)	0.380*** (21.30)	0.396*** (12.67)	0.386*** (12.38)	0.380*** (21.19)	0.367*** (20.51)	0.380*** (10.79)	0.368*** (10.47)
age	−0.075* (−1.83)	−0.093** (−2.29)	−0.076 (−1.00)	−0.093 (−1.24)	−0.018 (−0.44)	−0.041 (−1.01)	−0.022 (−0.28)	−0.045 (−0.57)
subsidy	0.018*** (4.94)	0.017*** (4.78)	0.018*** (4.17)	0.017*** (4.05)	0.022*** (6.09)	0.021*** (5.89)	0.023*** (5.29)	0.022*** (5.16)
roa	1.470*** (5.31)	1.414*** (5.11)	1.491*** (3.85)	1.439*** (3.73)	0.671** (2.41)	0.596** (2.15)	0.771* (1.88)	0.696* (1.71)

续表

变量	第一组：替换被解释变量				第二组：控制其他技术外溢渠道			
	POLS		Tobit		POLS		Tobit	
	(1)	(2)	(3)	(4)	(5)	(6)	(7)	(8)
lev	0.233*** (3.08)	0.211*** (2.78)	0.238** (2.05)	0.218* (1.88)	0.010 (0.13)	−0.020 (−0.27)	0.003 (0.02)	−0.026 (−0.20)
tangibility	−0.305** (−2.09)	−0.333** (−2.29)	−0.339 (−1.58)	−0.364* (−1.70)	−0.341** (−2.32)	−0.373** (−2.55)	−0.369 (−1.64)	−0.402* (−1.80)
cashflow	0.141** (1.98)	0.145** (2.04)	0.139* (1.65)	0.143* (1.71)	−0.023 (−0.32)	−0.014 (−0.20)	−0.054 (−0.62)	−0.044 (−0.52)
tobinq	0.003 (0.29)	0.001 (0.12)	0.002 (0.12)	0.000 (0.01)	0.038*** (4.32)	0.037*** (4.13)	0.038*** (2.86)	0.036*** (2.75)
rrl		0.118 (0.81)		0.130 (0.76)		0.204 (1.35)		0.254 (1.44)
tr		0.416 (1.49)		0.394 (1.10)		0.620** (1.97)		0.665* (1.65)
常数项	−12.665*** (−31.30)	−10.357*** (−6.09)	−12.969*** (−19.45)	−11.038*** (−5.13)	−13.948*** (−34.16)	−11.602*** (−6.56)	−14.515*** (−20.28)	−12.826*** (−5.90)
年份、行业、省份固定效应	控制	控制	控制	控制	控制	控制	控制	控制
样本量	9508	9508	9508	9508	9508	9508	9508	9508
R^2	0.481	0.483			0.466	0.470		

注：括号内为相应的 t 值，*、**、*** 分别表示在 10%、5%、1%的水平上显著。

9.6 主要结论与政策启示

本章借鉴 Griliches-Jaffe 知识生产函数的基本思想，利用 2007～2017 年中国上市公司财务数据和国家知识产权局专利数据，实证考察了外国在华专利、吸收能力对中国企业创新的影响，得出以下结论。第一，外国在华专利对国内企业创新存在着促进和抑制两方面的作用。总体而言，外国在华专利对国内企业创新产出的估计系数显著为正，表明外国在华专利对国内企业创新的促进作用占优。但其最终实现还依赖于企业对外国专利技术的消化吸收。第二，自主研发是支撑企业吸收外国专利技术的关键。以研发投入表征的吸收能力与外国专利交互项系数显著为正，表明企业的研发投入越多，吸收能力越好，创新绩效越高。第三，受促进和抑制两方面作用的共同影响，外国在华专利对不同产权结构、市场竞争程度以及行业技术特征的企业的影响不同。外国在华专利对国有企业、民营企业、竞争性行业企业、高科技行业企业的创新具有显著的促进作用，对其他企业的作用有限。新时期发达国家对华专利申请的迅速增加，促进了国外先进技术的转移和溢出。充分释放外国在华专利的技术溢出效应，在静态上有益于增加本国技术存量，缩小与发达国家间的技术差距。在动态上，对于全面提升本国技术自主创新能力、完善创新机制形成、弱化并突破国外专利技术垄断具有关键作用。

根据本章研究结论，具体政策建议如下。第一，增强自主研发，提高企业吸收能力。应着力解决民营企业融资难、融资贵等问题，鼓励民营企业进行自主研发，为民营企业创新营造良好环境。同时，加强科研力量对民营企业的支持，不断提高民营企业对先进专利技术信息的吸收能力。第二，完善知识产权保护制度。有倾向性地鼓励和引导外国先进专利在中国市场集中度较低的行业进行申请，促进先进技术资源在行业间的合理配置，为中国企业带来更大的技术溢出效应。第三，尽可能减轻外国专利技术垄断对国内企业创新的负面影响，须加快建立知识产权滥用的反垄断规制。对于国外企业恶意抢注，凭借专利优势封锁技术等不正当的竞争行为，有关机构应及时采取相应的监管措施，维护公平的市场竞争秩序。

第10章

外国在华专利申请与企业出口

根据国家知识产权局的统计数据，自 2010 年以来，外国在华有效专利申请数量迅速增加，2013 年中国首次超过美国、日本成为世界上接受外国有效专利申请最多的国家。截至 2018 年 10 月，外国在华有效专利申请总量高达 316.25 万件，年均增长率约 20.70%。如此庞大的外国专利申请进入中国市场，对中国同行业企业产生技术封锁的同时，也不可避免地产生技术外溢效应，而技术的进步必然会影响企业的出口决策。因此，研究外国在华专利申请对中国企业出口的影响具有一定的理论意义和现实意义。

此外，学术界越来越多的学者开始关注跨国专利申请的技术外溢效应对一国进出口贸易的影响。已有研究将一国学习国外先进技术实现产品种类增多、生产成本下降、产品质量升级等方面均看作国际技术外溢的表现。余道先和刘海云（2008）以中国为例，研究发现跨国专利申请通过技术外溢显著促进了中国对外出口贸易的发展。孙莹等（2012）基于中国在欧盟专利局的专利授权现状，通过构建 VAR 模型研究发现，中国在欧盟国家专利授权量的增加会促进中国对欧盟高新技术产品出口额的增加。在此基础上，蔡中华等（2016）以“一带一路”沿线 64 个国家为研究对象，发现中国在专用和通用设备制造业以及化学原料和化学制品制造业专利申请密集度的增加会促进中国对各国出口贸易的增加。基思·蒙克萨斯和莫汉·佩努巴蒂（Maskus and Penubarti，1995）通过选取美国对 77 个国家 28 个行业的出口数据，分析外国在美国申请专利对其出口的影响，结果显示外国专利申请所带来的专利权对出口有正向的影响。刘文贤和林亚志（Wen-Hsien Liu and Ya-Chi Lin，2005）以中国台湾为研究对象，进一步分析外国专利申请对台湾三大高新技术行业出口的影响，结果显示外国专利申请会促进台湾高新技术产品的出口。

综上所述，目前外国在华专利申请对企业出口贸易影响的研究相对较少，不仅理论上缺少对影响机制的全面梳理和总结，而且实证主要集中在宏观层面，没有深度剖析和检验外国在华专利申请对中国企业出口决策的影响路径，也没有考虑对出口决策和出口边际的影响是否会因外国专利申请技术外溢渠道的不同而不同，以及这种影响是否与企业所有权以及企业自身生产率水平高低有关。因此，本章基于梅利兹（Melitz，2003）的企业异质性理论分别构建外国在华专利申请技术外溢对企业出口决策影响的理论模型，并通过选取微观企业数据进一步从实证层面对外国在华专利申请对企业出口决策的影响加以检验。

10.1　理论模型和机制分析

10.1.1　消费者层面

基于梅利兹（2003）的企业异质性理论，假设企业的出口目的国为 $j=1$，2，3，…，n，企业 i 出口到目的国 j 后，每个国家对消费品的消费效用满足常替代弹性生产函数（constant elasticity of substitution，CES），具体如下：

$$U_{jt} = \left(\int_{\omega\subset\Omega}\alpha\left[c_{ijt}(fp)d_{ij}(fp)\right]q(\omega)^{\frac{\sigma-1}{\sigma}}d\omega\right)^{\frac{\sigma}{\sigma-1}} \tag{10.1}$$

其中，U_{jt} 表示 j 国消费者在 t 年对从中国进口的各类商品消费所产生的效用；α 表示消费需求变动的影响因素；$c_{ijt}(fp)$ 为外国专利申请的函数，表示贸易双方的沟通成本；$d_{ij}(fp)$表示贸易双方的文化距离；σ表示各类商品之间的替代弹性，且$\sigma>1$。基于以上各变量，可以得到j国消费者价格指数为：

$$P_{jt}=\left(\int_{\omega\subset\Omega}pc_{ijt}(\omega)^{1-\sigma}d\omega\right)^{\frac{1}{1-\sigma}} \tag{10.2}$$

由于各企业进行水平化的分工生产，假设企业所具有的生产率水平为φ_{ω}，企业的工资率水平为$\bar{\omega}$。在消费者预算约束下，可得企业的需求函数为：

$$q_{ijt}=\left(\frac{p_{ijt}\alpha[c_{ijt}(fp)d_{ij}(fp)]^{1-\sigma}}{P_{jt}}\frac{E_{jt}}{p_{ijt}}\right) \tag{10.3}$$

其中，x_{ijt}表示目的国的需求量，p_{ijt}表示商品的价格，E_{jt}表示t年j国的总支出，那么该企业的出口占比可以表示为：

$$x_{ijt}=\frac{q_{ijt}}{X_{jt}}=\frac{(p_{ijt}\alpha[c_{ijt}(fp)d_{ij}(fp)])^{1-\sigma}}{(P_{jt})^{1-\sigma}} \tag{10.4}$$

根据 Dixit-Stiglitz 垄断竞争模型中的价格加成（mark-up）为$\frac{\sigma}{\sigma-1}$，企业出口商品的定价为：

$$p_{it}=\frac{\sigma}{\sigma-1}\times\frac{\tilde{\omega}_{it}\tau[c_{ijt}(fp)d_{ij}(fp)]}{\varphi_{it}} \tag{10.5}$$

根据式（10.2）、式（10.4）和式（10.5）可以得出企业出口到j国市场的出口强度为：

$$x_{ijt}=\left(\frac{\tilde{\omega}_{it}}{\varphi_{it}}\right)^{1-\sigma}(\alpha[c_{ijt}(fp)d_{ij}(fp)])^{\sigma-1}\tau[c_{ijt}(fp)]^{1-\sigma}p_{jt}^{\sigma-1}X_{jt} \tag{10.6}$$

10.1.2 生产者层面

从企业生产的角度，假设企业的投入要素只有劳动力一种，用f_{it}表示企业i在t年生产的固定成本，出口企业总的生产成本可表示为：

$$C_{it}=f_{it}+\tau[c_{ijt}(fp)]\frac{x_{ijt}}{\varphi_{it}(fp)} \tag{10.7}$$

结合式（10.3）和式（10.7）可得出企业出口的利润函数为：

$$\Pi_{ijt} = p_{ijt}x_{ijt} - f_{it} - \frac{\tau[c_{ij}(fp)]x_{ijt}}{\varphi_{it}(fp)} = \frac{R_{ijt}(\varphi_{it})}{\sigma} - f_{it} \tag{10.8}$$

根据以上利润函数，企业的出口概率可以表示为：

$$P(\Pi_{ijt} > 0) = P\left[\frac{1}{\sigma}\left(\frac{\sigma}{\sigma-1}\right)^{1-\sigma}\left(\frac{\tilde{\omega}_{it}}{\varphi_{it}(fp)}\right)^{-\sigma}\{\tau[c_{ijt}(fp)]\}^{-\sigma}(P_{jt})^{\sigma-1}E_{jt} - f_{it} > 0\right] \tag{10.9}$$

综上所述，如果只考虑外国在华专利申请的行业内平行技术外溢效应，根据式（10.6）和式（10.9），外国专利申请对企业出口决策的影响机制主要体现在两个方面。对于出口强度，一方面外国专利申请会对同行业内企业产生显著的技术外溢效应，进而间接促进企业生产率的提高，进而提高企业的出口强度。另一方面，外国在华申请专利使得分类统一、领域广泛的专利技术信息和技术细节更加容易被中国企业或居民所获取，这会降低企业的生产成本。而对于出口概率，外国在华专利申请同样一方面通过技术外溢效应促进企业生产率的提高，进而影响企业的出口概率；另一方面通过降低贸易双方的出口可变成本增加出口概率。

10.2　估计方程建立、指标选取与数据来源

10.2.1　估计方程的构建

根据上面的理论模型和相关模型假设，分别对式（10.6）、式（10.9）取对数，结合贸易中引力模型的应用，分别得到如下企业出口概率和出口强度的估计方程：

$$P(\Pi_{it} > 0) = P(\beta_0 + \beta_1 \ln HIPC_{it} + \beta_2 X_{jt} + \delta_j + \delta_t + \varepsilon_{it}) \tag{10.10}$$

$$\ln ex_{it} = \alpha_0 + \alpha_1 \ln HIPC_{it} + \alpha_2 X_{ijt} + \theta_j + \theta_t + \varepsilon_{it} \tag{10.11}$$

以上估计方程中，P（$\Pi_{it}>0$）表示企业出口概率，$\ln ex_{it}$表示企业i的出口额，$\ln HIPC_{it}$表示外国在华专利申请数量，$\ln X_{ijt}$表示企业和行业层面的其他控

制变量，δ_j、θ_j 和 δ_j、θ_t 分别表示行业层面和时间的固定效应，ε_{it} 为随机误差项。

在此基础上进一步考虑外国在华专利申请的跨行业垂直外溢效应 PBV，得到企业出口概率和出口强度的估计方程：

$$P(\Pi_{it}>0)=P(\beta_0+\beta_1\ln HIPC_{it}+\beta_2\ln PBV_{it}+\beta_3 X_{jt}+\delta_j+\delta_t+\varepsilon_{it}) \tag{10.12}$$

$$\ln ex_{it}=\alpha_0+\alpha_1\ln HIPC_{it}+\alpha_2\ln PBV_{it}+\alpha_3 X_{ijt}+\theta_j+\theta_t+\varepsilon_{it} \tag{10.13}$$

10.2.2 指标选取与数据来源

本章主要回归变量有同行业外国在华专利申请量 $\ln HIPC_{it}$、跨行业外国专利申请加权总量 $\ln PBV_{it}$、企业出口概率 $PEXP_{it}$、企业出口强度 $\ln ex_{it}$、企业生产率 TFP_{it}。具体指标构建和数据来源如下。

（1）外国在中国专利申请数量（$\ln HIPC_{it}$）。本章用行业内外国在华专利申请数量来衡量外国专利申请的平行技术外溢效应，具体统计了 2010～2013 年世界各国在中国国家知识产权局申请的 119 个制造业细分行业层面的有效专利申请数量，包括发明申请、实用新型以及外观设计三类。首先根据国家专利数据库将公司、企业以及个人等微观层面专利申请按照专利主分类号所属细分行业类别与国民经济行业表进行匹配，然后统计各细分行业外国在华的专利申请数量申请，再将其连同专利数据库与 2010～2013 年的工业企业数据库利用企业名称和细分行业代码进行匹配。匹配前将工业企业数据库中一些不合理的观察值做以下处理：删除各变量的缺漏值；删除固定资产大于总资产、流动资产大于总资产、出口额大于销售额、工业增加值小于等于 0、从业人员小于 10 人、开业月份大于 12 小于 1 的异常值。

（2）跨行业外国专利申请加权总量（$\ln PBV_{it}$）。根据国际投入产出表，分别用 2010～2013 年企业所在行业的投入产出表中直接消耗系数矩阵的列向量作为权重，将其他各行业外国专利申请的水平技术外溢效应对应进行加权得

到 $\ln PBV_{it}$。

(3) 企业出口概率 ($PEXP$)。企业出口概率用企业是否出口的虚拟变量来衡量。参考相关文献的处理方法，根据2010～2013年中国海关数据库和工业企业数据库，如果企业在第 t 年的出口额不为0，则取值为1，否则为0。

(4) 企业出口强度 ($\ln exp_{it}$)。用企业出口额来表示，数据来自中国海关数据库和工业企业数据库。

(5) 企业全要素生产率 (TFP_{it})。为了克服估计过程中的联立性偏差和选择性偏差问题，本章基于2010～2013年工业企业数据库，采用OP方法对企业的全要素生产率进行估计。

其他控制变量包括外商资本、企业规模、企业年龄、中间品投入等，具体指标构建和数据来源如下。

外商资本 (FDI_{it})：本章选取2010～2013年企业层面的外商资本数量来衡量外商投资，数据来源于工业企业数据库。研发经费投入 (RD_{it})：研发投入是体现企业自主研发和创新能力的重要指标，也是影响企业技术进步的关键因素，本章选取工业企业数据库中企业层面的研发经费投入来衡量企业的自主创新能力。技术吸收能力 ($RRDl_{it}$)：是指企业识别、吸收、应用外部技术知识的能力。借鉴以往学者的研究成果，本章用细分行业的研发人员数量占总就业人数的比值来表示。企业规模 ($tasset_{it}$)：用企业的总资产来衡量企业的总体规模。企业资本密集度 ($Kratio_{it}$)：用企业固定资产总额与企业员工总人数比值来表示。企业融资约束 ($Finance_{it}$)：用企业利息支出与固定资产的比值表示（祝树金和赵玉龙，2017；李方静和张静，2018)。企业年龄 (Age_{i})：用统计年份减去企业开业年份所得。进口 ($\ln IM_{int}$)：选取2010～2013年中国海关数据库的企业进口额。企业平均工资 ($Wage_{it}$)：用企业应付工资总额除以企业员工总数来计算。企业销售额 ($Sales_{it}$)：用企业的年销售收入表示。税收压力 (Tax_{it})：应付增值税与工业增加值的比值。而企业其他各控制变量，如中间品投入 (Med_{it})、企业进口 (IM_{it})、企业外商资本 (FDI_{it}) 等均来自中国工业企业数据库。各主要变量的描述性统计结果如表10－1所示。

表 10—1　　主要变量的描述性统计结果

变量	均值	标准差	最小值	最大值
PEXP	0.336	0.472	0.000	1.000
ln*exp*	9.361	2.033	0.000	19.010
ln*HIPC*	2.272	1.475	0.000	6.871
ln*PBV*	4.841	1.036	1.933	7.401
ln*TFP*	1.447	0.271	0.001	2.316
ln*RD*	6.535	1.536	0.693	14.893
ln*FDI*	0.925	2.836	0.000	16.411
RRDl	0.0370	0.0330	0.004	0.715
ln*tasset*	10.02	1.649	2.773	19.110
Age	9.521	8.425	0.000	299.000
ln*Med*	9.475	1.662	0.693	19.270
ln*Wage*	2.062	1.771	−5.956	11.621
ln*Kratio*	5.092	1.379	−2.048	15.382
Finance	0.0270	0.101	0.000	10.590
ln*Sales*	10.81	1.391	2.303	20.273
Tax	0.0950	0.239	−7.184	57.131
ln*IM*	12.627	3.075	2.303	23.290

10.3　模型估计

10.3.1　企业出口概率的估计

企业出口具有一定的选择性，不同行业的企业出口概率和出口强度都不同。为了验证外国专利申请的技术外溢效应对企业出口概率的影响，本章将选取2010～2013年匹配后的中国工业企业数据、中国海关数据、国家知识产权局数据以及国际投入产出表数据，采用Probit估计方法分别对方程（10.12）进行估计，具体估计结果如表 10—2 所示。

表 10—2　　外国在华专利申请技术外溢效应与企业出口概率的估计结果

变量	(1)	(2)	(3)	(4)
ln*HIPC*	0.0142*** (0.0010)	0.0139*** (0.0010)	0.0152*** (0.0010)	0.0150*** (0.0010)
ln*PBV*			0.0112*** (0.0016)	0.0131*** (0.0016)
ln*TFP*		0.1019*** (0.0142)		0.1184*** (0.0144)
ln*RD*	0.0104*** (0.0019)	0.0091*** (0.0020)	0.0117*** (0.0020)	0.0104*** (0.0020)
ln*tasset*	0.1249*** (0.0025)	0.1061*** (0.0037)	0.1223*** (0.0026)	0.0999*** (0.0037)
ln*FDI*	0.0165*** (0.0006)	0.0164*** (0.0006)	0.0165*** (0.0006)	0.0164*** (0.0006)
ln*Wage*	0.0379*** (0.0017)	0.0399*** (0.0017)	0.0380*** (0.0017)	0.0405*** (0.0017)
ln*Kratio*	−0.0840*** (0.0024)	−0.0770*** (0.0026)	−0.0819*** (0.0024)	−0.0734*** (0.0027)
Finance	−0.3148*** (0.0274)	−0.3120*** (0.0275)	−0.3116*** (0.0274)	−0.3078*** (0.0275)
Age	0.0017*** (0.0002)	0.0016*** (0.0002)	0.0020*** (0.0002)	0.0019*** (0.0002)
ln*Sales*	−0.0378*** (0.0027)	−0.0138*** (0.0043)	−0.0377*** (0.0027)	−0.0098** (0.0043)
Tax	−0.2246*** (0.0199)	−0.2216*** (0.0198)	−0.2425*** (0.0201)	−0.2422*** (0.0200)
RRDl	0.2929*** (0.0421)	0.2887*** (0.0421)	0.2587*** (0.0423)	0.2481*** (0.0423)
行业固定效应	是	是	是	是
时间固定效应	是	是	是	是
样本量	220461	220461	220461	220461

注：括号内是稳健标准误，**、*** 分别表示在 5%、1%的水平上显著。

根据以表 10—2 中第（1）列和第（2）列的估计结果，如果只考虑外国在华专利申请的平行技术外溢效应，研究行业内外国在华专利申请数量的增加对中国企业出口概率的影响，结果发现外国在华专利申请对企业出口概率有显著的正向影响。在控制企业生产率的前提下，外国在华专利申请每增加 1 个百分点，行业内各企业平均出口概率提高约 0.0142 个百分点。而第（3）列和第（4）列在控制了行业平行技术外溢效应的同时，研究外国在华专利申请的跨行业技术外溢效应对企业出口概率的影响。结果同样发现 lnPBV 的估计系数显著为正，约为 0.0131，随着上游行业内外国在华专利申请数量的增加，对下游企业的平均生产率同样有促进作用，但是跨行业的技术外溢对生产率的影响系数小于行业内平行外溢对生产率的影响系数。

而其他各控制变量估计结果均与理论预期相符。企业生产率的估计系数为正，约为 0.1184，对企业出口概率有显著的促进作用。根据理论机制分析，企业生产率越高，在参与出口过程中所获得的收益会越大，进而会促进更多企业参与出口。同时，企业的研发投入和对先进技术吸收能力的提高，也会促进企业出口概率的提高。企业规模、外商资本数量以及平均工资的增加均会提高企业的出口概率。对于平均工资而言，因为中国仍然以出口密集使用劳动力投入的产品为主，应付工资水平较高的企业出口概率更大。而企业资本密集度对出口概率的影响为负，这可能与中国企业参与出口的方式有关。随着资本密集度的提高，会对出口概率产生负向影响，这与已有研究成果结论相似（祝树金和赵玉龙，2017）。企业销售额、税收压力以及融资约束等均对出口概率有负向的影响。

10.3.2 企业出口强度的估计

为了进一步检验外国在华专利申请的技术外溢效应对企业出口强度的影响，本章通过选取 2010～2013 年匹配后的中国工业企业数据、国家专利数据以及国际投入产出表数据，在控制时间和行业固定效应的前提下采用赫克曼两步法（Heckman-twostep）对式（10.13）进行估计，具体估计结果如表 10—3 所示。

表 10—3　　企业出口额与外国在华专利申请的技术外溢效应估计

变量	(1) 企业出口强度	(2) 选择方程	(3) 企业出口强度	(4) 选择方程
ln*HIPC*	0.0338*** (0.0081)	0.0758*** (0.0041)	0.0377*** (0.0085)	0.0854*** (0.0042)
ln*PBV*			0.0438*** (0.0122)	0.1340*** (0.0063)
ln*TFP*	0.8537*** (0.1126)	1.1794*** (0.0622)	0.8581*** (0.1074)	1.0061*** (0.0628)
ln*RD*	0.0976*** (0.0108)	0.0363*** (0.0081)	0.0925*** (0.0110)	0.0501*** (0.0082)
ln*tasset*	0.2646*** (0.0469)	0.6858*** (0.0156)	0.2787*** (0.0444)	0.6236*** (0.0159)
ln*FDI*	0.0112* (0.0066)	0.1362*** (0.0025)	0.0156** (0.0066)	0.1362*** (0.0025)
ln*Wage*	0.3629*** (0.0114)	0.0667*** (0.0068)	0.3699*** (0.0115)	0.0720*** (0.0068)
ln*Kratio*	−0.4768*** (0.0256)	−0.3427*** (0.0105)	−0.4796*** (0.0242)	−0.3049*** (0.0107)
Finance	−0.8035*** (0.2710)	−0.4784*** (0.1417)	−0.8270*** (0.2711)	−0.5318*** (0.1432)
Age	−0.0112*** (0.0014)	0.0180*** (0.0008)	−0.0098*** (0.0015)	0.0216*** (0.0008)
ln*Sales*	0.7372*** (0.0457)	−0.6172*** (0.0187)	0.7238*** (0.0444)	−0.5765*** (0.0188)
Tax	−1.8255*** (0.1401)	1.7255*** (0.0705)	−1.7586*** (0.1326)	1.5440*** (0.0708)
RRDl		0.2042 (0.1666)		0.5990*** (0.1722)
ln*Med*	−0.1069*** (0.0084)		−0.1106*** (0.0084)	

续表

变量	(1) 企业出口强度	(2) 选择方程	(3) 企业出口强度	(4) 选择方程
PEXP		9.9103*** (0.0748)		11.1526*** (0.0844)
常数项	0.6422*** (0.1851)	−29.8416*** (7.9138)	0.7644*** (0.1647)	−26.7375*** (8.2539)
行业固定效应	是	是	是	是
时间固定效应	是	是	是	是
样本量	220461	220461	220461	220461

注：括号内是稳健标准误，*、**、***分别表示在10%、5%、1%的水平上显著。

根据表10－3的估计结果，第（1）列和第（2）列显示外国在华专利申请数量的增加，会促进企业出口强度的增加。行业内外国专利申请量每增加1个百分点，企业出口强度增加约0.0338个百分点。第（3）列和第（4）列，跨行业垂直技术外溢效应对企业出口强度同样存在显著的正向影响，且影响系数约为0.0438。其他控制变量中，生产率是影响企业出口强度的另一个重要因素，估计系数约为0.8581。白等（Bai et al.，2016）提出生产率会影响企业间接出口的决策，促进企业间接出口的增加，而本章的出口强度中既包括直接出口也包括间接出口，所以生产率对其影响显著为正在理论上是可行的。综上所述，外国在华专利申请的增加，一方面通过生产率的提高增加企业的出口强度；另一方面可以从出口中介以及直接、间接出口关系的角度来解释（Ahn et al.，2011；谭周令和朱卫平，2018）。同时，企业研发投入、企业规模、外商资本、平均工资等变量对企业出口强度均有正向的促进作用，而资本密集度、融资约束以及税收压力等变量则对企业出口强度有负向的影响。

10.3.3 内生性和稳健性检验

为了进一步克服模型估计的内生性问题，本章又选取了工具变量采用两阶段最小二乘法进行估计。由于外国在中国90%以上的专利申请享有国际优先权

(Hu，2010)，国际同族专利申请数量必然与外国在华专利申请数量密切相关，因此本章将选取每个细分行业专利所具有的除中国之外的同族专利申请总量以及跨行业外国专利的国际同族专利申请加权总量，分别作为行业内外国在华专利申请以及跨行业关联渠道的外国在华专利申请加权总量的工具变量对模型进行估计，具体估计结果如表10—4所示。

表10—4　　　　工具变量最小二乘法估计结果

变量	IV—Probit		IV—Heckman	
	(1) 出口概率	(2) 出口概率	(3) 出口强度	(4) 出口强度
ln*HIPC*	0.0260*** (0.0069)	0.0365*** (0.0027)	0.0473** (0.0189)	0.0422*** (0.0111)
ln*PBV*		0.0154*** (0.0051)		0.0388*** (0.0148)
其他控制变量	是	是	是	是
固定效应	是	是	是	是
样本量	220461	220461	220461	220461

注：括号内是稳健标准误，**、*** 分别表示在5%、1%的水平上显著。

表10—4中，第（1）列、第(3)列不考虑外国在华专利申请的跨行业技术外溢效应，估计结果显示ln*HIPC*系数显著为正，外国在华专利申请量的增加会同时促进行业内企业出口概率和出口强度的增加，行业内外国在华专利每增加10%，企业出口概率和出口强度分别增加约0.26%和0.47%。第（2）列、第（4）列估计了外国在华专利申请的跨行业垂直技术外溢效应对企业出口概率和出口强度的影响，结果同样发现外国在华专利跨行业技术外溢也能促进企业出口概率的提高和出口强度的增加，但是系数均小于平行技术外溢所产生的影响。同样，其他各控制变量如生产率、研发投入、企业规模、平均工资等对企业出口概率和出口强度仍然呈现正向的影响，而融资约束、资本密集度等对企业出口决策仍体现出负向影响，与前文基础回归结果相似。

为了进一步验证外国在华专利申请不同渠道的技术外溢效应对企业出口决

策的影响，本章将主要通过以下四种方法进行稳健性检验。

第一组，在原估计模型的基础上增加控制变量，同时控制企业进口（$\ln IM_{it}$）。企业进口数据来自中国海关数据库，将匹配好的 2010～2013 年中国工业企业数据库和国家知识产权局数据库一步与 2010～2013 年中国海关数据库进行匹配，用两次匹配之后的数据进行回归，结果如表 10－5 所示。第二组，进行变量和估计方法的替换。用出口密集度代替出口强度，同时对企业出口概率的估计采用逻辑回归（Logit）方法，而对企业出口密集度采用广义最小二乘估计（GLS）进行回归。估计结果如表 10－6 所示。第三组，按企业所有权的不同，本章将重点分析外国在华专利申请的各渠道技术外溢效应对国有企业、集体企业、私营企业、外商独资企业以及中外合资企业出口决策的影响，检验结果如表 10－7 和表 10－8 所示。第四组，进一步验证外国专利申请对企业出口的影响是否与专利类型有关，本章将按照专利申请类型的不同进行分样本回归。按照外国在华专利申请种类的不同分为发明专利、实用新型以及外观设计三类，但是由于外观设计没有对应的专利分类号，数据库匹配过程中外观设计的样本出现损失，因此可用于估计的有发明申请、实用新型两类。

表 10－5 稳健性检验中加入了企业进口这一变量，估计结果显示外国在华专利申请的平行技术外溢效应和跨行业垂直技术外溢效应对企业出口概率和出口强度均存在显著的促进作用。其中，行业内外国在华专利申请对企业出口概率的影响系数与基础回归系数大小相近，而对企业出口强度的影响系数大于基础回归的估计系数，约为 0.0767 和 0.0619，说明在控制了企业进口的影响效应之后，外国在华专利申请对企业出口强度有更显著的促进作用。对于企业进口，根据表中各列的估计结果，进口的增加也会显著促进企业出口概率和出口强度的增加，因为进口是企业获取中间投入品的重要渠道之一，为生产提供高质量的原料和中间投入品，进而提高企业产品的国际竞争力，也是国际先进技术外溢的重要渠道之一，有利于企业技术的进步和生产效率的提高。同时，其他控制变量对企业出口决策的影响系数以及影响方向均与基础回归相似，说明原模型估计结果较稳健。

表 10—5　　稳健性检验一

变量	(1) 出口概率	(2) 出口概率	(3) 出口强度	(4) 出口强度
ln*HIPC*	0.0136*** (0.0010)	0.0140*** (0.0011)	0.0767*** (0.0159)	0.0619*** (0.0164)
ln*PBV*		0.0041** (0.0017)		0.0500*** (0.0136)
其他控制变量	是	是	是	是
固定效应	是	是	是	是
样本量	220461	220461	220461	220461
R^2	—	—	0.4247	0.4250

注：括号内是稳健标准误，**、*** 分别表示在 5%、1%的水平上显著。

根据表 10—6 的稳健性检验估计结果，替换了估计方法之后外国在华专利申请总量对企业出口概率和出口密集度仍然存在显著的正向影响。第（2）列同时考虑外国专利平行技术外溢效应和垂直外溢效应对企业出口概率的影响，回归结果显示 ln*HIPC* 估计系数约为 0.0515，ln*PBV* 估计系数约为 0.0425，均在 1%的水平上显著为正。第（4）列同时考虑两种渠道的技术外溢效应对企业出口密集度的影响，采用广义最小二乘（GLS）估计方法进行回归，所得结果与基础回归相似。外国在华专利申请数量每增加 1%，行业内企业出口密集度增加约 0.0529%，而上游行业外国专利申请的加权总量每增加 1%，下游企业出口密集度增加约 0.0439%。企业生产率同样对出口概率和出口密集度呈现出显著的促进作用。而对于出口企业而言，生产效率的提高会增加企业出口效率和提高产品质量。对于其他各控制变量，其显著性和影响系数也与基础回归结果相似，进一步验证了原模型估计的稳健性。

按照企业所有权性质的不同将企业主要分为国有企业、集体企业、私营企业、外商独资企业以及中外合资企业五类。同时控制行业和时间固定效应的前提下，外国在华专利申请对这五类企业出口概率的影响如表 10—7 所示。结果显示，外国在华专利申请的平行技术外溢效应对行业内企业出口概率的影响主

表 10—6　　稳健性检验二

变量	Logit		GLS	
	(1) 出口概率	(2) 出口概率	(3) 出口密集度	(4) 出口密集度
ln*HIPC*	0.0528*** (0.0166)	0.0515*** (0.0166)	0.0576*** (0.0182)	0.0529*** (0.0173)
ln*PBV*		0.0425*** (0.0146)		0.0439*** (0.0132)
其他控制变量	是	是	是	是
固定效应	是	是	是	是
样本量	74942	74942	21084	22681
R^2	—	—	0.4103	0.4361

注：括号内是稳健标准误，*** 表示在 1%的水平上显著。

要集中集体企业、私营企业和中外合资企业，对外商独资企业出口概率的影响较小，对国有企业出口概率的影响不显著。而跨行业垂直技术外溢效应对下游企业出口概率的影响主要集中在私营企业、外商独资企业和中外合资企业。因此，外国在华专利申请数量的不断增加，会使更多私营类企业和有外商投资类的企业参与出口，这主要与各类企业内部体制以及经营方式有关。

表 10—7　　外国在华专利申请对不同类型企业出口概率的影响

变量	(1) 国有企业	(2) 集体企业	(3) 私营企业	(4) 外商独资	(5) 中外合资
ln*HIPC*	0.0067 (0.0081)	0.0222*** (0.0079)	0.0161*** (0.0014)	0.0060** (0.0030)	0.0132*** (0.0036)
ln*PBV*	0.0049 (0.0150)	0.0121 (0.0149)	0.0084*** (0.0022)	0.0477*** (0.0050)	0.0279*** (0.0057)
其他控制	是	是	是	是	是
固定效应	是	是	是	是	是
样本量	1657	1353	51490	9848	7527

注：括号内是稳健标准误；** 、*** 分别表示在 5%、1%的水平上显著。

而对不同类型企业出口强度的影响也呈现出相似的特点，表10—8的估计结果显示，外国在华专利申请的平行技术外溢效应主要对私营企业、外商独资企业以及中外合资企业出口强度的促进作用较大。而跨行业垂直技术外溢效应主要对私营企业和外商独资企业类企业出口强度的影响较大。综上所述，外国在华专利申请的平行技术外溢主要影响私营企业和外商投资类企业的出口决策，对国有企业和集体企业出口决策的影响较小，其中综合外国专利申请的各渠道技术外溢效应，其对中外合资类企业的出口决策影响最大。同时，相比跨行业技术外溢效应，外国专利申请平行技术外溢对企业影响程度和影响范围更大。这与各类企业内部体制以及经营方式有关，国有企业和集体企业在经营方式上更容易受国内社会文化以及法律制度差异的影响，先进技术对生产效率的促进作用较缓慢，而私营企业和外商投资类企业面临的行业竞争程度较激烈，企业出口决策对技术水平和生产效率的反应更加敏感，因此外国在华专利申请对这几类企业的出口影响较显著。此外，特别是中外合资企业，由于中外双方合作创新和人才交流的机会较多，会促进更多由外国和中国共同控制的专利产生，企业更容易接近和了解具体专利技术，更有利于企业获取专利信息或使用专利技术，进而增强企业的出口竞争力。

表10—8　　外国在华专利申请对不同类型企业出口强度的影响

变量	(1) 国有企业	(2) 集体企业	(3) 私营企业	(4) 外商独资	(5) 中外合资
ln*HIPC*	0.1343 (0.1282)	0.0343 (0.0761)	0.0302** (0.0119)	0.0353*** (0.0135)	0.0571*** (0.0173)
ln*PBV*	0.2707** (0.1141)	0.0024 (0.1593)	0.0706*** (0.0172)	0.1297*** (0.0209)	0.0007 (0.0250)
其他控制变量	是	是	是	是	是
固定效应	是	是	是	是	是
样本量	1657	1353	51490	9848	7527
R^2	0.6203	0.4109	0.3053	0.3860	0.3824

注：括号内是稳健标准误，**、***分别表示在5%、1%的水平上显著。

10.4 扩展研究

借鉴蒙英华等（2015）的分解方法，将企业总出口按照以下方程分解为出口的集约边际和扩展边际。

$$\underbrace{Export_{it}}_{\text{企业总出口}} = \underbrace{\sum_{\omega} products}_{\text{出口产品种类数}} \underbrace{\frac{Export_{it}}{\sum_{\omega} products}}_{\text{产品平均出口额}} \tag{10.14}$$

式（10.14）中，左边表示企业每年的总出口额，右边表示企业出口的产品种类数与平均每类产品出口额的乘积。其中，出口的产品种类数可以用来衡量企业的出口扩展边际，而企业平均每类产品出口额可以表示企业出口的集约边际。基于上文的估计结果，外国在华专利申请各渠道技术外溢效应均对企业出口强度有显著的正向影响，那么这种正向的影响是由于企业的出口集约边际还是扩展边际呢？不同渠道的技术外溢对集约边际和扩展边际的影响是否相同呢？本章将针对这些问题，基于匹配好的中国工业企业数据库、中国海关数据库、国家知识产权局数据库以及国际投入产出表的数据，同时控制行业和时间固定效应，并采用混合的估计方法检验外国在华专利申请的平行技术外溢效应和垂直技术外溢效应分别对企业出口集约边际和扩展边际的影响。

如表10－9所示，从整体上看，估计结果显示外国在华专利申请各渠道技术外溢效应对企业总出口、出口集约边际和扩展边际均存在显著的促进作用，但是对比估计系数的大小，外国在华专利申请各渠道技术外溢对企业出口强度的影响主要体现在集约边际上。第（2）列不考虑跨行业技术外溢效应的影响，ln$HIPC$估计系数约为0.1863，第（3）列同时控制外国在华专利申请的跨行业技术外溢效应，ln$HIPC$估计系数约为0.1880，均在1%的水平上显著。第（4）和（5）列ln$HIPC$估计系数虽然在5%的水平上显著为正，但估计系数较小，对企业出口扩展边际的影响较小。因此，外国在华专利申请平行技术外溢主要通过集约边际影响企业出口，且出口的集约边际随着行业内外国专利申请数量的不断增加而增加。同时，考虑外国专利申请跨行业垂直技术外溢对企业出口二元边际的影响，ln*PBV* 估计系数分别为 0.0907 和 0.0062，对企业出口集约边际和扩展边际均存在显著的正向影响。但对于影响程度而言，则主要通过集约边际影响企业出口，这与已有研究成果的结论相似（孙浦阳等，2015）。

表 10—9　　外国在华专利申请对企业出口二元边际的影响

变量	(1) 总出口	(2) 集约边际	(3) 集约边际	(4) 扩展边际	(5) 扩展边际
ln*HIPC*	0.1887*** (0.0063)	0.1863*** (0.0062)	0.1880*** (0.0062)	0.0043** (0.0017)	0.0042** (0.0017)
ln*PBV*	0.0909*** (0.0132)		0.0907*** (0.0132)		0.0061* (0.0037)
其他控制变量	是	是	是	是	是
固定效应	是	是	是	是	是
样本量	74073	74073	74073	74073	74073
R^2	0.3133	0.3065	0.3066	0.0447	0.0454

注：括号内是稳健标准误，*、**、*** 分别表示在 10%、5%、1%的水平上显著。

10.5　结论与启示

本章基于梅利兹（Melitz，2003）的企业异质性理论，构建外国在华专利申请技术外溢对企业出口决策影响的理论模型，并通过选取微观企业数据进一步从实证层面对外国在华专利申请对企业出口决策以及出口二元边际等方面的问题进行检验。研究结果如下。(1) 外国在华专利申请技术外溢效应对企业出口概率有显著的正向影响。在控制企业生产率的前提下，外国在华专利申请每增加 1 个百分点，行业内各企业平均出口概率提高约 0.0142 个百分点。同时，外国在华专利申请的跨行业技术外溢效应对企业出口概率也存在显著的正向影响，影响系数约 0.0131。(2) 外国在华专利申请技术外溢效应也会促进企业出口强度的增加。行业内外国专利申请量每增加 1 个百分点，企业出口强度增加约 0.0338 个百分点。同时跨行业技术外溢效应对企业出口强度同样存在显著的正向影响，且影响系数约为 0.0438。(3) 外国在华专利申请的技术外溢效应对企业出口决策的影响主要集中在私营企业、外商独资企业以及中外合资企业，而对国有企业影响较小。(4) 外国在华专利申请各渠道技术外溢对企业总出口、出口集约边际和扩展边际均存在显著的促进作用，其中对出口集约边际的影响程度最大，而跨行业垂直技术外溢对出口扩展边际的影响相对较大。

综上所述，外国在华专利申请的不断增加对企业出口概率和出口强度均存在显著的正向影响。因此，首先，中国应充分学习和吸收外国在华专利申请所带来的先进技术，促进企业技术进步，提高企业生产率，进而带动更多企业参与出口。其次，要充分利用外国申请专利所带来的技术机会，加强与国外先进技术和高技能人才的沟通交流，提高企业的国际竞争力和出口产品质量。最后，随着外国在华专利申请数量的增加，不断提高专利申请国对中国的信任水平，增强其对中国的文化认同，进而减少双方的沟通障碍，降低双方的贸易成本，促进双边经贸合作。

第11章

外国在华专利申请的技术外溢效应研究

近年来，随着中国知识产权制度的不断完善，外国在华专利申请种类和数量不断增加。根据国家知识产权局统计数据，截至 2018 年 10 月，外国在华有效专利申请总量高达 316.25 万件，年均增长率约 20.70%。特别是自 2010 年以来，外国在华有效专利申请量迅速增加，2013 年中国首次超过美国、日本，成为世界上接受外国有效专利申请最多的国家。如此庞大的外国专利申请进入中国市场，必然会对中国的技术进步产生影响。理论上，外国在华专利申请主要通过两个方面影响中国的技术进步：一方面从外国申请专利的动机来看，外国专利申请会在东道国相应行业内造成一定的技术封锁（Grossman and Lai，2004；Hu，2010）；另一方面从东道国角度看，外国专利申请对东道国技术进步和经济增长都有非常重要的影响（Branstetter et al.，2017）。因此，外国在华专利申请量不断增加的同时，也不可避免地对中国各行业产生一定的技术外溢，进而促进行业内各企业的技术进步。

那么面对这两种影响渠道和作用机制，外国在华专利申请给中国带来竞争垄断效应的同时是否仍然存在显著的技术外溢效应？是否与行业集中度和中国企业自身技术吸收能力有关？此外，随着外国在华专利申请量的不断增加，技术外溢的程度是否会发生变化？针对以上这些问题，本章将选取中国工业企业、中国海关和国家知识产权局数据库2010～2013年的微观数据，基于伊顿和科尔特（Eaton and Kortum）的创新阶梯模型（quality ladders model of innovation），从理论和实证的角度分别进行论证。

11.1　文献综述

国际间技术外溢的主要渠道有直接投资、国际贸易和国际专利申请等，然而，长期以来国内外众多研究成果主要集中在国际贸易和对外直接投资这两大路径上，且理论机制和研究结论也日趋完善。理论层面上，麦卡勒姆（McCallum，1995）首先提出跨国专利申请有助于促进知识和技术的跨国流动，随后伊顿和科尔特（Eaton and Kortum，1996）建立多国技术扩散的数理模型，论证了国际专利申请可以实现专利技术的跨国流动，促进技术和知识的跨国传播，对东道国生产率有一定的促进作用。近年来也有学者从技术相似性的角度来阐述国际技术外溢效应的存在，认为在同一部门内有相似的技术进入，包括专利技术、FDI等，就会对该部门企业产生技术外溢，对其技术进步产生积极的影响（Acemoglu et al.，2016；Fons-Rosen et al.，2017）。

在此基础上，一些学者开始从实证角度对这一结论加以验证，同样发现外国专利申请会对东道国产生一定的技术外溢效应。徐斌和蒋恩平（Bin Xu and Eric P. Chiang，2005）同时考虑国家进口和外国在东道国的专利申请这两种技术扩散渠道，选用48个国家1980～2000年的数据对比研究发现，高收入国家生产率的提高主要依靠本地技术进步以及吸收进口所产生的技术外溢，对于中等收入国家，外国专利申请和产品进口同时会对本国生产率产生正向的外溢效应，而低收入国家生产率的提高则主要依靠吸收外国专利申请所产生的正向技术外溢。马德森（Madsen，2007）通过选取16个OECD国家的宏观数据分析了过去120年外国专利申请对东道国全要素生产率的影响，结果发现外国专利申请对经济增长和全要素生产率均存在着显著的正向影响。詹姆斯和马德森

(Ang and Madsen，2013) 在控制研发投入的前提下，对比分析了各种渠道的国际技术扩散对亚洲六国生产率所产生的不同影响，发现国外研发和专利申请都会促进一国生产率的提高。

当然也有一部分学者针对外国专利申请的动机进行研究，认为外国在中国的专利申请是跟随竞争垄断假说。如胡广洲（Hu，2010）采用 1995～2004 年 SIPO 和 USPTO 数据库从理论和实证层面验证了外国在中国专利申请的主要原因是为了应对行业竞争威胁而对同行业竞争者进行技术封锁；阿吉翁等（Aghion et al.，2016）提出一个企业在新市场申请专利与该企业扩展市场份额的战略目标有关，会增加对该地区的销售力度，增加市场竞争力。

综上所述，已有文献关于外国专利申请技术外溢效应的实证分析主要集中在国家或区域层面，而有学者明确提出外国专利申请增加的动机和技术外溢影响机制分析重点不仅在宏观层面，对微观企业层面的研究也是非常必要的。因此，基于以上研究成果，本章将从微观视角分析外国在华专利申请所产生的技术外溢效应。

11.2　理论框架与机制分析

借鉴伊顿和科尔特（Eaton and Kortum，1996）提出的创新阶梯模型中关于技术外溢的部分，本章构建了外国在华专利申请的技术外溢效应模型。具体来说，假设企业 i 的生产符合规模报酬不变的柯布道格拉斯生产函数：

$$\ln Y_{in} = \int_0^J \ln[Z_{in}(j)X_{in}(j)]dj \tag{11.1}$$

其中，Y_{in}表示第 i 个行业中第 n 企业的总产出，Z_{in}表示企业促进产出提高的技术因素，而 X_{in}表示投入品数量，与劳动力要素 L 的投入有关，而 j 表示产品种类。随着技术的进步，即 Z 的提高，企业产出会增加，因此定义企业综合的技术指标 A_{in}：

$$\ln A_{in} = \frac{1}{J}\int_0^J \ln Z(j)dj \tag{11.2}$$

根据式（11.1）式（11.2）得到人均产出：

$$\ln(Y/J)_{in} = \ln A_{in} + \frac{1}{J}\int_0^J \ln X_{in}(j)dj \tag{11.3}$$

用 q' 表示投入品中的技术含量，则企业中间品投入的生产函数可表示为：

$$X_{in}(j) = L_{in}^{p}\exp[-q'(j)]/\int_0^J \exp[-q'(i)]di \tag{11.4}$$

对于一项专利的实用性假设其服从指数分布：P（$Q<q$）$=1-e^{-\theta q}$，q 表示专利中包含的技术信息等级（stpe size)，则该专利进入东道国的实用性概率服从参数为 $\theta_{ni}=\theta$（A_i/A_n）$^{-\omega}$ 的指数分布，其平均技术信息等级为 $1/\theta_{ni}=1/\theta$（A_i/A_n）$^{-\omega}$。考虑外国专利申请的动机和利益，如果专利在东道国进行申请，存在被模仿的风险（γ_{fh}）而使其专利价值降低，只有该风险小于不申请专利而模仿的风险（γ_{ff}）时外国才会选择在东道国申请专利。而专利一旦申请，对于专利申请者可获利润为：

$$\pi_n(q) = PX(j) - C(j) = e^{q}wY_n/Je^{-q}w^{-1} - Y_n/Je^{-q} = (1-e^{-q})Y_n/J \tag{11.5}$$

$$V_{fh}(q) - V_{ff}(q) \geqslant C_{fh} \tag{11.6}$$

w 是生产一单位产品的劳动力成本，$P=e^{q}w$ 表示该专利被采用后的产品定价，产品 $X=Y_n/JP_n$。V_{fh}（q）表示专利申请之后在面临被模仿风险后的价值，$V_{ff}(q)$表示不在东道国进行专利申请的价值，C_{fh} 表示跨国专利申请成本。根据式（11.5）和式(11.6）可以得出外国进入东道国的专利申请量可表示为：

$$Q_{fh} = \varepsilon_{fh}\alpha_f[f_{fh} + (1-f_{fh})\eta]\sigma^{\mu_{fh}} \tag{11.7}$$

其中，$f_{fh}=e^{-\theta_{fh}\bar{q}}$ 表示技术含量较高的专利申请比例，（$1-f_{fh}$）η 表示不具备专利申请价值而申请的专利比例。

$$\bar{q} = -\ln\Big[1 - J\Big(\delta + \gamma_{fh} + \frac{1}{J}\sum_{i=1}^{N}\varepsilon_{fh}\alpha_f - g\Big)\Big(\delta + \gamma_{fh} + \frac{1}{J}\sum_{i=1}^{N}\varepsilon_{fh}\alpha_f - g\Big)\frac{C_{fh}}{Y_h}/$$

$(\gamma_{ff}-\gamma_{fh})]$ 表示技术等级临界值，α_f 表示外国专利申请进入东道国的概率，$\varepsilon_{fh}\alpha_f$ 表示专利中包含的技术信息进入东道国的幅度。东道国企业的综合技术水平为：

$$\ln A'_{in}=Q_{hf}e^{q(\frac{A_f}{A_h})^{-\omega}}J^{-1}\int_0^j \ln Z(j)dj \tag{11.8}$$

将式（11.7）、式（11.9）合并可得：

$$\ln A'_{in}=\varepsilon_{fh}\alpha_f[f_{fh}+(1-f_{fh})\eta]\sigma^{\mu_{fh}}e^{\bar{q}(\frac{A_f}{A_h})^{-\omega}}J^{-1}\int_0^j \ln Z(j)dj \tag{11.9}$$

同时考虑东道国所面临的其他渠道的技术外溢效应，可用 $\varepsilon_i(\varepsilon_1,\varepsilon_2,\varepsilon_3\cdots)\alpha_i$ 表示。根据式（11.3）、式（11.4）和式（11.9）可以得出企业人均产出为：

$$y_{in}=Y_{in}/L_{in}^p=\alpha e^{\varepsilon_i(\varepsilon_1,\varepsilon_2,\varepsilon_3\cdots)\theta q}\varepsilon_{fh}\alpha_f[f_{fh}+(1-f_{fh})\eta]\sigma^{\mu_{ni}}e^{\bar{q}(\frac{A_f}{A_h})^{-\omega}}A_m\Gamma_{in} \tag{11.10}$$

其中，$\Gamma_{in}=\dfrac{-\exp(\sum_{f=1}^{M}\varepsilon_{fh}\theta_{fh}[\sum_{f=1}^{M}\varepsilon_{ff}\theta_{ff}]/\theta_{fh})}{\sum_{f=1}^{M}\varepsilon_{fh}\theta_{fh}[\sum_{f=1}^{M}\varepsilon_{ff}\theta_{ff}]\theta_{fh}/(1+\theta_{fh})}$，$M$ 表示在中国申请专利的国家总数，f 表示在中国申请专利的国家，h 表示中国，根据式（11.10）可以将企业产出效率主要影响渠道分为以下四个部分：除外国专利申请之外各渠道技术外溢、外国专利申请、企业自身的吸收和创新能力、中间品投入。

$$y_{in}=Y_{in}/L_{in}^P=\underbrace{\alpha e^{\varepsilon_i(\varepsilon_1,\varepsilon_2,\varepsilon_3\cdots)\theta q}}_{\text{各渠道技术外溢}}\underbrace{\varepsilon_{fh}\alpha_f[f_{fh}+(1-f_{fh})\eta]\sigma^{\mu_{fh}}}_{\text{外国专利申请}}\underbrace{e^{\bar{q}(\frac{A_f}{A_h})^{-\omega}}A_{in}}_{\text{技术吸收和创新能力}}\underset{\text{中间品投入}}{\Gamma_{in}} \tag{11.11}$$

因此，一方面随着外国专利申请量的不断增加，必然会对东道国企业生产技术和生产效率的提高产生影响（见图 11—1）。外国在东道国申请专利使得分类统一、领域广泛的专利技术信息和技术细节更加容易被企业或居民所获取，专利信息对企业开放程度越大，企业模仿、吸收和学习国外先进技术的机会就会越大（李兵等，2016）。具体而言，模仿创新是指通过模仿而进行创新，专利技术引用是指外国专利申请增加会带动东道国相关专利引用量的增加，进而促进国际专利技术的进一步扩散，提高企业生产技术。而模仿创新和专利引用都会提高外国对东道国专利技术信息的传递速度和幅度。同时，模仿创新有利于提高外国在东道国专利申请的技术门槛，提高企业的产出效率。此外，外国专利申请量的不断增加还会倒逼企业创新，企业为了逃离这种竞争效应，会加大研发投入，提高自主创新能力，提高生产效率（Bloom et al.，2014）。

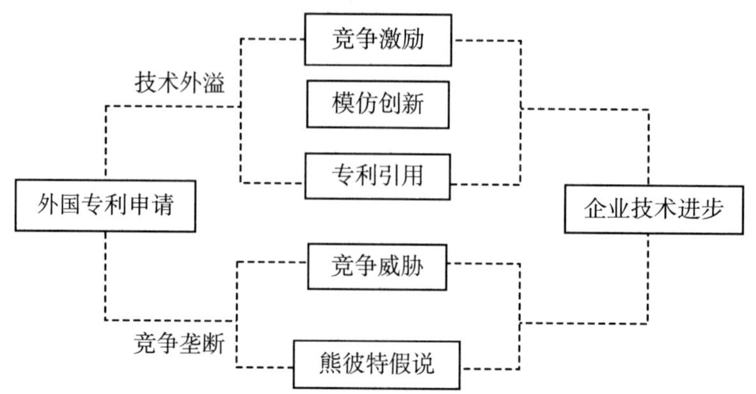

图 11—1　外国在华专利申请影响路径

而另一方面，外国专利申请给企业带来的竞争效应也会影响企业的产出效应。当外国专利申请使得东道国市场集中度和竞争程度增加到一定程度时，企业与国外先进技术水平的差异$\frac{A_f}{A_h}$会缩小，此时企业提高生产率的动机与激励会降低，进而导致企业创新租金的消散（简泽和段永瑞，2012），对企业生产效率不会产生明显的促进作用。同时，外国专利的竞争垄断效应会对东道国市场形成专利技术包围之势，压制和威胁竞争对手，降低其专利的过时率。随着外溢幅度的下降，行业内企业所吸收到的外国专利技术有限，对企业产出效率的促进作用也开始下降。

11.3　估计方程建立、指标选取与数据来源

11.3.1　估计方程的构建

根据以上构建的外国在华专利技术外溢的理论模型，构建如下估计方程：

$$Y_{in} = F_{in}(L_{in}, K_{in}, T_{in}) \tag{11.12}$$

在 C—D 生产函数里，L、K、T 分别表示企业劳动、资本和技术等各种投入要素。伊顿和科尔特（Eaton and Kortum，1996）指出，全要素生产率可以更好地体现一个国家创新能力和对新技术的应用能力，因此本章选取全要素生产率来衡量外国专利申请的技术外溢效应。第 i 个行业第 n 个企业 t 年的全要素生产率可以表示为：

$$TFP_{int} = Y_{int} - \beta_l L_{int} - \beta_k K_{int} \tag{11.13}$$

又因为 $TFP_{int} = \beta_i T_{int}$，考虑到一国知识技术的累积主要来自国内研发投入和国外的技术溢出，国外技术外溢主要渠道有进口、FDI 以及跨国专利申请等，因此可以得出：

$$\begin{aligned} TFP_{int} = &\ \beta_0 + \beta_1 IPC_{int} + \beta_2 IM_{int} + \beta_3 FDI_{int} + \\ &\ \beta_4 Med_{int} + \beta_5 R\&D_{int} + \beta_6 X_{int} + \varepsilon_{int} \end{aligned} \tag{11.14}$$

其中，IPC_{int} 为企业所在行业 t 年国外专利申请数量，Med_{int} 为企业的中间品投入，IM_{int} 为企业 n 的进口投入，X 为其他控制变量，ε 表示随机误差项。为了增加模型估计的有效性，防止严重共线性问题，估计模型中将不会同时包含企业进口和企业中间品投入。根据以上理论模型，考虑企业吸收能力对技术外溢的影响，可得最终估计方程：

$$\ln TFP_{int} = \alpha_0 + \alpha_1 \ln IPC_{int} + \alpha_2 \ln Med_{int} + \alpha_3 \ln R\&D_{int} + \ln X_{int} + \varepsilon_{int} \tag{11.15}$$

11.3.2　指标选取与数据来源

本章主要回归变量有外国在中国专利申请数量 IPC_{int} 和企业全要素生产率 TFP_{int}，具体数据来源如下。

外国在中国专利申请数量（IPC_{int}）。本章统计了 2010～2013 年世界各国在中国专利局申请的 119 个制造业细分行业层面的有效专利申请数量，包括发明申请、实用新型以及外观设计三类。首先，根据国家专利数据库与国民经济行业表进行匹配，然后统计各细分行业外国在华专利申请数量。再将其连同专利数据库与2010～2013年的工业企业数据库进行匹配。匹配前将工业企业数据库中一些不合理的观察值做以下处理：删除各变量的缺漏值；删除固定资产大于总资产、流动资产大于总资产、出口额大于销售额、工业增加值小于等于0、从业人员小于10人、开业月份大于12小于1的异常值。

企业全要素生产率（TFP_{int}）。研究技术溢出效应时，大部分文献以全要素生产率作为因变量（何新强等，2014）。为了克服估计过程中的联立性偏差和选择性偏差问题，本章基于2010～2013年工业企业数据库，采用OP方法对企业的全要素生产率进行估计。

其他控制变量包括外商投资、研发创新能力、中间品投入等，具体指标构建和数据来源如下。

（1）外商资本（FDI_{jk}）。由于外国直接投资也会对东道国产生一定的技术外溢效应，会影响企业的技术水平和自主创新能力（王红领等，2006），本章选取2010～2013年企业层面的外商资本数量来控制FDI给企业带来的技术外溢对生产率的影响，数据来源于工业企业数据库。

（2）研发经费投入（RD_{it}）。研发投入是体现企业自主研发和创新能力的重要指标，也是影响企业技术进步的关键因素，本章选取工业企业数据库中企业层面的研发经费投入来衡量企业的自主创新能力（张杰等，2018）。

（3）企业中间品投入（Med_{it}）。选择企业中间投入这个变量不仅考虑到进口国外中间投入品对企业生产率的影响，而且也考虑了国内投入品所带来的技术外溢效应。由于产品进口和外国专利申请存在一定的相关性，选择该变量可以克服之后模型估计中的部分内生性和共线性问题。

（4）吸收能力（$RRDI_{int}$）。是指企业识别、吸收、应用外部技术知识的能力（Cohen and Levinthal，1990）。借鉴以往学者的研究成果，本章选取人力资本结构来衡量行业内各企业的吸收能力，用细分行业的研发人员数量占总就业人数的比值来表示。

（5）企业层面其他控制变量。企业规模（$tasset_{it}$）：选取工业企业数据库中企业的总资产来衡量企业的总体规模。企业年龄（Age_{i}）：用统计年份减去企业开业年份所得。$\ln IM_{int}$和$\ln EXP_{int}$分别表示企业的进口和出口。企业层面的控制变量均来源于中国工业企业数据库。各主要变量的描述性统计结果如表 11－1所示。

表 11－1　　主要变量的描述性统计结果

变量	均值	标准差	最小值	最大值
ln*TFP*	1.444	0.268	0.001	2.316
ln*IPC*	2.339	1.481	0.000	6.871
ln*FDI*	0.998	2.945	0.000	16.410
ln*RD*	6.749	4.049	1.395	16.180
ln*Med*	8.268	3.688	0.000	19.270
ln*tasset*	10.030	1.616	2.773	19.110
RRDl	0.037	0.035	0.005	0.715
Age	9.755	8.378	0.000	299.000
ln*IM*	12.627	3.075	2.303	23.290
ln*EXP*	14.803	2.117	0.000	23.719

11.4　模型估计

11.4.1　基本回归估计结果

本章首先选取 2010～2013 年工业企业数据库和国家专利数据库匹配之后的数据进行估计。为了克服时间效应以及行业和个体效应所产生的内生性问题，分别采用最小二乘虚拟变量法和控制高维固定效应的估计方法对外国在华专利申请的技术外溢效应进行估计，具体估计结果如表 11－2 所示。第（1）列和第（4）列仅考虑外国在华专利申请量对企业生产率的影响，结果显示 *IPC* 的估计系数显著为正，初步表明外国在华专利申请的增加对企业生产率有正向影响，外国在华专利申请存在技术外溢效应。

表 11—2　　外国专利申请与企业生产率的基本估计结果

变量	(1)	(2)	(3)	(4)	(5)	(6)
ln*IPC*	0.0105*** (0.0009)	0.0032*** (0.0009)	0.0050*** (0.0008)	0.0218*** (0.0013)	0.0184*** (0.0036)	0.0195*** (0.0033)
ln*RD*		0.0893*** (0.0004)	0.1395*** (0.0004)		−0.0071*** (0.0021)	0.0215*** (0.0021)
ln*Med*		−0.0057*** (0.0001)	−0.0004*** (0.0001)		0.0037*** (0.0010)	0.0075*** (0.0010)
ln*FDI*		−0.0068*** (0.0002)	−0.0119*** (0.0009)		−0.0007 (0.0015)	−0.0077 (0.0078)
ln*tasset*			−0.0797*** (0.0004)			−0.1235*** (0.0032)
Age			−0.0010*** (0.0001)			0.0032*** (0.0006)
$\ln FDI^2$			0.0010*** (0.0001)			0.0007 (0.0007)
常数项	1.6149*** (0.0031)	1.3679*** (0.0042)	1.9033*** (0.0048)	1.3883*** (0.0031)	1.4567*** (0.0192)	2.5376*** (0.0341)
固定效应	是	是	是	是	是	是
样本量	273622	273622	273622	144165	144165	144165
R^2	0.1055	0.3302	0.4646	0.8029	0.7884	0.8221

注：括号内是稳健标准误，*** 表示在 1%的水平上显著。

后面各列回归逐步加入各控制变量，第（2）列和第（5）列除了主要解释变量之外，控制了企业研发投入、外商资本和中间品投入，估计结果同样显示外国在华专利申请量对企业生产率有正向影响。同时，企业自主创新能力系数也显著为正，对生产率有明显的促进作用。第（3）列和第（6）列同时控制了外商资本的二次项、企业总资产、企业年龄等控制变量，外国在华专利申请量对企业生产率仍然呈现出正向的影响。特别是第（5）列和第（6）列在同时控制企业、行业和时间固定效应的情况下，ln*IPC* 估计系数较大，当外国在华专利申请每增加 1 个百分点，企业生产率整体上将提高约 0.0195 个百分点。对于其他各控制变量，第（3）列和第（6）列考虑了外商资本对企业生产率的非线性影响，外商资本二次项的系数显著为负，说明外商投资对企业产生的技术外溢需要一定的门槛，在超过一定程度之后才会促进企业生产率的显著提升。企业规模和企业年龄均对生产率有负向影响，说明企业资产的增加已经超过了规模报酬递增阶段的要素投入配比，开始出现规模报酬递减的现象，或者这可能与企业的资源无效配置与利用等因素有关。同时，企业随着年龄的增加，提高生产率的动力在下降，企业活力和成长率也在下降，因此对生产率提高存在负向的影响。

11.4.2　考虑企业吸收能力对技术外溢的影响

企业对技术的吸收能力可以调节外部知识和技术给企业带来的收益流，具有较高吸收能力的企业更能从外部知识和技术中获取较大收益，进而提高企业的生产效率（钱锡红等，2010）。为了进一步研究企业吸收能力对外国在华专利申请技术外溢程度的影响，在基础回归模型中引入吸收能力与外国专利申请量的交互项，分别采用最小二乘虚拟变量法和控制高维固定效应的方法进行估计，回归结果如表 11—3 所示。

表 11—3 的第（1）列和第（4）列只控制了交互项和主要回归变量，其中吸收能力与外国专利申请量的交互项（ln*IPC*×*RRDl*）系数约为 0.0173 和 0.0211，初步显示企业吸收能力对外国专利申请的技术外溢存在显著的正向促进作用。其余各列逐步加入各控制变量，交互项系数均显著为正，其中第（6）列采用高维固定效应估计方法，同时控制了企业、行业和时间效应，估计系数约为 0.5506，说明行业内企业对新技术的吸收能力越强，外国专利申请量对其产生的技术外溢程度越大，企业生产率提高越快。对于吸收能力（*RRDl*）的估计系数，在第（1）列和第（4）列均为正，与交互项叠加之后显示随着吸收

表 11—3　企业吸收能力对外国专利申请技术外溢效应调节作用的估计结果

变量	(1)	(2)	(3)	(4)	(5)	(6)
ln*IPC*	−0.0049*** (0.0006)	−0.0573*** (0.0013)	−0.0087*** (0.0005)	−0.0022*** (0.0006)	−0.0573*** (0.0013)	−0.0518*** (0.0012)
ln*IPC*×*RRDl*	0.0173* (0.0104)	0.5883*** (0.0181)	0.0818*** (0.0076)	0.0211** (0.0103)	0.5883*** (0.0181)	0.5506*** (0.0166)
ln*RD*		0.0765*** (0.0004)	0.1273*** (0.0004)		0.0765*** (0.0004)	0.1233*** (0.0005)
ln*FDI*		−0.0060*** (0.0002)	−0.0173*** (0.0009)		−0.0060*** (0.0002)	−0.0101*** (0.0009)
ln*Med*		−0.0008*** (0.0001)	0.0014*** (0.0001)		−0.0008*** (0.0001)	0.0040*** (0.0001)
RRDl	0.0565* (0.0315)	−3.2655*** (0.0767)	−0.7922*** (0.0252)	0.0014 (0.0317)	−3.2655*** (0.0767)	−3.1556*** (0.0702)
ln*tasset*			−0.0745*** (0.0005)			−0.0736*** (0.0005)
Age			−0.0011*** (0.0001)			−0.0017*** (0.0001)
lnFDI^2			0.0013*** (0.0001)			0.0008*** (0.0001)
常数项	1.4535*** (0.0015)	1.3065*** (0.0050)	2.3166*** (0.0070)	1.4490*** (0.0015)	1.1927*** (0.0050)	1.6589*** (0.0055)
固定效应	是	是	是	是	是	是
样本量	273522	139449	139449	273522	139449	139449
R^2	0.0770	0.2594	0.3925	0.0532	0.2594	0.3814

注：括号内是稳健标准误，*、**、*** 分别表示在10%、5%、1%的水平上显著。

能力的提升，会促进企业提高生产率。其他列吸收能力（*RRDl*）的估计系数虽然显著为负，但是与交互项叠加之后吸收能力的综合效应在样本取值范围内显著为正。而其他各控制变量与基准回归结果相似，没有明显变化。

11.4.3　考虑非线性问题

为了进一步验证当外国在华专利增加到一定程度时，对东道国市场产生的竞争垄断效应是否会影响其对行业内各企业所产生的技术外溢效应，本章加入了外国专利申请的二次项 $\ln IPC^2$ 进行估计。

表11—4中第（1）列至第（3）列回归结果显示，外国在华专利申请的一次项系数显著为正，而二次方系数却显著为负，说明外国在华专利申请对东道国产生的技术外溢存在非线性趋势，即随着外国专利申请数量的不断增加，对企业生产率的影响先增加后逐步减少，呈现倒“U”型。且根据 $\ln IPC^2$ 系数估计值，外国在华专利申请对生产率影响的拐点在5.0左右，该值不仅处于 $\ln IPC$ 的合理取值范围内，且位于 $\ln IPC$ 值的95%左右。个别行业内企业由于受到外国在华专利申请所产生的竞争垄断效应远大于其技术外溢效应，对生产率出现了负向影响。同时，根据回归结果，企业自主研发 $\ln RD$ 对生产率的影响均显著为正，这与预期相符。

表11—4　　外国专利申请与企业生产率的非线性关系回归结果

变量	(1)	(2)	(3)
$\ln IPC$	0.0138*** (0.0022)	0.0112*** (0.0020)	0.0109*** (0.0022)
$\ln IPC^2$	−0.0017*** (0.0003)	−0.0010*** (0.0003)	−0.0011*** (0.0003)
$\ln IPC \times RRDl$			−0.0273 (0.0172)
$\ln RD$	0.0893*** (0.0004)	0.1394*** (0.0004)	0.1400*** (0.0004)
$\ln Med$	−0.0057*** (0.0001)	−0.0004*** (0.0001)	−0.0003** (0.0001)
$\ln FDI$	−0.0068*** (0.0002)	−0.0119*** (0.0009)	−0.0114*** (0.0009)

续表

变量	(1)	(2)	(3)
ln*tasset*		−0.0797*** (0.0004)	−0.0800*** (0.0004)
Age		−0.0010*** (0.0001)	−0.0010*** (0.0001)
lnFDI^2		0.0010*** (0.0001)	0.0009*** (0.0001)
RRDl			0.0695 (0.0771)
常数项	0.8913*** (0.0041)	1.4055*** (0.0046)	−0.3807*** (0.0684)
固定效应	是	是	是
样本量	273522	273522	273522
R^2	0.3303	0.4682	0.3888

注：括号内是稳健标准误，** 、*** 分别表示在5%、1%的水平上显著。

11.5 内生性和稳健性问题

11.5.1 内生性问题

由于跨国技术外溢的影响因素较多，且企业生产率也会间接影响其所在行业内外国在华专利申请量，以上模型估计中可能会存在内生性问题。根据已有研究，外国在中国申请的专利有90%以上是享有国际优先权的（Hu，2010）。一般地，外国在中国申请专利之前会在其他国家申请同族专利，国外同族专利申请数量会直接影响其在中国专利申请的倾向和趋势。因此，为了克服模型估计的内生性问题，本章选取了每个细分行业内外国专利所具有的在中国之外的同族专利申请总量作为该细分行业外国专利申请数的工具变量，采用两阶段最小二乘和广义矩估计方法对原回归方程进行估计。表11—5中第（1）列和第

（4）列显示，外国在华专利申请对生产率整体上存在显著的正向影响，存在显著的技术外溢效应，与上文基础估计结果相似。第（3）列和第（6）列中考虑竞争程度增强而出现非线性影响，加入外国专利申请的二次项，估计系数仍然显示随着外国专利申请量的增加，对生产率呈现先正后负的倒“U”型影响趋势。而第（2）列和第（5）列的外国专利申请与吸收能力交互项系数也仍然显著为正，*IPC* 系数为负，但是叠加之后的综合效应同样为正，因此随着行业内企业自身吸收能力越高，外国专利申请对其产生的技术外溢效应就越明显。

表 11－5　　工具变量估计结果

变量	IV－2SLS			GMM		
	（1）	（2）	（3）	（4）	（5）	（6）
ln*IPC*	0.0021** （0.0010）	－0.0044*** （0.0006）	0.0195*** （0.0014）	0.0052*** （0.0007）	－0.0039*** （0.0007）	0.0090*** （0.0012）
ln*IPC*×*RRDl*		0.0423*** （0.0101）	0.0572*** （0.0108）		0.0323*** （0.0114）	0.0802*** （0.0080）
$\ln IPC^2$			－0.0037*** （0.0002）			－0.0027*** （0.0002）
其他控制变量	是	是	是	是	是	是
固定效应	是	是	是	是	是	是
样本量	139549	139449	139449	139549	139449	139449
R^2	0.4682	0.3378	0.3995	0.4646	0.3920	0.3912

注：括号内是稳健标准误，**、***分别表示在 5%、1%的水平上显著。

11.5.2　稳健性检验

为了进一步验证外国在华专利申请对企业所产生的技术外溢效应，本章通过以下方法进行稳健性检验。

第一组，控制企业的进口。进口作为国际技术外溢的重要渠道，对一国经济发展和技术进步有显著的影响（Halpern et al.，2015）。本章将匹配好的 2010～2013 年中国工业企业数据库和国家知识产权局数据库进一步与 2010～

2013 年中国海关数据库进行匹配，获得企业层面进出口数据 $\ln IM_{int}$。

第二组，考虑到企业出口也会影响生产率的提高，为了剔除出口所带来的技术外溢效应，在第一组估计基础上加入了企业出口 $\ln EXP_{int}$ 这一控制变量，具体这两组稳健性检验结果如表 11—6 所示。在不加入二次项和交互项的条件下，见第（1）列和第（4）列，外国在华专利申请对企业生产率影响显著为正，影响系数分别约为 0.0218 和 0.0210。后面各列逐步加入控制变量，第（2）列和第（5）列外国专利申请与吸收能力的交互项系数分别为 0.9531 和 0.9453，在 1%的水平上显著。对于非线性估计，见第（3）列和第（6）列，外国专利申请的二次项系数值分别约为－0.0077 和－0.0079，同样对生产率存在倒“U”型的影响趋势，拐点值较稳定，约为 5.0 左右。企业进口 $\ln IM$ 和出口 $\ln EXP$ 对企业生产率均有显著的正向影响，说明进出口贸易作为国际技术外溢的渠道之一，同样在一定范围之内对企业技术进步有促进作用。而其他控制变量系数与基础回归相似，结果较稳健。

表 11—6　　稳健性检验结果一

变量	（1）	（2）	（3）	（4）	（5）	（6）
$\ln IPC$	0.0218*** （0.0049）	－0.0469*** （0.0069）	0.0892*** （0.0144）	0.0210*** （0.0049）	－0.0471*** （0.0069）	0.0903*** （0.0144）
$\ln IPC \times RRDl$		0.9531*** （0.0753）	0.9722*** （0.0754）		0.9453*** （0.0750）	0.9648*** （0.0752）
$\ln IPC^2$			－0.0077*** （0.0023）			－0.0079*** （0.0023）
$RRDl$		－4.9618*** （0.3338）	－5.0465*** （0.3346）		－4.9185*** （0.3328）	－5.0048*** （0.3336）
其他控制变量	是	是	是	是	是	是
固定效应	是	是	是	是	是	是
样本量	9504	9496	9496	9504	9496	9496
R^2	0.3298	0.3515	0.3523	0.3345	0.3557	0.3565

注：括号内是稳健标准误，*** 表示在 1%的水平上显著。

第三组，由于不同行业的技术密集度和企业模仿吸收能力不同，专利效应也会不同（韩剑等，2018）。为了验证外国专利申请的技术外溢效应是否存在显著的行业差异，本章计算了 119 个细分行业的赫芬达尔－赫希曼指数（Herfindahl－Hirschman Index，HHI），该指数可以衡量行业集中度和行业内的竞争程度（高翔等，2018）。本章按照 HHI 指数的高低，将行业分为高、中、低三类，分别表示高集中度、中集中度和低集中度行业，并分别针对不同集中度的行业进行回归分析，估计结果如表 11－7 所示。

表 11－7　　稳健性检验结果二

变量	(1) 高集中度	(2) 高集中度	(3) 中集中度	(4) 中集中度	(5) 低集中度	(6) 低集中度
ln*IPC*	−0.0292*** (0.0015)	−0.0463*** (0.0034)	0.0046*** (0.0004)	0.0336*** (0.0041)	0.1271*** (0.0063)	0.2690*** (0.0990)
ln*IPC*×*RRDl*		0.4267*** (0.0283)		0.4181*** (0.0313)		10.0663*** (3.8540)
lnIPC^2		−0.0017*** (0.0005)		−0.0041*** (0.0005)		0.0034 (0.0067)
其他控制变量	是	是	是	是	是	是
固定效应	是	是	是	是	是	是
样本量	37224	37211	74527	74440	27798	27798
R^2	0.3150	0.3191	0.3372	0.4208	0.5701	0.5701

注：括号内是稳健标准误，*** 表示在 1%的水平上显著。

根据以上估计结果，第（5）列、第(3）列、第(1）列随着行业集中度的增加，外国专利申请对企业生产率的影响呈现不断减少的趋势。对低集中度的行业，外国专利申请的技术外溢效应最明显，影响系数约为 0.1271，而对于高集中度的行业，外国专利申请对生产率存在显著的负向影响，估计系数约为 −0.0292。该结果与理论预期一致，因为市场集中度较高的行业，市场竞争程度较大，此时行业的技术封锁效应较强，外国专利申请所带来的竞争垄断效应占主导，对行业内各企业生产率有负向的影响。而企业的研发投入对生产率的影响也随着行业集中度的增加而下降，因此企业的研发投入对生产率的促进作用在低集中度行业最大。第（2）列、第(4）列、第(6）列加入了外国专利申请与吸收能力的交互项和专利申请的二次项，结果发现，企业对技术吸收能力同样对外国专利申请的技术外溢存在正向的调节作用，且低集中度行业的调节系数最大。而对于高集中度行业，外国专利申请对生产率的影响显著为负，不存在非线性的趋势，竞争垄断效应较强；低集中度的行业却正好相反，对生产率的影响显著为正，但也同样不存在非线性的趋势。根据第（4）列的估计结果，倒“U”型的非线性趋势只存在于中集中度的行业内，且拐点值仍维持在 4.10 左右。

第四组，外国在华专利申请分为发明专利、实用新型以及外观设计三类，为了进一步验证外国专利申请对企业生产率的技术外溢是否会与专利类型有关，本章又按照专利申请类型的不同进行分样本回归。由于外观设计没有对应的 IPC 分类号，数据库匹配过程中外观设计的样本出现损失，因此可用于估计的有发明申请、实用新型两类。表 11—8 的回归结果显示，外国在华发明申请和实用新型均对企业存在显著的技术外溢效应，而发明专利所产生的技术外溢大于实用新型。根据第（2）列、第（4）列的估计结果，发明专利申请量每增加 1 个

表 11—8　　稳健性检验结果三

变量	(1) 发明专利	(2) 发明专利	(3) 实用新型	(4) 实用新型
$\ln IPC$	0.0047*** (0.0008)	0.0283*** (0.0013)	0.0020** (0.0009)	0.0130*** (0.0035)
$\ln IPC \times RRDl$		0.0887*** (0.0086)		0.3304*** (0.0188)
$\ln IPC^2$		−0.0051*** (0.0002)		−0.0111*** (0.0012)
$RRDl$		−1.2930*** (0.0275)		−0.7928*** (0.0438)
其他控制变量	是	是	是	是
固定效应	是	是	是	是
样本量	273622	273622	139549	139449
R^2	0.4657	0.3754	0.4608	0.3966

注：括号内是稳健标准误，**、*** 分别表示在 5%、1%的水平上显著。

百分点，企业生产率提高约 0.0283 个百分点，而实用新型申请量每增加 1 个百分点，企业生产率提高约 0.0130 个百分点，因此外国在华专利申请的技术外溢效应主要体现在发明专利上。考虑非线性影响引入专利申请的二次项，根据估计结果，随着外国发明专利申请量的增加，发明专利和实用新型均对生产率呈现出先正后负的倒“U”型影响趋势，但是发明专利的拐点大于实用新型外溢的拐点，同样说明外国在华专利申请对中国企业生产率的促进作用更多地体现在发明专利上。

11.6　结论与启示

本章将外国专利申请作为国际技术外溢的重要途径，以外国在华专利申请为例，选取 2010～2013 年大型微观企业数据，基于伊顿和科尔特（Eaton and Kortum）的创新阶梯模型，从理论和实证的角度分析外国在华专利申请对企业所产生的技术外溢效应，得出以下结论。(1) 从整体上看，外国在华专利申请对中国企业生产率存在显著的正向影响，影响系数约为 0.0195，即外国在华专利申请每增加 1 个百分点，企业生产率大约可以提高 0.0195 个百分点。(2) 考虑非线性影响，外国专利申请对企业生产率存在倒“U”型的影响趋势，整体上拐点约在 5.0 左右，拐点之后技术外溢效应的程度逐渐减弱。(3) 企业自身的技术吸收能力对外国在华专利申请的技术外溢效应有显著的正向调节作用，企业对先进技术的吸收能力越强，外国在华专利申请对其产生的技术外溢越明显。(4) 随着行业集中度的增加，外国在华专利申请对行业内企业的技术外溢程度逐渐减少。同时非线性的倒“U”型影响趋势主要体现在中集中度的行业内，在高、低集中度行业内不存在。(5) 根据专利申请类型的不同，外国在华专利申请的技术外溢效应主要体现在发明专利上，实用新型对生产率促进作用相对较小。

综上所述，外国在华专利申请从整体上看可以为企业提供更多的技术机会，对企业生产率提高有显著的正向影响。现阶段，面对日益增加的外国在华专利申请，充分利用其带来的技术外溢效应是企业实现技术进步的重要渠道之一。因此，中国企业要进一步提高人力资本水平，加大自主研发投入，增强技术吸收能力。同时，不断完善技术创新体系，提升综合竞争力，实现企业技术进步。

参考文献

[1] Addison, D. "Productivity Growth and Product Variety: Gains from Imitation and Education" *World Bank Policy Research Working Paper. No.* 3023.

[2] Aghion, P. et al. " Competition and Innovation: An Inverted-U Relationship", *The Quarterly Journal of Economics*, Vol. 120, 2005, pp. 701—728.

[3] Aghion, P., Dechezleprêtre, A., Hemous, D., Martin, R., Reenen, J. V., " Carbon Taxes, Path Dependency, and Directed Technical Change: Evidence from the Auto Industry", *Journal of Political Economy*, Vol. 124, 2016, pp. 1—51.

[4] Aghion, P., U. Akcigit, A. Bergeaud, R. Blundell, and D. Hémous, "Innovation and Top Income Inequality. " *The Review of Economic Studies*, Vol. 86, January 2019, pp. 1—45.

[5] Ahn, J. B., Khandelwal, A. K., Wei, S. J., "The Role of Intermediaries in Facilitating Trade", *Journal of International Economics*, Vol. 84, 2011, pp. 0—85.

[6] Akcigit, U, Ates, S. T., Impullitti, G., "Innovation and Trade Policy in a Globalized World", *CEP Discussion Papers*, 2018.

[7] Akcigit, U., S. Baslandze, and S. Stantcheva., "Taxation and the International Mobility of Inventors", *American Economic Review*, Vol. 106, October 2016, pp. 2930—2981.

[8] Albert G. Hu, "Propensity to Patent, Competition and China's Foreign Patenting Surge", *Research Policy*, Vol. 39, May 2010, pp: 985—993.

[9] Amiti, M., Konings, J., "Trade Liberalization, Intermediate Inputs,

and Productivity: Evidence from Indonesia", *American Economic Review*, vol. 5, 2007, pp. 1611—1638.

[10] Amiti, M. and Konings, J., "Trade Liberalization, Intermediate Inputs, and Productivity: Evidence from Indonesia", *American Economic Review*, Vol. 97, December 2007, pp. 1611—1638.

[11] Anderson, James, E., and E. Van Wincoop, "Gravity with Gravitas: A Solution to the Border Puzzle." *The American economic review*, Vol. 93, 2003, pp. 170—192.

[12] Ang, J. B., Madsen, J. B., "International R&D Spillovers and Productivity Trends in The Asian Miracle Economies", *Economic Inquiry*, Vol. 51, 2013, pp. 1523—1541.

[13] Archibugi, D., Iammarino, S., "The Globalization of Technological Innovation: Definition and Evidence", *Review of International Political Economy*, Vol. 9, 2002, pp. 98—122.

[14] Aw, B. Y., Chung, S., Roberts, M. J., "Productivity and Turnover in the Export Market: Micro-level Evidence from the Republic of Korea and Taiwan (China)", *The World Bank Economic Review*, 2000, Vol14.

[15] Bai, X., Krishna, K., Ma, H., "How You Export Matters: Export mode, Learning and Productivity in China", *Journal of International Economics*, Vol. 104, 2016, pp. 122—137.

[16] Bakker, J., "The Log-linear Relation Between Patent Citations and Patent Value", *Scientometrics*, Vol. 2, 2017.

[17] Baldwin, J. R., Gu, W., "Trade Liberalization: Export-market Participation, Productivity Growth, and Innovation", *Oxford Review of Economic Policy*, vol. 3, 2004, P.: 372—392.

[18] Basile, R., "Export Behaviour of Italian Manufacturing Firms over Nineties: Role of Innovation", *Research Policy*, Vol. 30, 2001, pp. 1195—1201.

[19] Becker, S. O., Egger, P. H., "Endogenous Product Versus Process

Innovation and A Firm' s Propensity to Export", *Empirical Economics*, Vol. 44, 2013, pp. 329—354.

[20] Bernard, A. B., Lawrence, J. R. Z., "Exporters, Jobs, and Wages in U. S. Manufacturing: 1976～1987", *Brookings Papers on Economic Activity. Microeconomics*, 1995, pp. 67—119.

[21] Bernard, A. B. and Jensen, J. B., "Exceptional Exporter Performance: Cause, Effect, or Both?" *Journal of International Economics*, Vol. 47, 1999, pp. 1—25.

[22] Bloom, N., Draca, M. and Van Reenen, J., "Trade Induced Technical Change? The Impact of Chinese Imports on Innovation, IT and Productivity", *Review of Economic Studies*, Vol. 83, January 2016, pp. 87—117.

[23] Bloom, N., Romer, P. M., Terry, S. J., Vanreenen, J., "Trapped factors and China's impact on global growth", *NBER Working Papers*, No. 19951, 2014.

[24] Boler, E. A., Moxnes, A. and Ulltveit-Moe, K. H., "R&D, International Sourcing, and the Joint Impact on Firm Performance", *American Economic Review*, Vol. 105, December 2015, pp. 3704—3739.

[25] Branstetter, L., Gandal, N., Kuniesky, N., "Network-Mediated Knowledge Spillovers: A Cross-Country Comparative Analysis of Information Security Innovations", *NBER Working Papers*, No. 23808, 2017.

[26] Buckley, P. J., M Casson, "The Optimal Timing of Foreign Direct Investment", *Economic Journal*, Vol. 91, 1981, pp. 75—87.

[27] Bustos, P, "Trade Liberalization, Exports, and Technology Upgrading: Evidence on the Impact of Mercosur on Argentinian Firms", *The American Economic Review*, Vol. 101, 2011, pp. 304—340.

[28] Cadot, O., Carrlre, C., Strauss-Kahn, V. "Export Diversification: What's behind the Hump? ", *Review of Economics and Statistics*, Vol. 91, 2011, pp. 590—605.

[29] Caldera, A., "Innovation and Exporting: Evidence from Spanish Manufacturing Firms", *Review of World Economics*, Vol. 146, 2010, pp. 657—689.

[30] Cassiman, B., Golovko, E., Ester Martínez-Ros, "Innovation, Exports and Productivity", *International Journal of Industrial Organization*, vol. 4, 2010, P. 40—376.

[31] Chen, Z., Zhang, J. and Zheng, W., "Import and Innovation: Evidence from Chinese Firms", *European Economic Review*, Vol. 94, May 2017, pp. 205—220.

[32] Chetty, S., Stangl, L. M., "Internationalization and Innovation in A Network Context", *European Journal of Marketing*, Vol. 33, 2010, pp. 374—398.

[33] Cohen W. M., D. A. Levinthal, "Absorptive Capacity: A New Perspective on Learning and Innovation", *Administrative Science Quarterly*, Vol. 35, 1990, pp. 128—152.

[34] Coviello, N. E., "The Network Dynamics of International New Venture", *Journal of International Business Studies*, Vol. 73, 2006, pp. 374—398.

[35] Dai, M., Yu, M. " Firm R&D, Absorptive Capacity and Learning by Exporting: Firm-level Evidence from China", *world economy*, 2013.

[36] Damijan, J. P. and Kostevc, ĉ, "Learning from Trade through Innovation", *Oxford Bulletin of Economics & Statistics*, Vol. 77, April 2015, pp. 408—436.

[37] David Hummels, Peter J. Klenow. "The Variety and Quality of A Nation' s Export", *The American Economics Review*, Vol. 95, 2005, pp. 704—723.

[38] Ding, S., P. Sun and W. Jiang, "The Effect of Import Competition on Firm Productivity and Innovation: Does the Distance to Technology Frontier Matter?" *Oxford Bulletin of Economics and Statistics*, Vol. 78, March 2016, pp. 197—227.

[39] Dosi, G., Marengo, L., Pasquali, C., " How much Should Society

fuel the Greed of Innovators? On the Relations Between Appropriability, Opportunities and Rates of Innovation", *Research Policy*, Vol. 8, 2006, P. 1110—1121.

[40] Eaton, J., Kortum, S., "Trade in ideas Patenting and productivity in the OECD", *Journal of international Economics*, Vol. 40, 1996, pp. 251—278.

[41] Engelbrecht, H. J., "Human Capital and Economic Growth: Cross-Section Evidence for OECD Countries", *Social Science Electronic Publishing*, Vol. 79, 2003, pp. 40—51.

[42] Falvey, R., Greenaway, D. and Yu, Z., "Catching up or Pulling away: Intra-Industry Trade, Productivity Gaps and Heterogeneous Firms", *Open Economies Review*, Vol. 22, 2011, pp. 17—38.

[43] Feder, G., "On Exports and Economic Growth", *Journal of Development Economics*, 1983, Vol. 12.

[44] Feenstra, R., Kee, H. L." Export Variety and Country Productivity: Estimating Monopolistic Competition Model with Endogenous Productivity", *Journal of International Economics*, Vol. 74, 2008. pp. 500—518.

[45] Fischer, T., Leidinger, J., "Testing Patent Value Indicators on Directly Observed Patent Value—An Empirical Analysis of Ocean Tomo Patent Auctions", *Research Policy*, Vol. 43, 2014, P. 3, pp. 519—529.

[46] Fons-Rosen, C., Kalemli-Ozcan, S., Sorensen, B. E., Villegas, C., Volosovych, V., "Foreign Investment and Domestic Productivity: Identifying knowledge spillovers and competition effects", *NBER Working Papers*, No 23643, 2017.

[47] Freund, C., Weinhold, D., "The Effect of the Internet on International Trade", *Journal of International Economics*, Vol. 62, 2004, pp. 171—189.

[48] Gereffi, G., J. Humphrey and T. Sturgeon, "The Governance of Global Value Chain", *Review of International Political Economy*, Vol. 12, February 2005, pp. 78—104.

[49] Goldberg, P. K., et al., "Imported Intermediate Inputs and Domestic Product Growth: Evidence from India", *Quarterly Journal of Ecomomics*, Vol. 125, November 2010, pp. 1727—1767.

[50] Golikova, V., K. Gonchar and B. Kuznetsov, "The Effect of Internationalizaiton on Innovation in the Manufacturing" *Sector Research Working Paper*, January 2013, WP4/04.

[51] Golovko, E., Valentini, G., "Exploring the Complementarity Between Innovation and Export for SMEs' Growth", *Journal of international business Studies*, Vol. 42, 2011, pp. 362—380.

[52] Granstrand, O., L. Hikanson, and S. Sjiilander, "Internationalization of R&D-a Survey of Some Recent Research", *Research Policy*, Vol. 22, 1993, pp. 413—430.

[53] Griliches, Z., "Patent Statistics as Economic Indicators: A Survey", *Journal of Economic Literature*, Vol. 4, 1990, pp. 1661—1707.

[54] Grimaldi, M., Cricelli, L., Giovanni, M. D., et al., "The Patent Portfolio Value Analysis: A New Framework to Leverage Patent Information for Strategic Technology Planning", *Technological Forecasting & Social Change*, Vol. 94, 2015, P. 1, pp. 286—302.

[55] Grossman, G. M., Lai, E. L. C., "International Protection of Intellectual Property", *American Economic Review*, Vol94, 2004, pp. 1635—1653.

[56] Grossman, G. M. and Helpman, E., "Quality Ladders in the Theory of Growth", *Review of Economic Studies*, Vol. 58, 1991, pp. 43—61.

[57] Guellec, D., Potterie, V. P., "The Internationalisation of Technology Analysed with Patent Data", *Research Policy*, Vol. 30, 2001, pp. 1253—1266.

[58] Hall, B. H., Harhoff, D., "Recent Research on the Economics of Patents", *Annual Review of Economics*, Vol. 1, 2012, pp. 541—565.

[59] Halpern, L., Koren, M., Szeidl, A., "Imported Inputs and Productivity", *American Economic Review*, Vol. 105, 2015, pp. 3660—3703.

[60] Haner, U. E., "Innovation Quality-a Conceptual Framework", *International Journal of Production Economics*, Vol. 80, November 2002, pp. 31—37.

[61] Hombert, J., Matray, A., "Can Innovation Help U. S Manufacturing Firms Escape Import Competition from China", *Social Science Electronic Publishing*, Vol. 47, 2015, pp. 1—45.

[62] Hsu, Po Hsuan, X. Tian, and Y. Xu., "Financial development and innovation: Cross-country evidence.", *Journal of Financial Economics*, Vol. 1, 2014, pp. 116—135.

[63] Hu, A. G., "Propensity to Patent, Competition and China's Foreign Patenting Surge", *Research Policy*, Vol. 39, 2010, pp. 985—993.

[64] Jonathan Eaton and Samuel Kortum, "International Patenting and Technology Diffusion", *NBER working paper*, November 1994, No. 4931.

[65] Jonathan Eaton and Samuel Kortum, "International Technology Diffusion: Theory and Measurement", *International Economic Review*, Vol. 40, August 1999, pp. 537—570.

[66] Jonathan Eaton and Samuel Kortum, "Trade in Ideas, Patenting and Productivity in the OECD", *Journal of International Economic*, Vol. 40, November 1996, pp. 251—278.

[67] Klemperer, P., "How Broad Should the Scope of Patent Protection Be?", *The RAND Journal of Economics*, Vol. 21, 1990, pp. 113—130.

[68] Krugman, P., "Increasing Returns, Monopolistic Competition, and International Trade", *Journal of International Economics*, 1979, 9: pp. 469—476.

[69] Laursen, K., "The Impact of Technological Opportunity on the Dynamics of Trade *Performance*", *Structural Change and Economic Dynamics*, Vol. 10, 1999, pp. 341—357.

[70] Lavie, D., "The Competitive Advantage of Interconnected Firms: An Extension of the Resource-based View of the Firm". *Academy of Management Review*, Vol. 31, 2006, pp. 638—658.

［71］ Lei Xiao-Ping，Zhao，Zhi-Yun，Zhang，Xu et al.. "Technological Collaborationpatterns in Solar Cell Industry based on Patent Inventors and Assignees Analysis"，*Scientometrics*，Vol. 96，2013，pp. 427—441.

［72］ Lerner，J.，"The Importance of Patent Scope：An Empirical Analysis"，*Rand Journal of Economics*，Vo1. 25，1994，pp. 319—332.

［73］ Lewandowska，M. S.，Szymura-Tyc，M.，Golebiowski，T.，"Innovation Complementarity，Cooperation Partners，and New Product Export：Evidence from Poland"，*Journal of Business Research*，Vol. 69，2016，pp. 3673—3681.

［74］ Lileeva，A.，Trefler，D.，"Improved Access to Foreign Markets Raises Plant-Level Productivity. for Some Plants"，*NBER Working Papers*，2007，125 (13297)，P. 1051—1099.

［75］ Lin，F.，Tang，H. C.，"Exporting and Innovation：Theory and Firm-Level Evidence from the People's Republic of China"，*Working Papers on Regional Economic Integration*，2013.

［76］ Liu，Q. and L. D. Qiu，"Intermediate Input Imports and Innovations：Evidence from Chinese Firms' Patent Filings"，*Journal of International Economics*，Vol. 103，October 2016，pp. 166—183.

［77］ Loecker，D.，"Detecting Learning by Exporting"，*American Economic Journal Microeconomics*，vol. 3，2013，P. 1—21.

［78］ Loecker，J. D.，"Do Exports Generate Higher Productivity? Evidence from Slovenia"，*Journal of International Economics*，vol. 1，2007，P. 0—98.

［79］ Luong，Anh T.，"Does Learning by Exporting Happen? Evidence from the Automobile Industry in China"，*Review of Development Economics*，Vol. 3，2013，P. 461—473.

［80］ Ma，Z.，Lee，Y.，"Patent Application and Technological Collaboration in Inventive Activities：1980 — 2005"，*Technovation*，Vol. 28，2008，pp. 379—390.

［81］ Madsen J. B.，"Technology Spillover Through Trade and TFP Convergence：135 years of Evidence for The OECD Countries”，*Journal of International Economics*，Vol. 72，2007，pp. 464—480.

[82] Mallick，S.，Yang，Y.，“Productivity Performance of Export Market Entry and Exit：Evidence from Indian Firms”，*Review of International Economics*，vol. 4，2013，P. 809—824.

[83] Maskus，K. E.，Penubarti，M.，“How Trade-Related are Intellectual Property Rights?”，*Journal of International Economics*，Vol. 39，1995，pp. 227—248.

[84] McCalman，P.，“Reaping What You Sow：An Empirical Analysis of International Patent Harmonization”，*Journal of International Economics*，Vol. 55，2001，pp. 161—186.

[85] Melitz，M. J.，“The Impact of Trade on Intra-industry Reallocations and Aggregate Industry Productivity”，*Econometrica*，Vol. 71，2003，pp. 1695—1725.

[86] Panagiotis Piperopoulos，Jie Wu and Chengqi Wang，“Outward FDI，Location Choices and Innovation Performance of Emerging Market Enterprises”，*Research Policy*，Vol. 47，February 2018，pp. 232—240.

[87] Park，I.，Jeong，Y.，Yoon，B.，“Analyzing the Value of Technology Based on the Differences of Patent Citations Between Applicants and Examiners”，*Scientometrics*，Vol. 2，2017.

[88] Perla，J.，et al. “Equilibrium Technology Diffusion，Trade，and Growth”，*NBER Working Paper*，2015.

[89] Philippe Aghion，Antonin Bergeaud，MatthieuLequien，Marc J. Melitz. “The Impact of Exports on Innovation：Theory and Evidence”，*SSRN Electronic Journal*，2008.

[90] Picci，L.，“The Internationalization of Inventive Activity：A Gravity Model Using Patent Data”，*Research Policy*，Vol. 39，2010，pp. 1070—1081.

[91] Ponchek. T.，“To Collaborate or Not to Collaborate? A Study of the Value of Innovation from a Sectoral Perspective”，*Journal of the Knowledge Economy*，Vol. 7，March 2016，pp. 43—79.

[92] Prashantham, S., Birkinshaw, J., "Choose Your Friends Carefully: Home-country Ties and New Venture Internationalization", *Management International Review*, 2015, 55 (1): 207—234.

[93] Santacreu, A. M., "Innovation, Diffusion, and Trade: Theory and Measurement", *Journal of Monetary Economics*, Vol. 75, 2015, pp. 1—20.

[94] Schor, A., "Heterogeneous Productivity Response to Tariff Reduction, Evidence from Brazilian Manufacturing Firms", *Journal of Development Economics*, vol. 2, 2004, pp. 0—396.

[95] Schumpeter, J. A., "The Process of Creative Destruction. In: Capitalism, Socialism and Democracy", *Harper*, *New York*, 1942.

[96] Sharma, C., Mishra, R. K., "Does Export and Productivity Growth Linkage Exist? Evidence from the Indian Manufacturing Industry", *International Review of Applied Economics*, vol. 6, 2011, pp. 633—652.

[97] Stokey, N. L., "Human Capital, Product Quality, and Growth", *The Quarterly Journal of Economics*, vol. 2, 1991, pp. 587—616.

[98] Thomas, J., "The Responsibility of the Rulemaker: Comparative Approaches to Patent Administration Reform", *BerkeleyTech. L. J.*, Vol. 17, 2002, pp. 728—761.

[99] Tong, X., Frame, J. D, "Measuring National Technological Performance With Patent Claims Data", *Research Policy*, Vol. 23, 1994, pp. 133—141.

[100] Topalova, P., "Trade Liberalization and Firm Productivity The Case of India", *Global Economy Journal*, vol. 3, 2014, pp. 955—1009.

[101] Vernon, R., "International Investment and International Trade in the Product Cycle", *The Quarterly Journal of Economics*, 1996, 2: pp. 190—207.

[102] Wagner, J., "The Causal Effects of Exports on Firm Size and Labor Productivity: First Evidence from a Matching Approach", *Economics Letters*, 2002, Vol. 77.

[103] Wen-Hsien Liu, Ya-Chi Lin, "Foreign Patent Rights and High-tech Ex-

ports: Evidence from Taiwan", *Applied Economics*, Vol. 37, 2005, pp. 1543—1555.

[104] Wesley M. Cohen and Daniel A. Levinthal, "Innovation and Learning: The Two Faces of R&D", *Economic Journal*, Vol. 99, September 1989, pp. 569—596.

[105] Wolfgang Keller. , "International Trade, Foreign Direct Investment, and Technology Spillovers", *Social Science Electronic Publishing*, 2010.

[106] Xu, B. , Chiang, E. P. , "Trade, Patents and International Technology Diffusion", *The Journal of International Trade & Economic Development*, Vol. 14, 2005, pp. 115—135.

[107] Yang, C. H. , "Protecting Foreign Inventors or a Learning Channel? Evidence from Patents Granted in Taiwan", *Economics Letters*, Vol. 81, May 2003, pp: 227—231.

[108] Young, A. , "Learning By Doing and the Dynamic Effects of International Trade", *Quarterly Journal of Economics*, vol. 2, 1989, P. 69—405.

[109] 安同良、施浩，Ludovico Alcorta:《中国制造业企业R&D行为模式的观测与实证——基于江苏省制造业企业问卷调查的实证分析》，载于《经济研究》2006年第2期。

[110] 安志、路瑶、张郁:《技术创新、自主品牌与本土企业出口参与》，载于《当代经济科学》2018年第40期。

[111] 包群、许和连、赖明勇:《出口贸易如何促进经济增长？——基于全要素生产率的实证研究》，载于《上海经济研究》2003年第3期。

[112] 蔡绍洪、俞立平:《创新数量、创新质量与企业效益——来自高技术产业的实证》，载于《中国软科学》2017年第5期。

[113] 蔡中华、王一帆、董广巍:《中国在"一带一路"国家专利与出口结构关系的研究——基于行业层面相似度指数的分析》，载于《国际贸易问题》2016年第7期。

[114] 陈健、陈昭:《技术创新对我国高技术产品出口影响的省际面板数据分析》，载于《科技与经济》2006年第6期。

[115] 邓兴华、林洲钰:《专利国际化推动了贸易增长吗——基于贸易二元边际的实证研究》，载于《国际经贸探索》2016年第12期。

[116] 傅沂、姚倩文：《垂直薪酬差距对企业创新“质”与“量”的影响研究》，载于《科技进步与对策》2019年第8期。

[117] 高华：《PCT申请对我国出口影响的实证研究》，载于《科技与经济》2016年第6期。

[118] 高翔、刘啟仁、黄建忠：《要素市场扭曲与中国企业出口国内附加值率：事实与机制》，载于《世界经济》2018年第10期。

[119] 耿晔强、郑超群：《中间品贸易自由化、进口多样性与企业创新》，载于《产业经济研究》2018年第2期。

[120] 顾夏铭、陈勇民、潘士远：《经济政策不确定性与创新——基于我国上市公司的实证分析》，载于《经济研究》2018年第2期。

[121] 韩剑、冯帆、李妍：《FTA知识产权保护与国际贸易：来自中国进出口贸易的证据》，载于《世界经济》2018第9期。

[122] 郝项超、梁琪、李政：《融资融券与企业创新：基于数量与质量视角的分析》，载于《经济研究》2018年第6期。

[123] 何兴强、欧燕、史卫、刘阳：《FDI技术溢出与中国吸收能力门槛研究》，载于《世界经济》2014年第10期。

[124] 胡翠、林发勤、唐宜红：《基于“贸易引致学习”的出口获益研究》，载于《经济研究》2015年第3期。

[125] 胡馨月、黄先海、李晓钟：《产品创新、工艺创新与中国多产品企业出口动态：理论框架与计量检验》，载于《国际贸易问题》2017年第12期。

[126] 黄静波、刘淑琳：《技术创新与出口行为差异：基于Bootstrap技术进步指数的分析》，载于《国际贸易问题》2015年第2期。

[127] 黄茂兴：《发挥科技创新在“一带一路”互联互通建设中的支撑作用》https：//zj. zjol. com. cn/news/583866. html，2019年4月9日。

[128] 黄梅波、朱丹丹：《国际发展援助的出口多样化促进效应分析——基于66个受援国面板数据的实证研究》，载于《财贸经济》2015年第2期。

[129] 黄声兰：《集聚提升了出口多样化水平吗——基于中国省级面板数据的实证研究》，载于《国际经贸探索》2015年第7期。

[130] 霍宏伟、赵新力、肖轶：《中国与二十国集团其他成员国政府间科技创新合作现状研究》，载于《中国软科学》2017 年第 4 期。

[131] 简泽、段永瑞：《企业异质性、竞争与全要素生产率的收敛》，载于《管理世界》2012 年第 8 期。

[132] 蒋多、杨矞：《中国自主研发游戏“走出去”价值链攀升研究》，载于《国际贸易》2015 年第 7 期。

[133] 蒋仁爱、冯根福：《贸易、FDI、无形技术外溢与中国技术进步》，载于《管理世界》2012 年第 9 期。

[134] 蒋仁爱、贾维晗：《不同类型跨国技术溢出对中国专利产出的影响研究》，载于《数量经济与技术经济研究》2019 年第 1 期。

[135] 靳巧花、严太华：《国际技术溢出与区域创新能力——基于知识产权保护视角的实证分析》，载于《国际贸易问题》2017 年第 3 期。

[136] 经济合作与发展组织：《专利统计手册》（第一版），科学技术文献出版社 2013 年版。

[137] 康志勇：《出口贸易与自主创新——基于我国制造业企业的实证研究》，载于《国际贸易问题》2011 年第 2 期。

[138] 康志勇：《政府补贴促进了企业专利质量提升吗?》，载于《科学学研究》2018 年第 1 期。

[139] 康志勇：《资本品、中间品进口对中国企业研发行为的影响：“促进”抑或“抑制”》，载于《财贸研究》2015 年第 3 期。

[140] 黎文靖、郑曼妮：《实质性创新还是策略性创新？——宏观产业政策对微观企业创新的影响》，载于《经济研究》2016 年第 4 期。

[141] 李兵、岳云嵩、陈婷：《出口与企业自主技术创新：来自企业专利数据的经验研究》，载于《世界经济》2016 年 12 期。

[142] 李方静、张静：《服务贸易自由化程度对企业出口决策的影响探析》，载于《世界经济研究》2018 年第 6 期。

[143] 李婧、谭清美、白俊红：《中国区域创新生产的空间计量分析——基于静态与动态空间面板模型的实证研究》，载于《管理世界》2010 年第 7 期。

［144］ 李丽丽：《中间品进口多样化与企业创新二元边际——基于中国微观企业的证据》，载于《财经论丛》2020 年第 1 期。

［145］ 李平、姜丽：《贸易自由化、中间品进口与中国技术创新——1998～2012 年省级面板数据的实证研究》，载于《国际贸易问题》2015 年第 7 期。

［146］ 李平、刘建：《FDI、国外专利申请与中国各地区的技术进步——国际技术扩散视角的实证分析》，载于《国际贸易问题》2006 年第 7 期。

［147］ 李平、田朔：《出口贸易对技术创新影响的研究：水平溢出与垂直溢出——基于动态面板数据模型的实证分析》，载于《世界经济研究》2010 年第 2 期。

［148］ 李平、张庆昌：《国际间技术溢出对我国自主创新的动态效应分析——兼论人力资本的消化吸收》，载于《世界经济研究》2008 年第 4 期。

［149］ 李思慧：《国际化路径是否影响了企业创新选择》，载于《国际贸易问题》2014 年第 9 期。

［150］ 李晓钟、张小蒂：《外商直接投资对我国技术创新能力影响及地区差异分析》，载于《中国工业经济》2008 年第 9 期。

［151］ 梁超：《出口技术复杂度提升了我国的技术创新能力吗?》，载于《中央财经大学学报》2013 年第 3 期。

［152］ 林薛栋、魏浩、李飚：《进口贸易自由化与中国的企业创新——来自中国制造业企业的证据》，载于《国际贸易问题》2017 年第 2 期。

［153］ 刘璘琳：《诉讼风险下专利评估模型及分析》，载于《科技创新与应用》2019 年第 5 期。

［154］ 刘帼之、李晓娟：《中间品进口对制造业创新的影响研究》，载于《科学决策》2018 年第 12 期。

［155］ 刘洋、孟夏：《专利国际化与国际标准对 APEC 区域内制造业产品出口的影响》，载于《国际经贸探索》2017 年第 8 期。

［156］ 刘云、白旭：《中国在新兴技术领域的国际科技合作模式及其影响因素》，载于《技术经济》2016 年第 1 期。

［157］ 龙小宁、王俊：《中国专利激增的动因及其质量效应》，载于《世界经济》2015 年第 6 期。

[158] 龙小宁、易巍、林志帆：《知识产权保护的价值有多大？——来自中国上市公司专利数据的经验证据》，载于《金融研究》2018 年第 8 期。

[159] 卢姗：《出口多样性对新兴经济体出口绩效的影响——基于跨国数据的实证分析》，载于《世界经济研究》2009 年第 7 期。

[160] 卢盛峰、刘潘：《财政支出与区域创新质量——中国省级数据的实证分析》，载于《宏观质量研究》2015 年第 1 期。

[161] 罗勇、曾涛：《我国中间品进口商品结构对技术创新的影响》，载于《国际贸易问题》2017 年第 9 期。

[162] 马天旗：《高价值专利筛选》，知识产权出版社 2018 年版。

[163] 马永红、张景明、王展昭：《我国高技术产业创新质量空间差异性分析》，载于《经济问题探索》2014 年第 9 期。

[164] 毛其淋、盛斌：《贸易自由化、企业异质性与出口动态——来自中国微观企业数据的证据》，载于《管理世界》2013 年第 3 期。

[165] 蒙英华、蔡宏波、黄建忠：《移民网络对中国企业出口绩效的影响研究》，载于《管理世界》2015 年第 10 期。

[166] 倪鹏飞、白晶、杨旭：《城市创新系统的关键因素及其影响机制——基于全球 436 个城市数据的结构化方程模型》，载于《中国工业经济》2011 年第 2 期。

[167] 千慧雄：《出口与技术创新结构：基于高技术产业的面板分析》，载于《国际贸易问题》2014 年第 9 期。

[168] 钱锡红、杨永福、徐万里：《企业网络位置、吸收能力与创新绩效——一个交互效应模型》，载于《管理世界》2010 年第 5 期。

[169] 钱学锋、王备：《异质性企业与贸易政策：一个文献综述》，载于《世界经济》2018 年第 7 期。

[170] 钱学锋、王菊蓉、黄云湖、王胜：《出口与中国工业企业的生产率——自我选择效应还是出口学习效应？》，载于《数量经济技术经济研究》2011 年第 2 期。

[171] 钱学锋、熊平：《中国出口增长的二元边际及其因素决定》，载于《经济研究》2010 年第 1 期。

[172] 邱斌、刘修岩、赵伟：《出口学习抑或自选择：基于中国制造业微观企

业的倍差匹配检验》，载于《世界经济》2012 年第 4 期。

［173］商务部国际经贸合作研究课题组：《中国对外经贸 70 年：历程、贡献与经验》，载于《国际贸易》2019 年第 9 期。

［174］邵敏：《出口贸易是否促进了我国劳动生产率的持续增长——基于工业企业微观数据的实证检验》，载于《数量经济技术经济研究》2012 年第 2 期。

［175］盛来运、郑鑫、周平、李拓：《我国经济发展南北差距扩大的原因分析》，载于《管理世界》2018 年第 9 期。

［176］施炳展：《互联网与国际贸易——基于双边双向网址链接数据的经验分析》，载于《经济研究》2016 年第 5 期。

［177］史青、李平、宗庆庆：《出口中学：基于企业研发策略互动的视角》，载于《世界经济》2017 年第 40 期。

［178］宋弘、孙雅洁、陈登科：《政府空气污染治理效应评估——来自中国“低碳城市”建设的经验研究》，载于《管理世界》2019 年第 6 期。

［179］孙莹、陈昊晴、陈一波：《专利与中—欧高技术产品出口关系的研究》，载于《中国软科学》2012 年第 12 期。

［180］谭周令、朱卫平：《生产率、出口固定成本与企业出口行为选择——基于企业异质性的理论和实证分析》，载于《产业经济研究》2018 年第 5 期。

［181］唐晓云、赵桂芹：《外国在华专利激增：市场占有还是绸缪竞争?》，载于《世界经济研究》2017 年第 3 期。

［182］唐宜红、俞峰、李兵：《外商直接投资对中国企业创新的影响——基于中国工业企业数据与企业专利数据的实证检验》，载于《武汉大学学报（哲学社会科学版）》2019 年第 1 期。

［183］田巍、余淼杰：《中间品贸易自由化和企业研发：基于中国数据的经验分析》，载于《世界经济》，2014 年第 6 期。

［184］万小丽、朱雪忠：《专利价值的评估指标体系及模糊综合评价》，载于《科研管理》2008 年第 2 期。

［185］汪小勤、曾瑜：《增值税转型对我国出口二元边际的影响——基于引力模型的实证分析》，载于《经济经纬》2016 年第 6 期。

[186] 王崇锋、徐恒博、张古鹏：《城市区域创新能力差异研究——基于专利质量的视角》，载于《山东大学学报（哲学社会科学版）》2014 年第 1 期。

[187] 王红领、李稻葵、冯俊新：《FDI 与自主研发：基于行业数据的经验研究》，载于《经济研究》2006 年第 2 期。

[188] 王俊、黄先海：《跨国外包体系下技术创新的出口效应——基于浙江省制造企业问卷调查数据的实证研究》，载于《国际贸易问题》2012 年第 10 期。

[189] 王俊松、颜燕、胡曙虹：《中国城市技术创新能力的空间特征及影响因素——基于空间面板数据模型的研究》，载于《地理科学》2017 年第 1 期。

[190] 王奇珍、朱英明、朱淑文：《技术创新对出口增长二元边际的影响》，载于《国际贸易问题》2016 年第 4 期。

[191] 王雅琦、张文魁、洪圣杰：《出口产品质量与中间品供给》，载于《管理世界》2018 年第 8 期。

[192] 王元地、杜红平：《创新国际化测量研究综述》，载于《科技进步与对策》2015 年第 13 期。

[193] 王正新、朱洪涛：《创新效率对高技术产业出口复杂度的非线性影响》，载于《国际贸易问题》2017 年第 6 期。

[194] 魏浩、连慧君、巫俊：《中美贸易摩擦、美国进口冲击与中国企业创新》，载于《统计研究》2019 年第 8 期。

[195] 魏浩、林薛栋：《进口产品质量与中国企业创新》，载于《统计研究》2017 年第 6 期。

[196] 魏浩、林薛栋：《进口贸易自由化与异质性企业创新——来自中国制造企业的证据》，载于《经济经纬》2017 年第 6 期。

[197] 魏浩、巫俊：《知识产权保护、进口贸易与创新型领军企业创新》，载于《金融研究》2018 年第 9 期。

[198] 魏龙、李丽娟：《技术创新对中国高技术产品出口影响的实证分析》，载于《国际贸易问题》2005 年第 12 期。

[199] 吴超鹏、唐菂：《知识产权保护执法力度、技术创新与企业绩效——来自中国上市公司的证据》，载于《经济研究》2016 年第 11 期。

[200] 吴延兵：《R&D与生产率——基于中国制造业的实证研究》，载于《经济研究》2006年第11期。

[201] 肖利平、谢丹阳：《国外技术引进与本土创新增长：互补还是替代——基于异质吸收能力的视角》，载于《中国工业经济》2016年第9期。

[202] 谢建国、周露昭：《进口贸易、吸收能力与国际R&D技术溢出：中国省区面板数据的研究》，载于《世界经济》2009年第9期。

[203] 谢孟军、周健：《科技创新评价指标体系的构建及对出口推动作用的实证检验》，载于《经济经纬》2016第2期。

[204] 邢孝兵、徐洁香、王阳：《进口贸易的技术创新效应：抑制还是促进》，载于《国际贸易问题》2018年第6期。

[205] 熊波，金丽雯：《国家高新区提高了城市创新力吗》，载于《科技进步与对策》2019年第4期。

[206] 徐元：《打造外贸发展战略升级版——新形势下我国外贸发展从“科技兴贸”向“创新强贸”转变的思考》，载于《国际贸易》2013年第12期。

[207] 许和连、栾永玉：《出口贸易的技术外溢效应：基于三部门模型的实证研究》，载于《数量经济技术经济研究》2005年第9期。

[208] 许详云：《中国出口多样化影响因素的实证分析》，载于《南京财经大学学报》2009年第6期。

[209] 薛婧、张梅青：《多渠道国际技术溢出对区域创新能力的空间效应研究》，载于《经济经纬》2019年第2期。

[210] 薛明皋、刘璘琳：《专利质押贷款环境下的专利价值决定因素研究》，载于《科研管理》2013年第2期。

[211] 杨晓云：《进口中间产品多样性与企业产品创新能力——基于中国制造业微观数据的分析》，载于《国际贸易问题》2013年第10期。

[212] 杨洋、魏江、罗来军：《谁在利用政府补贴进行创新？——所有制和要素市场扭曲的联合调节效应》，载于《管理世界》2015年第1期。

[213] 杨幽红：《创新质量理论框架：概念、内涵和特点》，载于《科研管理》2013年第S1期。

［214］余道先、刘海云：《我国自主创新能力对出口贸易的影响研究——基于专利授权量的实证》，载于《国际贸易问题》2008 年第 3 期。

［215］余泳泽、刘大勇：《我国区域创新效率的空间外溢效应与价值链外溢效应——创新价值链视角下的多维空间面板模型研究》，载于《管理世界》2013 年第 7 期。

［216］俞立平、戴化勇、蔡绍洪：《创新数量、创新质量对外贸出口影响效应研究》，载于《科研管理》2019 年第 10 期。

［217］岳文、韩剑：《异质性企业、出口强度与技术升级》，载于《世界经济》2017 年第 10 期。

［218］张古鹏、陈向东：《基于专利的中外新兴产业创新质量差异研究》，载于《科学学研究》2011 年第 12 期。

［219］张海洋：《R&D 两面性、外资活动与中国工业生产率增长》，载于《经济研究》2005 年第 5 期。

［220］张杰，李勇，刘志彪：《出口促进中国企业生产率提高吗？——来自中国本土制造业企业的经验证据：1999～2003》，载于《管理世界》2009 年第 12 期。

［221］张杰、刘志彪、郑江淮：《出口战略、代工行为与本土企业创新》，载于《经济理论与经济管理》2008 年第 1 期。

［222］张杰、刘志彪、郑江淮：《中国制造业企业创新活动的关键影响因素研究——基于江苏省制造业企业问卷的分析》，载于《管理世界》2017 年第 6 期。

［223］张杰、郑文平：《创新追赶战略抑制了中国专利质量么?》，载于《经济研究》2018 年第 5 期。

［224］张杰：《进口对中国制造业企业专利活动的抑制效应研究》，载于《中国工业经济》2015 年第 7 期。

［225］张杰：《进口行为、企业研发与加工贸易困境》，载于《世界经济研究》2015 年第 9 期。

［226］张克群、夏伟伟、郝娟、张曦：《专利价值的影响因素分析——专利布局战略观点》，载于《情报杂志》2015 年第 1 期。

［227］张涛、李刚：《企业知识产权价值及其评价研究》，载于《改革与战略》2006 年第 8 期。

[228] 张亚峰、刘海波、陈光华、靳宗振：《专利是一个好的创新测量指标吗?》，载于《外国经济与管理》2018 年第 6 期。

[229] 张云、赵富森：《国际技术溢出、吸收能力对高技术产业自主创新影响的研究》，载于《财经研究》2017 年第 3 期。

[230] 张震：《创新数量、创新质量与企业规模》，载于《经济问题》2018 年第 12 期。

[231] 张宗和、彭昌奇：《区域技术创新能力影响因素的实证分析——基于全国 30 个省市区的面板数据》载于《中国工业经济》2009 年第 11 期。

[232] 赵建春、毛其淋：《进口自由化如何影响中国制造业企业的创新能力？》，载于《世界经济研究》2015 年第 12 期。

[233] 中国社会科学院财贸经济所课题组：《中国高新技术专利引进与创新的分析》，载于《经济研究》2002 年第 7 期。

[234] 周冠华、杨幽红：《创新质量由何决定？——基于文献的整合性研究框架》，载于《标准科学》2014 年第 8 期。

[235] 周黎安、罗凯：《企业规模与创新：来自中国省级水平的经验证据》，载于《经济学（季刊)》2005 年第 3 期。

[236] 周煊、程立茹、王皓：《技术创新水平越高企业财务绩效越好吗？——基于 16 年中国制药上市公司专利申请数据的实证研究》，载于《金融研究》2012 年第 8 期。

[237] 朱恒鹏：《企业规模、市场力量与民营企业创新行为》，载于《世界经济》2006 年第 12 期。

[238] 朱启荣：《技术贸易壁垒问题的政治经济学分析》，载于《世界经济研究》2003 年第 9 期。

[239] 朱雪忠、万小丽：《竞争力视角下的专利质量界定》，载于《知识产权》2009 年第 4 期。

[240] 祝树金、赵玉龙：《资源错配与企业的出口行为——基于中国工业企业数据的经验研究》，载于《金融研究》2017 年第 11 期。

[241] 邹武鹰、许和连、赖明勇：《出口贸易的后向链接溢出效应——基于中国制造业数据的实证研究》，载于《数量经济技术经济研究》2007 年第 7 期。

后　记

当前，贸易强国建设的号角已经吹响，中国对外贸易正处于从“贸易大国”向“贸易强国”转变的关键时期。加快创新驱动发展，推动中国贸易高质量发展，成为实现贸易强国建设目标的关键。基于上述背景，我们选择了新时代创新引领贸易强国建设问题进行深入研究。本书是作者及北京师范大学全球化与创新研究中心研究团队在这一领域长期研究的重要成果，也是北京师范大学“双一流”学科建设综合专项和国家社科基金重点项目“外国在华专利与中国出口贸易高质量发展研究”（19ATL015）的阶段性成果。

本书是集体知识的结晶，在课题主持人的组织下，研究团队从题目拟订、研究框架到具体研究思路、撰写内容、关键概念界定、数据采集和统计分析，经过多次的深入研讨。研究团队由北京师范大学经济与工商管理学院曲如晓教授、科技部中国科学技术交流中心杨修副研究员、北京第二外国语学院经济学院刘霞博士组成，参加本书撰写的还有北京师范大学经济与工商管理学院李婧、李雪、张旭、高利、王叶等博士和硕士研究生，团队每一位成员都做出了积极的贡献，在此对所有参与人员表示衷心感谢。

北京师范大学经济与工商管理学院、全球化与创新研究中心对本书给予了大力支持，经济科学出版社齐伟娜、赵蕾女士对本书的出版给予了高度关注并付出了辛勤劳动，在此致以诚挚的谢意！

由于时间仓促和水平有限，难免存在错漏与不足，恳请广大读者批评指正。

曲如晓

2020 年 3 月

图书在版编目（CIP）数据

新时代创新引领贸易强国建设研究/曲如晓，杨修，刘霞著．—北京：经济科学出版社，2020.10

（中国对外贸易发展系列报告）

ISBN 978-7-5218-1895-6

Ⅰ.①新…　Ⅱ.①曲…②杨…③刘…　Ⅲ.①国际贸易-研究-中国　Ⅳ.①F752

中国版本图书馆CIP数据核字（2020）第184953号

责任编辑：齐伟娜　赵　蕾
责任校对：王苗苗
责任印制：李　鹏　范　艳

新时代创新引领贸易强国建设研究
曲如晓　杨　修　刘　霞/著
经济科学出版社出版、发行　新华书店经销
社址：北京市海淀区阜成路甲28号　邮编：100142
总编部电话：010-88191217　发行部电话：010-88191540
网址：www.esp.com.cn
电子邮件：esp@esp.com.cn
天猫网店：经济科学出版社旗舰店
网址：http://jjkxcbs.tmall.com
北京季蜂印刷有限公司印装
787×1092　16开　16.75印张　260000字
2021年2月第1版　2021年2月第1次印刷
ISBN 978-7-5218-1895-6　定价：66.00元
（图书出现印装问题，本社负责调换。电话：010-88191510）